大道無邊

道教流傳最傳神的故事

彭友智 ——— 著

原書名：關於道教的100個故事

前　言

　　在中國古代，流傳著很多瑰麗多彩、想像力非凡的神話故事。這些故事，大多和中國本土而生的第一大宗教——道教有關。

　　天地是怎樣形成的呢？玉皇大帝在眾神中是一個怎樣的角色？天上的星辰和人間供奉的神像，有著怎樣的關係？數千年前淨樂國的王子，是如何離開錦衣玉食的皇家生活，前往龍虎山修道的呢？馬王爺為什麼三隻眼？鍾馗是怎樣捉鬼的？黃帝和蚩尤又是怎樣進行慘烈戰爭的？桃符門神是怎樣擒拿萬鬼的呢？你想知道河伯和神女瑰麗而又曲折的愛情故事嗎？門神、財神、福祿壽三星、文曲星、月老、土地爺、灶王爺，這些在民間廣為流傳、耳熟能詳的神仙，祂們有著怎樣的傳說呢？這一個個充滿神秘色彩的神話之謎，看完本書的第一篇〈道教諸神傳說〉，你就會恍然大悟。

　　有一個漢朝將軍屢戰屢敗；有一個翩躚公子能讓牡丹頃刻開花；有一個平民女子義諫武則天的荒淫；有一個書生在邯鄲做了一個千古之夢；有一個樂善好施、仙緣深厚的人強行替別人入洞房；提起八仙過海，人們的腦海中大多會浮現出衣袂飄飄、神通廣大的仙人蹈海形象。可是，歷史上八仙過海的原型，卻是從古代沙門島泅水逃獄的八名囚犯而來。你想瞭解這段傳奇嗎？這一個個多彩瑰麗的傳說，盡在本書的第二篇〈道教八仙故事〉。

　　道教經典《道德經》，在世界文化領域內有著尊貴地位，它是怎樣問世的呢？在唐朝，有一個著名的宮廷教坊樂師，在安祿山叛變後進駐京城時，這個

宮廷樂師，是以怎樣的姿態面對叛軍的淫威，而被後代梨園尊稱為「音樂之神」的呢？亞洲人參是怎樣發現的呢？張天師是怎樣降妖鎮魔的呢？一個位極人臣的宰相，因為十個雞蛋拋棄富貴榮華進山修道，這是為什麼呢？本書第三篇〈道教人物故事〉，為你展現了一幅豐富多彩的道教人物傳奇畫卷。從這個畫卷裡，你可以一窺東方朔的機智、孫思邈的醫德、郭璞的神算和王重陽的活死人墓。

宋元時期，兵連禍結，成吉思汗的鐵騎，虎視中原。丘處機，這個全真派道行高明的有道之士，因何破除「不問政治」的道教清規，以年邁衰老之軀，不遠萬里遠行跋涉到阿富汗境內，和成吉思汗會面。他們之間，到底有怎樣的瓜葛呢？丘處機的遠行，能否為「遺民淚盡胡塵裡」的大宋難民帶來福祉呢？本書第四篇是〈道教經典教義〉，以有趣生動的故事傳說，將道教經典教義闡述得深入淺出，簡單明瞭。

本書的最後一篇是〈道教歷史故事和民間傳奇〉，讓你在輕鬆的閱讀中，或思索，或莞爾，展現給你一個引人入勝的道教傳說世界。

這本書有豐富多彩的諸神傳說、激盪人心的人物故事、簡單明瞭的道教知識。一百個故事，能帶給你超過一百次的閱讀驚喜。

第一篇　道教諸神傳說

第二篇　道教八仙故事

第三篇　道教人物傳奇

第四篇 道教經典教義

第五篇 道教歷史故事和民間傳奇

第一篇
道教諸神傳說

元始天尊
開天闢地的道教第一尊神

「三清」，指元始天尊、靈寶天尊、道德天尊。袖們是道教的最高主神，是「道」的一體三位。「三清」的說法始於六朝時期，但此時多是指「三清境」，即太清境、玉清境和上清境，分別為神寶君、天寶君、靈寶君三位大神居住。後來，「三清」才逐漸做為元始天尊、靈寶天尊、道德天尊的通行代稱，而「三清境」亦成為其居住地。

在宇宙還沒有生成的時候，天地都是一體的，就像一個混沌的大雞蛋，沒有東南西北的方位，也沒有上下左右的座標，黑暗、寂靜，昏昏沉沉。

宇宙的始祖盤古，身材高大，龍首人身。他橫臥在混沌的天地之間，一直沉睡了一萬八千年。盤古醒來之後，看到的是一眼望不到邊的黑暗；混沌不堪的天和地，緊緊包裹著他的軀體，使他不能自由暢快地活動；「大雞蛋」內渾濁的「蛋黃」和清澈的「蛋清」膠合在一起，難分彼此，使他感到窒息和燥熱。他想讓這個世界有寬廣明淨的空間，讓他自由馳騁；他想看到蔚藍的天空；他想站在厚實的大地上挺拔身軀舒暢地伸個懶腰；他更想讓光亮驅走這無邊的黑暗。於是，他將自己的一顆牙齒拔了下來，化成了一把大斧。盤古揮舞大斧四下劈砍，只聽得一聲巨響，膠合在一起的「蛋清」和「蛋黃」分開了，透明的「蛋清」飄飄揚揚升到高處，變成天空；渾濁厚重的「蛋黃」緩緩下沉，變成大地。隨著天地分離，一股清爽的氣體充盈在天地之間，光亮也緩緩地透了進來——就這樣，有了天、有了地；有了空氣、有了亮光。盤古大口大口地吸著清新的空氣，極目四望，看到大地廣袤，天空高遠。他縱情地引頸長

嘯，舒展四肢，在天地之間歡舞狂奔。

　　轉眼上百年過去了，盤古發現大地在不斷
地上升，天空反而慢慢地下降。他擔心天地會
重新聚在一起，變成原來那種混沌的模樣。於
是，他叉開雙腿，腳踩大地，用巨大的頭顱將
天空頂住。盤古施展法術，身體在一天之內變
化九次。他的身體時時刻刻都在長高，每長高
一尺，天地之間的距離就增加一尺，大地也隨
之增厚一尺。就這樣，一萬八千多年過去了，
盤古頂天立地，巨大無比，身高竟達到了四萬
萬千公尺。天空也變得無限之高，大地也變得
無限深厚。

　　滄海桑田，也不知過了多少年，天終於不
能再高了，地也不能再厚了。這時候，盤古已
經耗盡了全身的力氣，他滿懷深情地凝望著高

盤古開天闢地

遠的天空，遼闊的大地。他長長地舒了一口氣，口氣變成了高空的霧靄和徐徐
而來的春風；他一聲長嘯，叫聲變成了雷霆；他將自己的左眼變成了太陽，右
眼變成了月亮。這樣，天地之間有了白晝和黑夜的輪換，白天，太陽金色的光
芒照耀大地；夜間，山巒曠野披上了皎潔的月光。隨後，他將頭髮變成黑夜裡
無數顆閃爍的星星，點綴美麗的夜空。

　　做完這一切之後，他徐徐倒下，與世長辭。血液從他巨大的身軀裡流淌出
來，變成了江河湖海，奔騰不息；他的肌肉變成了千里沃野，孕育著萬物的生
長；他的骨骼化成了花草樹木，筋脈變成了曠野中縱橫交錯的阡陌道路；他的
牙齒變成了石頭和金屬。

　　最後，盤古的腦袋化成了東嶽泰山（在山東省境內），雙腳化做了西嶽華

山（在陝西省境內），左臂化做南嶽衡山（在
湖南省境內），右臂化做北嶽恆山（在山西
省境內），腹部化做了中嶽嵩山（在河南省境
內）。

盤古被道教尊稱為「元始天尊」，元始天
尊是道教最高神靈之一，位列「三清」尊神之
首，也是道教開天闢地之神，是道教「創世
論」的基礎。因為盤古生於元氣之始、混沌之
前，所以被稱為「元始天尊」。

盤古開天闢地的故事，最早在中國的南方
少數民族中流傳，後來，這種傳說蔓延到了神
州各地。在苗族和瑤族，人們將盤古看做自己
的祖先；而壯族、侗族、仫佬族等，則把盤古
看做人類始祖。在中國的諸多古代典籍中，如　**元始天尊**
《藝文類聚》、《繹史》、《廣博物志》、《述異記》、《歷代神仙通鑑》、
《開闢衍繹》、《古今圖書集成‧歲功典》、《路史‧前紀一》等都有記載。

元始天尊，又名「玉清元始天尊」，是道教神仙中的第一位尊神，被稱為「主持天
界之祖」。根據《歷代神仙通鑑》中的解釋：「元者，本也。始者，初也，先天之
氣也。」認為元始是最初的本源，為一切神仙之上，故稱「天尊」。道經描述說，
元始天尊稟自然之氣，存在於宇宙萬物之前。他的本體常存不滅，即使天地全部毀
滅，也絲毫影響不了他的存在。每當新的天地形成時，天尊就會降臨人世間，傳授
秘道，開劫渡人。

玉帝出世
九龍輦車帶來的眾神之王

道教是以老子之「道」為最高信仰、以長生成仙為終極追求的中國本土固有的宗教。道教思想淵源於中國先秦時期的祖先崇拜、鬼神信仰、道家哲學和神仙方術。道教教團組織的正式創立，一般認為是在東漢後期，創教人為張道陵天師。

很久以前，在天界有一個國家，名叫「光嚴妙樂國」，該國國王淨德，王后寶月光。國王淨德勤政為民，宅心仁厚。在他治理下，人民安居樂業，民安物阜，風調雨順；社會風氣良好，路不拾遺，夜不閉戶。

唯一遺憾的是，國王和王后兩人沒有子嗣，眼看著一天天變老，十分著急。他們請來了道士，日夜虔誠祈禱，祈求上天賜給他們一個孩子。

一日，元始天尊路過光嚴妙樂國，高空一望，得知國王淨德誠心向道，加之其仁厚和虔誠，不由得心中暗想：「此時此地，就是一樁因緣。要是用清虛至真之氣，進入淨德夫婦的身體，真氣和夫婦的聖德仁厚之軀相結合，必定托孕成胎，生下神明之子。這個孩子，就是掌管天上、地下和人間的三才之聖了。」

心念至此，元始天尊手持玉如意，輕輕晃動。碧玉做成的如意，閃動著瓊瑤般絢爛的光芒。元始天尊對著玉如意吹了一口氣，真氣化成了天外靈寶，變成了一個嬰孩。

這時，淨德國王正在寢宮靜坐，恍惚之間，看見五彩祥雲將宮殿映襯得輝煌耀目，發出千百樣的光彩。高空之中，仙樂飄飄，旌旗招展，車馬排列，眾神站立兩端，護送著一輛九龍輦車，緩緩而來。輦車之上高坐元始天尊，懷抱

15

一個小孩兒，小孩兒臉龐圓潤，雙耳肥大，雙眼清澈，雙眉清秀，通體被五彩光芒籠罩。

國王和王后見此異象，知是神聖下凡，他們快步走到皇宮外面跪拜等候。眾神儀仗護送輦車落地，元始天尊走到二人身邊，說道：「念及你夫婦二人虔誠仁厚，賜子下凡。這個孩子氣宇非凡，必定能修練成至高無上之品，還望好生相待，悉心養育。」國王和王后連連跪拜，感激涕零。國王淨德跪走到元始天尊面前，伸出雙手要接孩子，卻感到孩子重如山岳，淨德使盡全力，累出了一身熱汗，驚叫一聲，原來是南柯一夢！他急忙召見王后，王后告訴國王，她剛才也做了一個同樣的夢。

從此以後，國王好像一下子年輕了好幾十歲，變得精力充沛，精神抖擻。三年之後的正月初九午時，王后生下了一個兒子。孩子剛一懂事，並不貪戀國王之位，而是離開王宮，前往深山專心修道。三千兩百劫過去了，王子修成了金仙，自號「清淨自然覺王如來」。又經過了十萬劫，修練成了玉帝，總領天道神仙。

除此之外，關於玉帝來歷還有如下說法：

玉皇大帝在升天之前是一個凡人，佔山為王，是一個寨主，名叫張友人，又稱張百忍。

盤古開天闢地以後，天地之間誕生了很多神仙，之後也就有了人類。剛開始的時候，天地祥和，諸神相互禮讓。及至後來，諸神開始不斷紛爭，人間也變得道德敗壞，荒淫無度，天地三界一片混亂。

為了盡快結束這種局面，太白金星下凡尋找道德高尚之人，來執掌天地三界，做為三界大帝。他化成了一個乞丐四處尋訪，這一天來到張家灣，聽聞張友人宅心仁厚、樂善好施，而且看到將山寨之內治理得井井有條，人與人之間和睦禮讓。太白金星將張友人帶到天庭，被諸神尊崇為「終身天帝」，稱其為「玉皇」。因為玉皇總管三界，諸神習慣上稱其為「玉皇大帝」、「玉皇上帝」。

玉皇大帝是道教中信奉的一個重要神祇，是諸天之帝、仙真之王、聖尊之主，三界萬神、三洞仙真的最高神，被譽為「眾神之王」，祂在道教的神階中，神權極大，地位也是很高的。祂具有制命九天階級、徵召四海五嶽之神的權力。萬神都列班隨侍其左右，猶如人世間的皇帝和公卿。他居住的地方被稱為「昊天金闕彌羅天宮」，負責掌管三界（天上、地下和空間）、十方（四方、四維和上下）、四生（胎生、卵生、濕生和化生）和六道（天、人、魔、地獄、畜生、餓鬼）等一切陰陽禍福。

玉皇大帝

正月初九是玉皇大帝誕辰之日。每年的這一天，各個道觀都要舉行金籙醮儀，稱「玉皇會」，祭拜玉皇大帝；十二月二十五日是玉皇大帝降臨人間的日子，巡檢人間善惡進行賞罰。

故事中的「劫」是佛教名詞，「劫波」（或「劫簸」）的略稱。意為極久遠的時節。古印度傳說世界經歷若干萬年毀滅一次，重新再開始，這樣一個週期叫做一「劫」。按照《西遊記》的說法，每劫為十二萬九千六百年。

玉皇大帝全稱「昊天金闕無上至尊自然妙有彌羅至真玉皇上帝」，「玉皇大帝」的名稱出現在東漢之後，比太上老君要晚。他是三清之化身，三清與玉皇，猶如先虛無而後妙有，先無極而後有太極，先無為而後有為。故玉皇為三才主宰，總執天道，掌天地人之均軸。

后土女媧
大地的母親

道教認為宇宙之間，上有三十六天，下有三十六地。三十六天之最
上一層為大羅天；其次三天為三清境，分別是清微天、禹餘天、大
赤天；其次四天為四種民天（又稱四梵天），分別為賈奕天、梵度
天、玉隆天和常融天；再次為三界二十八天，包括無色界四天、色
界十八天和欲界六天。三十六地則為人死之後鬼魂所入之處，俗稱
陰間。人死之後在陰間要受到十殿閻王的審判，有善行者則能轉
生，作惡多端者則打入地獄受懲罰。

位於山西省西南部的平陸和芮城兩縣處，有一座后土廟。在這裡，流傳著
一個關於后土娘娘的故事。

舜的兩位妻子娥皇和女英去世後，上升到天界，被后土娘娘追封為正神。
后土娘娘感佩於娥皇和玉英的品德，加之民間對兩位正神的崇敬有加，后土娘
娘有意給娥皇和玉英尋一處好風水建一座廟宇，供人祭祀，享受人間香火。

於是，后土娘娘下到凡界到處遊歷。這一天她來到平陸縣和芮城縣交界
處。但見一處方圓十幾畝的空地，四周山清水秀，林木鬱鬱葱葱。后土娘娘半
空中四下觀望，空地北面是中條山，南面是大河，山水相映，地脈雄厚，是一
處絕佳的風水寶地。后土娘娘一眼喜歡上了這裡，決定在這裡修建后土廟，供
奉娥皇和女英兩位女神。

后土娘娘化做凡人，降臨到空地上仔細勘察。剛一走進空地，就有一種異
樣的感覺襲來。她睜開天眼，四下觀望，看見空地的正中央金光四射，走近一
看，是師祖神的寶劍插在那裡！后土娘娘突然明白了，原來師祖神也下凡尋找

建廟寶地，看中了這塊地方！

眼看自己好不容易尋到的風水寶地，被別人搶了先，后土娘娘十分不快，放棄卻又不甘心，遂起了爭奪的念頭，於是耍了一個手段。只見她靈機一動，計上心來，手拈秘訣，口吐蓮花，一隻繡花鞋落在手上。她四顧無人，將寶劍拔了出來，把繡花鞋埋在地上，又將寶劍插回原處。

回頭再說師祖神。他降臨凡間尋到了風水寶地，高興萬分，尋了一個良辰吉日，就想動工建廟。動工第一天，后土娘娘找到了師祖神，問道：「師兄怎麼在我先佔定的風水寶地之上修建廟宇呢？」

師祖神聽了一愣：「這片風水寶地，是我數日之前相中的，有插劍為證。」

后土娘娘微微一笑：「請師兄大開天眼，在師兄插劍之前，我已經相好了這塊寶地，早就埋下了一隻繡花鞋做為記號。」

師祖神一聽，急忙睜開天眼，果然看到自己的寶劍下面，埋著一隻繡花鞋。師祖神心胸寬廣，做事光明磊落，沒有多想，便不再相爭，將寶地讓給了后土娘娘。

隨後，后土娘娘選定良辰吉日，托夢給平陸和芮城兩縣人民。在后土娘娘神夢的指引下，兩縣人民開始修建后土廟。后土廟建成後，兩縣人民在一廟之中供奉了兩個正神，平陸縣人民供奉娥皇，芮城縣人民供奉女英。

后土廟建成後，周圍廣植林木。幾十年下來，后土廟樹森蔭翳。當地人民幾番修整，后土廟廟宇不斷擴大，牽連廣闊，廟宇輝煌，成為兩縣的風景勝地。兩縣人民在廟宇中各自種下了一棵柏樹，成百上千年下來，古柏參天蔽日，即便站在中條山上，也能望得見。

據傳，每年農曆三月十八，是后土廟中兩位正神的生日。到了這一天，兩縣人民舉行盛大的祭拜儀式。而這一天，也是農事活動的分界線。這一天之前，是農閒時節，人們一天吃兩頓飯；而這一天過後，則進入到農忙時節了，

后土娘娘

人們一天可以吃三頓飯了。當地人們對待這一天，就像對待二十四節氣一樣，十分重視，也十分虔誠。

我們常說的「皇天后土」，黃天指的是玉皇大帝，而后土則指后土娘娘女媧。后土娘娘主宰山川大地，和主宰萬神的玉皇大帝並列對應，可見其的尊貴程度。

中國歷來是一個農業大國，古代的文明是建立在土地之上的，所以，人們將賴以生存的土地，稱之為「人類的母親」。在遠古時期，后土神和黃帝同列為中央之神，到了漢朝，各地建有「后土祠」，用無限崇拜無限尊崇的辭彙，來表達他們對后土之神的熱愛——「皇皇帝天，皇皇后土」。黃天為陽，后土為陰，所以，后土做為女性神祇出現，十分符合中國的傳統文化，而后土娘娘也被尊崇為「大地母親」。

學界認為，三皇之一的女媧（中國古代的三皇分別是天皇伏羲、地皇女媧、人皇神農）是掌管土地的皇帝；而后土娘娘則是掌管土地的最高女神。那麼，后土娘娘和女媧很明顯是兩人合一。有專家稱，位於古汾陰的后土祠，位於現在的萬榮縣境西南黃河東岸廟前村，原來稱作女媧祠，這就更加證明女媧和后土就是同一個人。所以，後人將后土娘娘和女媧合稱為「后土女媧」。

后土娘娘全稱為「承天效法厚德光大后土皇地祇」，是道教的女性神祇，也是四御中的第四位天帝。她是盤古之後第三位誕生的大神，掌陰陽，育萬物，被稱為大地之母，是最早的地上之王。

月華眞君
千里姻緣一線牽的婚姻使者

道教三寶——學道者以玉清元始天尊為道寶尊，上清靈寶天尊為經寶尊，太清道德天尊為師寶尊，做為皈奉道法之「道、經、師」三寶；修道者以人身之「精、氣、神」為修養性命，做出世功夫的三寶；行道者以「慈、儉、讓」為立身行道，做入世功夫的三寶。

唐太宗貞觀初年，杭州有一個年輕人叫韋固，出生在將門之家。在他十二歲的時候，父親受到奸臣迫害，蒙受不白之冤，被罷職還鄉，淪為庶民。兩年後父親抑鬱而終，不久母親也撒手人寰，只留下韋固一個人存活於世。當到了談婚論嫁的年齡，韋固多次求婚，卻沒有一次成功，這讓他很是煩悶。

這天，韋固來到宋城出遊，晚間在客棧住宿。客棧主人和韋固攀談甚歡，答應給他做媒，約定和女方後天一早在客棧西邊的龍興寺門前碰頭相親。韋固聞言大喜，在宋城又逗留了一日。第二天一早，求婚心切的韋固早早起床來到龍興寺前等候。此時天色尚早，月亮還沒有落下。藉著明亮的月光，他發現不遠處有一個人坐在臺階上，膝蓋上攤著一本書，低頭聚精會神地看。韋固感到十分奇怪，走過去藉著月光觀瞧，原來對方是一個滿頭銀髮的老者。韋固和老人打招呼說：「老丈，這麼早就出來看書，是什麼書讓您如此著迷啊？」

老者微微一笑，沒作回答。

韋固出身官宦世家，自幼飽讀詩書。他想，能讓一個老者在夜間藉著月光讀的書，必定是一部奇書。不由得好奇心大增，走上前來，徵詢了老者同意後，接過書一看，上面的字一個都不認識。他十分奇怪，心想，別說漢字，就連天竺文、蒙古文和梵文，我也略識一二，這到底是本什麼書呢？

這時，老者不慌不忙地說：「這不是凡間的書，難怪你不認識，它是一本幽冥界的書。」

韋固大吃一驚：「那你就是幽冥界的人了？怎麼會在這裡呢？」

老者說：「我是幽冥界主管凡間婚姻的官吏，當然要到凡間來。這本書，記載著每個人的婚姻狀況。」

韋固聞言大喜：「我正當談婚論嫁的年齡，急於娶妻成家。今天有人給我介紹了一位女子，要我在這裡等候相親。請問老丈，這件婚事能成功嗎？」

老者說：「你婚配的機緣還沒有到，命中註定的妻子，現在剛剛三歲，你還得等上十四年，才能完婚。」

韋固對老者的話半信半疑，他看到老者身上背著一個大口袋，好奇地問：「老丈，您身上的口袋裝的是什麼？」

「纏繞男女的紅繩子。當世間的男女出世的時候，我就會在他們的腳上繫上一根紅繩子，紅繩子兩端的人，必定結為夫婦。無論他們遠隔天涯海角，還是世代仇敵。只要繫上了紅繩，誰也擺脫不掉。你的腳，已經和那個三歲的女嬰繫上了，你還想改變嗎？」

韋固問道：「我的妻子現在在哪裡呢？」

老者說：「就是客棧北邊那個賣菜陳婆的女兒。」韋固央求老者和女嬰見上一面，老者答應了。

天光大亮，已經過了和媒人約定的時間。韋固和老者來到菜市場，老者指著一個獨眼老婆婆說：「她懷裡的女孩兒，就是你未來的妻子！」

韋固看那女孩兒，衣著破爛，流著鼻涕，不由得大怒。他對老者說：「我殺了那個女孩兒，看她還怎麼做我的妻子！」

「命中註定的事情，你更改不了的。」老者說完，飄然而去。

韋固回到店中，手持一把尖刀，趕到菜市場，朝女嬰頭部就是一刀，刺中了女嬰的眉心。菜市場的人見狀混亂起來，韋固趁機逃走。

此後，韋固多次求婚都沒有成功。不知不覺過了十四年，朝廷平反了韋固

父親的冤案，念其父親生前的功勳，任命韋固為相州參軍，在刺使王泰手下任職。王泰十分欣賞韋固的才幹，決定將自己年滿十七歲的女兒許配給他。小姐美貌溫柔，韋固中年得嬌妻，自然高興的很。

新婚之夜，韋固看新娘眉間貼著一塊花鈿，問是怎麼回事。王小姐說自己原本是刺史的姪女，父親是宋城縣令。她出生不久，父親去世，隨後母親和哥哥相繼去世，家奴陳媽賣菜為生，將其養大。在她三歲的時候，陳婆帶著她在菜市場賣菜，被強人刺傷眉間，傷痕留到現在。後來叔父王泰到附近做官，才將她接到家中，認作女兒。

韋固心裡明白了八九分，接著問道：「妳說的那個陳婆，是不是有一隻眼瞎了？」夫人驚訝萬分，急忙問他是怎麼知道的，韋固這才道了實情。夫人見自己和韋固是前世姻緣，於是將怨恨一筆勾銷，反而和韋固更加恩愛。

後來，韋固的故事流傳開了。人們逐漸知道，有一位專管人間婚姻的神仙，卻不知道祂的名字。因為韋固在月下遇到祂，所以稱祂為「月下老人」，簡稱為「月老」。隨著月老故事的流傳，那些對婚姻生活充滿美好期盼的人，開始信奉祂，敬拜祂，祂的塑像、神祠，也在各地興建了起來。

月老是道教尊奉的專管人間婚姻的神仙，稱為「月華真君」。人世間男女的婚姻，都由月老掌管。祂將紅繩繫在有緣分的一對男女腳上，這對男女必定會成為夫妻，所謂「千里姻緣一線牽」。

有些道教的廟觀裡面，建有月老殿，也有的地方建有獨立的月老祠，對月老加以供奉。月老殿（祠）上書寫的對聯，表示世人對美好婚姻生活的嚮往和憧憬。

常用的對聯有：

願天下有情人，都成了眷屬；是前生註定事，莫錯過姻緣。

此老最多情，不獨管婚嫁兩事；凡人得如意，要知有因果一層。

顧五莖華，結宿世緣，我佛何嘗昧因果；作七經緯，著未來事，通靈畢竟是文章。

廿四風吹開紅萼，悟蜂媒蝶使總是姻緣，香國無邊花有主；一百年繫定赤繩，願鉥李天桃都成眷屬，情天不老月長圓。

斗姆元君

斗姆元君是道教的一個重要神祇，簡稱「斗姆」，又做「斗母」或「中天梵氣斗母元君」。「斗」指北斗眾星，「姆」指母親。道經云，斗姆「為北斗眾星之母」。祂的形象奇特，有三隻眼、四個頭、八隻手，手中分別拿著太陽、月亮、寶鈴、金印、彎弓、矛、戟等兵器或法器。

神農嚐百草
虎豹斑紋、茶葉、延齡草和
神農架的由來

道教教義的核心是「道」或「道德」。所謂道，是很難解釋也很玄妙的一種狀態，具有自然無為、無形無名，看不見摸不著，無法言說的特性，「道可道，非常道」，就是這個意思。道孕育著天地萬物，所謂「一生二，二生三，三生萬物」。

上古時候，隨著人口的逐漸增多，野獸越來越少，逐漸步入農耕社會。人們靠耕田種地生存，那時候五穀和雜草混生在一起，難以分辨，人們得了病，無醫無藥，十分痛苦。

神農決定親嚐百草，找出適合農田種植的糧食作物和能治病的草藥。這項工作危險性極大，因為田野裡既生長著良藥，也生長著毒草，稍有不慎，就有可能命喪黃泉。神農不顧家裡人反對，帶領幾個助手，向著物種豐富的大西北走去。

他們一路走，一路採摘品嚐各種植物，逐漸確定了一些農作物和可以治病的草藥。神農身上一左一右背著兩個包兒，味道甜美的草藥放到一個包兒裡面，味道苦澀的草藥放到另一個包兒裡面。不適合做草藥的、有毒的植物，用圖像紀錄下來，提醒人們不要誤食。

這一天，他們來到一座大山上，站在山頂極目四望，但見峰巒疊嶂，峽谷縱橫，深不見底。高山上長滿了奇花異草，滿山都是氤氳的香氣。神農和助手開始工作，正在品嚐鑑定草藥的時候，半山腰之上突然跑來一群猛虎獵豹。神農和助手們揮舞用來防身的鋼鞭，驅趕野獸。打退一批又上來一批，連續驅趕

神農氏

了七天七夜，才將虎豹全部趕跑。虎豹身上被鋼鞭抽打出一條條傷痕，後來變成了背上的虎豹斑紋。

幾天後他們來到一個陡峭的懸崖面前，懸崖直如刀削，長著青苔，難以攀越。助手們心生退卻之心，力勸神農回轉。神農說：「百姓餓了沒有糧食，病了沒有醫藥，我怎麼能輕易退縮呢？」他面對懸崖，沉思冥想，忽然想出了一條妙計。他讓助手們砍來長木杆，用藤條搭建成梯子，一直搭建了數百層，他們攀援著梯子，來到了山頂。這就是後來人們蓋樓房所用的腳手架，就是從神農這裡學來的。

一行人到了山頂上，只見這裡物種繁多，植物茂盛。神農吩咐助手們在山上栽種了幾排冷杉當作城牆，又在城牆內搭建茅屋居住。這一天，神農獨自到深山採藥，一群毒蛇從四面八方圍聚過來，吐著鮮紅的信子，噴射著難聞的毒氣，向神農身上竄去。神農被毒蛇亂咬，剎那間傷痕累累，毒氣攻心，倒在地上。他高聲呼喊：「上界神靈，快來救我！」喊聲恰巧被西王母聽見了，西王母派遣青鳥，給神農銜來一顆靈丹妙藥。毒蛇看見青鳥下凡，嚇得紛紛竄走。神農將仙丹含到嘴裡，頓覺神清氣爽。看著遠去的青鳥高聲致謝，沒想到一張口，神丹落地，地下即刻長出了一株青草，草頂上長著和神丹一樣的紅珠。神農將紅珠採下，放到口中品嚐，渾身傷痛立刻全消。他高興地說道：「我找到治療毒蛇咬傷的草藥了。」神農

將那株草稱之為「頭頂一顆珠」，也就是後來藥物學家所稱的「延齡草」。

　　神農帶著助手，遍山品嚐野草，分辨哪些是糧食，哪些可以治病。遇到懸崖峭壁，他們就搭建木架以助攀越。在品嚐過程中，遇到了無數毒草，每天都要中毒幾次，最多的一天中了七十二次毒。神農在品嚐百草的時候發現了茶葉，經常用茶葉來解毒。

　　神農嚐完百草，準備離開時，放眼一望，漫山遍野搭建的木架不見了，那些木頭落地生根，幾年之間長成了一片蒼茫的林海。神農等人正在感嘆之間，天空飛來一群白鶴，將神農和助手們接到天庭去了。後人將神農搭建木架的地方，命名為「神農架」。

　　神農是道教著名的尊神之一，他原本是遠古的一個部落首領，所統領的部落擅長耕種和農業。他發明了木耒、木耜等很多農田工具，教授人民農業生產的方法。道教興起後，將神農納入神仙體系，除了被尊為醫王之外，還是主持農業興旺的神仙。

　　關於神農品嚐百草後的結局，還有一種說法：神農品嚐百草，每天都要中毒。有一次他看到一種開著黃色小花的草，花萼在風中張合有致，看起來很美。神農採了一片葉子，放入口中慢慢咀嚼。不一會兒，他感覺五臟六腑火燒撕裂般劇痛，來不及用茶葉解毒，腸子就一寸寸斷裂，倒地身亡。後來，人們將神農品嚐過的毒草，稱之為斷腸草。後世人們為了紀念神農的功績，將他嚐百草的故事世代相傳。

神農氏是繼伏羲以後，又一個對中華民族頗多貢獻的傳說人物。除了發明農耕技術外，還發明了醫術、訂定了曆法、開創九井相連的水利灌溉技術等。因為他發明農耕技術而號神農氏，以火德王，故稱炎帝、赤帝。

東華帝君
掌管萬仙的天地首領

　　在道教中，神仙信仰是道教的基本信仰之一。「神」和「仙」是有區別的。簡而言之，神是天上的統治者，具有超自然能力的天神；而仙則是普通的人，只不過經過實際修練，具有了某種優異功行的傑出人物。「神」是先天的，而「仙」則多是後天的。

　　元始天王開天闢地之後，和太元聖母雌雄合體，通氣結精，生出了一個男孩兒，取名東王公。

　　東王公形貌奇特，他身高一丈有餘，頭髮雪白，臉是鳥的形狀，長著老虎尾巴；而形體是人的模樣。東王公出生後不久，元始天王和太元聖母又生了一個女兒，取名「西王母」。兄妹二人長大成人後各自下臨凡間，東王公居住在東荒山，西王母居住在崑崙山。

　　那時候地廣人稀，東王公獨自一人騎著一隻凶猛的黑虎，在寂寥無人的東荒山上四處遊走，感到百無聊賴。

　　這一天，九天玄女來到東荒山，東王公拉住九天玄女，一起玩起了投壺的遊戲。

　　所謂投壺，就是將一個窄口的水壺放在地上，玩遊戲的人和水壺相距一定距離，往壺裡面投擲弓箭，投中者為勝。東王公居住的地方，沒有弓箭。九天玄女聰明伶俐，折斷山木樹枝，將一頭削尖，做成弓箭的樣子。東王公和玄女每次投射一千兩百次，東王公一旦投進去了，上天就發出唏噓的聲音；一旦投不進去，上天就發出會心的笑聲。

　　就這樣，一天很快過去了，東王公將自己居住的大山洞讓給九天玄女居

住，自己騎著黑虎到附近一個山坳過夜。東王公萬萬沒有想到，九天玄女連夜在山洞建造了一間很大的石屋子，從此以後再也不出來了，日夜在屋子裡面研究戰術兵法。

玩性正濃的東王公，每天在九天玄女的石屋子門前徘徊，希望九天玄女有空閒的時候，能和自己玩耍遊戲。

幾百年過去了，九天玄女才從石屋子裡出來。東王公見狀，趕緊迎了上去，說道：「妳看這荒山，只有妳、我和這頭黑虎。黑虎不能說話，而妳整天在屋子裡，可悶壞我了。」

九天玄女微微一笑：「我功課做完了，這不和你來玩了嘛！」

東王公感到奇怪：「我在這裡都不知道住了幾千幾萬年了，也沒什麼功課可做，悶死我了。妳可好，一到這裡就有忙不完的功課。」

「我乃是西王母下屬的女仙之一，奉西王母之命，在這裡演練玄女陣法和越女劍法。數萬年後，黃帝要和蚩尤大戰，我要用玄女陣法前去為黃帝助戰；之後幾千年，吳國和越國爭鋒，我要用越女劍幫助吳國。」

東王公聽了，勃然大怒：西王母是我的胞妹，她比我還小，竟然開始統領神仙了。而我卻孤孤單單在這裡，連一個說話的人都沒有！東王公駕乘黑虎，飛臨崑崙山上，要找西王母問個究竟。他來到崑崙山上空向下一望，但見崑崙山上，有一個巨大的銅柱，銅柱周長三千里，高聳入雲。銅柱四周峭立如刀削一般。在銅柱的下面，有一個方圓幾百丈的大石屋子；銅柱子上面，停息著一隻大鳥，鳥頭朝著南方。大鳥的背上，有一小塊地方沒有羽毛，方圓一萬九千里。

這時候西王母叫道：「希有，快去迎接客人！」大鳥聽見西王母的召喚，騰空而起，飛到了東王公下面，讓東王公和黑虎坐在自己的背上，飛到西王母身邊。東王公下了鳥背，和妹妹西王母寒暄了幾句，問道：「我是妳哥哥，為何妳有下屬九天玄女，而我卻孤身一人呢？」

西王母微微一笑：「你整天玩耍，不懂得修練，元始天王怎麼委你重任呢？」

東王公聽聞此言，頓感慚愧萬分。他這才知道西王母派遣九天玄女到自己身邊演習陣法，是為了讓自己有所感悟，為自己做榜樣。他離開了崑崙山，來到了東海岸的扶桑國，在碧海之中，建造起了一個方圓數百里的巨大宮殿，名叫「大帝宮」。

東王公就居住在大帝宮裡面，日夜沉思、修練。漸漸地，大帝宮裡面有了神鬼生靈，東王公將大帝宮改為扶桑國，將扶桑國內的神鬼神靈管理得井井有條，人們尊稱他為「扶桑大帝」。

又不知道多少年過去了，太上老君派遣使者駕臨扶桑國，使者對東王公言道：「你苦心修練了這麼多年，管理扶桑國有功。老君敕封你為男仙之首，你盡快到太晨之宮任職去吧！」

東王公謝過使者，離開了扶桑國，來到了太晨之宮。他以青雲為城池，紫雲為華蓋，身邊的仙界同僚數以億計。

東王公負責神仙身分的審核，凡是符合飛升神仙資格的，他都紀錄在案，然後呈現給太上老君閱覽。

對東王公的信仰來源，追根溯源出現在戰國時期。當時楚國人信奉一個叫「東皇太一」的神，又稱「東君」。東皇太一神是被人們神話了的太陽神，也就是太陽星君，祂是東王公的前身。

東王公負責領導男仙，是男仙的領袖，掌管蓬萊仙島，道教的南北二宗尊其為始祖。和東王公相對的另一個道教女性尊神是西王母，又稱金母，負責領導女仙。

在唐朝和北宋時期，東王公和西王母並沒有列入道教的醮神名單中（醮音ㄐㄧㄠˋ，道士設壇唸經做法事）。南宋時期，東王公和西王母才被列入道教尊神中，接受供奉和崇拜。

30

　　東王公出現比西王母晚，但是因為祂是男性神，所以在道教的地位比西王母要高。

　　按照中國陰陽五行觀念，有了一個陰神，必然有一個陽神。女神稱西王母，西方屬金，又名金母；與之相對，男神就應稱東王公，東方屬木，故又稱木公。在這種文化意識支配下，西王母的對偶神東王公就出現了。東王公之所以後來居上，是男尊女卑思想在道教中的體現。儘管如此，東王公在民間的影響，遠遠比不上西王母。

　　後人將東華帝君世俗化，給祂起了個世俗的名字叫王玄甫，稱祂為全真第一祖，傳道給八仙之一的鍾離權。

　　東王公是道教的神祇之一，祂的名號繁多，又稱「木公」、「東華帝君」、「東王父」、「扶桑大帝」、「青童君」、「東方諸」、「青提帝君」、「東華木公道君」、「東華上相木公青童帝君」、「水府扶桑大帝」、「東華紫府少陽帝君」。祂原為中國古代神話中的男神，後經道教增飾奉為男仙領袖，南、北二宗則奉為始祖。農曆二月初六是東王公的誕辰之日。

王母娘娘
立兒石前的遺憾

信仰「道」的另一個重要內容是相信人可以長生不死，可以成仙。
道教認為道具有永恆的生命，獲得它、保持它便可長生，這也叫做
「德」。德即得，即得道。道教重生，追求長生，相信人透過求神
或修練可以得道，不僅可以享受人間的幸福，而且可以返本還元，
與道同體，肉體永生，白日飛天，長存仙界。

位於河北省淶水縣境內的著名旅遊勝地野三坡，流傳著一段和王母娘娘有
關的傳說。

在野三坡的龍門天關旁邊，一條小溪蜿蜒而過。在小溪河的東岸，矗立著
一塊高大的石頭，人們稱之為立兒石。石頭的立面上，有一個約一寸深的淺
坑，淺坑長約二尺，高約一尺。距離大石十五丈左右是懸崖峭壁，上面鑿刻著
如來神像。

很久很久以前，王母娘娘在天界王宮裡面，整天悶悶不樂。她膝下一共七
個女兒，卻沒有生下一個兒子。王母娘娘為此茶飯不思，寢食難安。

玉皇大帝見狀，陪著王母娘娘下凡到人間散心。他們騰雲駕霧，在龍門峽
萬仞天關之上停留落下。站在高聳入雲的山頂上向下望去，只見兩山壁立，直
插雲霄，一條白練似的流水，在峽谷間飛騰流轉。玉皇大帝見此美景，不由得
擊節驚嘆：「這真是人間仙境！」

心事重重的王母娘娘，根本沒有心思觀看景色。玉皇大帝見到王母娘娘依
舊雙眉緊鎖，勸慰道：「愛妻不要著急，我們何不到西天祈求如來佛祖，請他
賜給我們一個兒子呢？」王母娘娘聽罷大喜，心想如來佛祖法力無邊，一定能

賜福給他們。

　　兩人駕起祥雲來到西天，見到了如來佛祖，懇請道：「我們夫婦膝下只有七個女兒，懇請佛祖慈悲為懷，不吝傳授生子之道。」如來佛祖掐指一算，得知王母和玉帝二人，命中註定沒有兒子。但他又不好說破，沉思片刻，想到了一個方法，讓二人知難而退。如來佛祖於是對二人說道：「在龍門天關一側，有一個小溪流，小溪流東側大約一百步開外，有一塊立兒石，石上有一個淺坑。如果詢問生男生女的事情，可以透過立兒石來討問。具體方法是：站在百步之外，手拿石子往淺坑裡面投擲。如果三塊石子全都投中即是有男有女；如果有兩塊落入，就是只生男不生女；若是只有一塊投中，那就只生女不生男；如果一塊也不能投中，便是無男無女，為『絕戶之命』。」

　　聽罷如來佛祖的一番話，求子心切的王母娘娘即刻返回，要在立兒石面前討問自己是否能生兒子。如來佛用手指一點，野三坡的龍門天關景區的小溪河東側，一塊巨大的石頭憑空突兀出來，石頭上方有深約一寸的淺坑。王母娘娘來到立兒石面前，站在百步之外，手捏三枚石子，屏氣凝神，伸長手臂，踮起腳尖，小心翼翼投出了第一枚石子，遺憾地落空了；第二枚石子投出去之後，也落空了。王母娘娘心浮氣躁，咬牙將第三枚石子投了出去，石子穩穩當當地落在淺坑上。王母娘娘仰天長嘆：「看來我命中註定無子了！」

　　立兒石的故事，從此流傳下來。每到正月十五，野三坡附近的新婚夫婦就會來到立兒石面前，投上三顆石子，徵詢子嗣的情況。這種活動後來發展成了一種風俗，一直延伸到今天

　　王母娘娘是眾女仙之首，在天上負責各路神仙的酒席宴會，在凡間掌管著婚姻和生育之事，備受天宮和民間的愛戴。她最初的形象是掌管災疫和刑罰的怪神，後來在民間傳說中被女性化與溫和化，形成了今天慈祥的女神形象。

　　她又是道教神學體系中的一位尊神，被奉為至高無上的女神，掌管崑崙仙島。因為住在崑崙山瑤池，所以又有瑤池娘娘之稱。據傳，王母娘娘瑤池的蟠

王母娘娘

桃樹，小桃樹三千年一結果，大桃樹六千年一結果，最好的桃樹九千年一結果。吃了蟠桃，可白日升天，和天地日月同壽。

值得注意的一點是，在一般的民間傳說中，人們往往認為王母娘娘和玉皇大帝是一對夫婦。但是道教並不認同這種說法，因為在道教神系中，王母娘娘出現要比玉帝早很多，所以玉皇大帝與西王母並非夫妻關係。

王母娘娘有「西王母、金母、瑤池金母、西姥、王母、白玉龜台九靈太真金母元君、白玉龜台九鳳太真西王母、太靈九光龜台金母元君」等繁多的名號。道教將每年的三月初三定為她的誕辰之日。

三官大帝
書生金魚締結的愛情之果

道教認為，神仙居住在十大洞天，三十六小洞天和七十二福地。「道」化為三種氣，再化成三位至高無上的神，即元始天尊、靈寶天尊和道德天尊。在這三位主神之下擁有龐大的神團系統，如三官、四御、四值功曹、六丁六甲、三十六天罡、七十二地煞、玉皇大帝、王母娘娘、真武大帝、東嶽大帝、碧霞元君、斗姆元君、驪山老母、關聖帝君、城隍、土地、灶君、門神等等。

在很久很久之前，有個名叫陳子禱的書生在天地之間四處遊歷。

這一天，他來到東海，在海邊發現三個美麗的小金魚在嬉戲玩耍。陳子禱十分好奇，於是赤腳下水，來到小金魚面前。

小金魚見到生人，並不害怕，搖著尾巴游到陳子禱腳邊，在陳子禱腳邊環繞奔游。牠們一會兒沉入水底，用嘴調皮地拱著水底的粗砂，一會兒冒出水面，衝著陳子禱頑劣地吐著水泡；一會兒一下子遠游而去，又在瞬間潛游過來，用身子溫順地摩擦著陳子禱的雙腳。

天色漸漸暗了下來，陳子禱就要離開了。三條金魚依依不捨，一直尾隨陳子禱到了沙灘。牠們在沙灘上，用肚子蹭著粗砂，搖著尾巴，低垂著腦袋。陳子禱十分感動，對牠們說道：「金魚呀，請回去吧，我明天再來看你們，好不好？」這時候海水湧了上來，三條金魚復歸海水，轉眼不見了。

第二天，陳子禱又來到海邊和金魚嬉戲遊玩。就這樣許多日子過去了，有一天晚上，陳子禱剛躺在床上，就覺得自己迷迷糊糊來到海邊，見到了三條金魚，金魚流著眼淚說道：「我們本是龍王的三個女兒，下凡來到海邊嬉戲玩

耍，尋找我們的意中人。父王說，我們的意中人的背上，有三個小金魚的圖案。父王規定的期限到了，我們要回到龍宮去，從此之後我們再難相見！」說罷，海岸上狂風四起，黑浪滔天，陳子禱只覺得背上一陣灼痛，他驚叫一聲醒了過來，原來是南柯一夢！

醒來之後的陳子禱再也無法入睡，睜著眼睛捱到天亮，急匆匆來到海邊，背上的灼痛，讓他苦不堪言。此時海邊依舊風平浪靜，東方升起的朝霞，將海面映射得金光閃閃，美麗動人。陳子禱從早等到晚，都沒有看見那三條美麗的金魚。就這樣一連幾天過去了，金魚始終沒有出現。陳子禱因為思念，不思飲食，一天天消瘦下去。終於倒斃在海灘上，上漲的潮汐將他的屍體捲到了大海中。

巡行的夜叉看到了陳子禱的屍體，將其帶到龍宮。龍宮裡負責生死輪迴的海神，發現陳子禱的背部，有三個小金魚模樣的圖案紋身，急忙面見龍王道：「啟稟我王，這個人，就是三個公主所要等待的意中人呀！」龍王聽了大驚失色：「這個人死了，該如何是好？」海神說：「此人死後不久，三魂七魄還在體內，待我將其引出來。」於是，海神將陳子禱的魂魄引出來，引其面見龍王，在龍王的應允下，見到了三個公主。三個公主一見到陳子禱，高興地泣不成聲：「沒想到我們今日還能相見！」

此後，陳子禱和三個公主結為夫妻。婚後，夫妻四人恩恩愛愛。這一年的正月十五，天光大開，仙樂奏鳴，大公主生下了一個兒子；當年的七月十五，地上百草茂盛，鮮花盛開，二公主生下了一個兒子；到了十月十五這一天，江河湖海波光粼粼，霧靄輕飄，祥雲籠罩，三公主生下了一個兒子。

三個兒子長大成人之後，神通廣大，法力無邊。元始天尊冊封大公主的兒子為「上元一品九氣天官紫微大帝」，令其居住在「玄都元陽七寶紫微上宮」；冊封二公主的兒子為「中元二品七氣地官清虛大帝」，令其居住在「九土無極世界恫空清虛之宮」；冊封三公主的兒子為「下元三品五氣水官洞陰大帝」，令其居住在「金靈長樂宮」。

陳子禱是道教傳說中的人物，他和龍王女兒生下的三個兒子，就是道教尊神「三官大帝」。

在道教信奉的神祇中，三官地位崇高。祂們被賦予的職責分別是：天官紫微大帝（區別於四御中的紫微北極大帝），負責給世間的良善人民賜福，我們常說的「天官賜福」即來源於此；地官清虛大帝，專為人間作惡悔過的人赦罪；水官洞陰大帝，專為世間之人解除災難和困厄。所以道經有「天官賜福，地官赦罪，水官解厄」的說法。

魏晉南北朝時期，關於三官的信仰開始興盛。宋朝和明朝以後，道教的神祇信仰確立了三清四御，三官的地位有所下降。到明朝以後，全國各地修建起了很多廟宇祭拜三官，被稱為三官殿、三官堂、

三官大帝

三元庵、三官廟等。到了清朝時期，三官信仰更加普遍，更加深入人心，天官形象確定，天官賜福被製作成喜慶年畫，到處張貼。由於天官的封號是「賜福紫微大帝」，民間逐漸將其奉為「福神」，和祿神、壽神、南極仙翁三神並列，稱為福祿壽三星，成為人們喜聞樂見的喜慶神。

三官大帝，也就是天官、地官和水官，又被稱為「三官」或「三元」、「三官大帝」、「三元大帝」、「三官帝君」。道教成立後，做為信奉的神靈供祀。三官誕生的日子正月十五、七月十五和十月十五，是道教最為盛大的節日之一，分別稱為「上元節」、「中元節」和「下元節」，總稱為「三元節」。

真武大帝
摩崖飛升的淨樂國王子

「三災八難」：三災指風災、火災、水災，是人類遭受自然界的三大災害；八難指的是，得生人道難，生成男身難，形體健全難，得生中土難，生逢有道之君難，生而稟性仁慈難，生值國家太平難，生與三寶相見難。

在天之涯海之角，有一個美麗的國家「淨樂國」，淨樂國國王勤政愛民，將天下治理得井井有條，人民安居樂業，社會風氣良好。皇后名叫「善勝」，賢淑善良，知書達禮，深受百姓的愛戴。

在一個春暖花開的時節，善勝皇后來到花園散步遊玩，突然天空中傳來一聲巨響，浩瀚的碧天之上，天門大開，一時間仙樂飄飄，眾仙人魚貫而出排列兩側。中間走出一位神仙，手捧太陽，拋繡球般往下一扔，太陽劃過一道金光，向著皇后飛來，飛臨到皇后面前的時候，太陽變成了一枚遍體通紅的果子，鑽進了皇后口中。

從此，善勝皇后有了身孕。十四個月後的一天，國王正陪著皇后在花園鞦韆上休息，天地之間忽然變得十分明亮，皇后感到肚子劇痛，緊接著左脅哧嚓一聲響動，裂開一個大口子，從裡面跳出了一個小孩兒。小孩兒又白又胖，手舞足蹈，笑呵呵來到國王和皇后面前，恭恭敬敬喊了一聲「爹」，又喊了一聲「娘」。剎那間，百鳥齊聚，百花盛開，吉祥的景象昭示天下：淨樂國王子出生了。

淨樂王子生來聰穎，七歲時就能日誦經文；到了十歲，已經遍覽宮內藏書。他身材魁梧，除了飽讀詩書之外，還學了一身的好武藝。就在淨樂國王和

普天下百姓對淨樂王子寄予厚望的時候，淨樂王子突然放棄了王位的繼承，決心潛心修道，救護天下蒼生。淨樂王子的行為遭到了國王和王后的強烈反對，但他心意已決，堅持不改。

淨樂王子的心願感動了玉清聖祖紫虛元君，元君下凡，指點王子。

這一日，淨樂王子在花園散步，花叢中突然出現了一位紫衣道人，對王子說道：「若想修道成仙，必須斷絕榮華富貴，除去心中的欲望，到紅塵之外去修練。大海之東，有一名山，為武當山，那裡是修行的好去處。」言罷，紫衣道人倏忽不見了。來者正是玉清聖祖紫元君的化身，前來點悟真武越海東遊。

是年，淨樂王子年方十五。他辭別了父母，拋棄了皇家錦衣玉食的生活，歷盡千辛萬苦，渡過東海，來到了武當山。

善勝皇后對孩子的離去痛心萬分。她緊緊跟在王子身後，晝夜不息，風雨不停，一直尾隨到武當山。她筋疲力盡，看著兒子一步步走向山頂，高聲喊道：「兒呀，快轉來！」她連喊了十八聲，卻下了十八步。王子答應了十八聲，上升了十八步，母親落在他後面，追不上了。這個地方成了武當山的旅遊景點之一——「太子坡」和「上下十八盤」。

善勝皇后見狀，心神俱碎，母愛的本能使她突然具有了巨大能量，她盡力飛奔，抓住了兒子的衣角，拼死不放。王子進退兩難，他既疼愛母親又不願放棄修道，權衡之下，用劍將衣角削斷。

皇后悲痛欲絕，她不顧一切猛撲過去，要將兒子死死抱住。太子心中悲痛，用劍往後一揮，天崩地裂，高山立刻分成了兩半，將母子二人分開，中間出現了一條大河，這就是「劍河」。看著對岸的母親，王子淚如雨下。人們在這裡修建了「滴淚池」以憑弔善勝皇后的真切。

王子來到武當山，潛心修道。一晃幾十年過去了，還是沒有成仙悟道。他心浮氣躁，動了退卻之心。於是收拾了一番決定下山，回到父母身邊。聖祖紫元君見狀，在王子的下山途中，化成了一個磨鐵棒的老婦，點化王子：只要恆

心在，鐵棒也能磨成針。王子受到了感化，繼續回山修習。他從早到晚，靜心端坐，鳥兒在他頭頂上做巢、生蛋、孵化，他一動也不動；身邊的雜草荊棘刺透他的腳底板，沿著他的雙腿長到胸口，又從胸口長了出來，他還是一動不動；因為修道他沒時間吃飯、喝水，肚子裡的腸胃呱呱亂叫，他就將腸胃撕扯出來扔掉。

就這樣，四十二年過去了。在這期間，眾仙為了試驗王子的意志，派出九位美麗女仙下凡，引誘王子，王子不為所動。這一天，妙樂天尊降臨武當山，贈給王子一把「北方黑馳袞角斷魔雄劍」。寶劍長七尺二寸，重二十四斤，闊四寸八分，和七十二候、二十四時、四時八節相互對應。

九月初九這一天，天上祥雲藹藹，空中天花漫撒，林間仙樂繚繞，谷裡異香撲鼻。真武只覺心特別明，眼特別亮，胸中恍若水晶，一塵不染；身軀像是流雲，隨時都可飄飛，他知道升仙的日子到了。他走到武當山的摩崖前面，突然一位美麗的少女出現了，手捧金盤玉杯給王子獻茶，王子不為所動。女子感覺無地自容，縱身躍下山崖。王子見狀，頓感自己不通人理，逼人死亡。悔恨之下，也要跳下山崖為女子償命。令王子想不到的是，他被五條巨龍捧住。這時候跳崖的女子變成了祖師紫元君，對王子說：「徒兒，你透過了最後一次試探，可以升仙了。」說罷，偕同王子飛上天去。王子到了天上，被冊封為玄武大帝，後來改名真武大帝。

王子跳崖的地方，成了武當山一景，名為──飛升崖。

真武大帝原名為玄武大帝，更名的原因，有兩種說法。一種說法是避宋真宗的名諱，因為宋真宗曾用過玄休、玄侃等名；還有一種說法是為了避諱趙宋「聖祖」趙玄朗的諱。

在中國古代文化中，玄武代表的方位是北方，所以真武大地被稱為北方之神；在陰陽五行中，北方屬水，真武大帝又被尊為水神，能解除水火之災；玄武是四靈獸之一的神龜，所以真武大帝也被稱為司命之神，是長壽不死的象

徵。

玄武的這些特徵，贏得了民間各階層的廣泛信仰。唐宋以後，玄武演變成了道教的大神。

真武大帝的形象也有沿革。北宋時期，真武大帝的形象是神龜靈蛇；到了南宋時期，真武大帝開始人格化了。到了後來，真武大帝定格成了道教中的經典形象：披髮黑衣，金甲玉帶，仗劍怒目，足踏龜蛇，頂罩圓光，形象十分威猛。現在廟宇中的真武大帝，光腳披髮，旁邊有神龜和靈蛇兩位大將，或者是金童、玉女。神龜和靈蛇有護衛之責，金童玉女負責紀錄三界的善惡功過。

真武大帝修練的山，最初名叫「太和山」，後來更名為「武當山」，意思是「非玄武不足以當（擋）之」。元朝大德七年（1303年），真武大帝被朝廷加封為「光聖仁威玄天上帝」，進而成為北方地區地位最高的神。

真武大帝

真武大帝是道教名聲顯赫的尊神，又被稱為「玄天上帝」、「佑聖真君玄天上帝」、「鎮天真武靈應佑聖帝君」、「真武帝君」，是武當山所信奉的主神。真武大帝在民間也有多種稱呼，最常見的名稱是「蕩魔天尊」、「報恩祖師」、「披髮祖師」。每年農曆的三月初三，是真武大帝的誕辰日。

辛元帥
孝感天地的雷部天神

道教以黃帝的《陰符經》、老子的《道德經》、莊子的《南華經》、金闕後聖君的《黃庭經》以及關尹子的《文始經》做為五大經。此五大經中，又以《道德經》為道家崇奉思想之中心，與必修之經典。

很久很久以前，雍州的一個小山村，一個小男孩兒出生了。母親張氏請村裡有文化的人，給孩子取名字辛興，字震宇。辛興家境貧寒，從小父親去世，和寡母相依為命。辛興身材高大，相貌奇特，每天上山打柴，挑到附近的市集上換取吃穿用品，勉強維持生活。

這天，辛興吃完早飯到山上打柴，在一棵大槐樹下的草叢裡，發現了五隻剛剛成形的野雞。辛興十分高興，心想：母親年老體弱，將這些野雞帶回去給母親滋補身體。於是，他將野雞放進布包，背在身上，帶回了家中。母親將雞關進籠子，一夜無話。

第二天，辛興照常上山打柴，母親留在家裡，從籠子裡面取出一隻雞，要殺了燉肉。當張氏將雞按到案板上舉刀要砍下去的時候，雞突然開口說話了：「請妳不要殺我，我是雷神，不能吃。妳若殺了我，必然性命不保。」張氏耳背，而且反應遲鈍，當隱約間聽見雞開口說話的時候，菜刀已經落下，雞頭被砍了下來。剎那之間，天色突變，狂風大作。一道利電劈了過去，緊接著一聲驚雷，張氏被擊中，倒地身亡。

原來，辛興居住的地方叫雷神山，每年驚蟄前後，雷神山上雷聲大作，所有的草木都會被驚雷劈斷。春秋兩個季節，雷神潛入雷神山上，在枯草之中變

化成雞形。辛興所抓的五隻野雞，就是剛成雞形的五個雷神。

辛興打柴歸來，看見母親身亡，抱著屍體大聲痛哭：「這到底是怎麼回事呢？」鄰居聽見了哭聲，紛紛走了過來，告訴辛興，母親是被雷劈死的。這時候辛興看到母親背上有一行金字：「我是雷部天神，混一之氣所化；天威震怒，劈死了此人。做為警戒，世人以後切勿冒犯。」

辛興這才知道抓回來的野雞是雷神所化，不由得大怒，將其餘四隻雞用衣服蓋住，舉起木棒就要全部打死。雷部眾神在天宮見狀，祭起雷電，要劈死辛興。霎時烏雲密佈，雷電交加，大雨傾盆。圍觀鄰居見狀，四散逃走。辛興毫不畏懼，毅然決然將四隻雞打死，然後仰頭對著蒼天呼喝：「男兒一世，能為母親報仇盡孝，也就心滿意足了！天上的雷神呀，你劈死我吧！」

辛興的剛毅和孝心，令雷部眾神感動不已。祂們收起雷電，轉瞬之間，霧靄散盡，雨霽雲消。雷神變成了一個道士，翩躚而至，來到辛興面前施禮道：「你真是一個大孝子，面對驚雷毫不畏懼，反倒將其制伏。我就是雷神，剛才將你母親劈死了，請你原諒，不要再心懷怨恨。我願贈給你十二顆火丹，權當謝罪。」

辛興吃了道士贈給的十二顆火丹，剎那間身形驟變，化做了一個雷公。他腳踏五雷鼓，直上雲天，被玉帝封為雷部元帥。

遠古時期，氣候變化不定，雷電常常會損壞樹木、建築，傷及人畜。每當這種現象發生的時候，人們就認為天上的雷神在發怒，於是對其恐懼，轉而進行崇敬膜拜。這就是雷神信仰的起源。雷神是道教信奉的一個「群體尊神」，之所以稱之為群體尊神，是因為雷神不單指一個神，而是多個神的總稱。雷神也被稱為「雷帥」或「雷公」。

統領雷部眾神的最高神，名字繁瑣冗長，全稱「九天應元雷聲普化天尊」。天尊的職責是「主天之災福，持物之權衡，掌物掌人，司生司殺」。在祂治下，有一個複雜繁瑣的組織，統領著數量繁多的雷神，這些組織的總部被

雷公像

稱為「神雷玉府」。在神雷玉府下面，有名目繁多的「四府六院及諸各司，各分曹局」。

在雷部眾神中，一共有三十六名雷公，天雷、地雷和人雷各十二名。三十六名雷公掌三十六天曹刑律，在天尊的掌管下，施行刑罰；人間的旱澇豐歉，必須遵從天尊的命令。

除此之外還有五雷、十雷和三十六雷霆。五雷為天雷、地雷、水雷、神雷、社雷。由此可見，雷部的組織是多麼浩繁複雜。

「猙獰可怖」是雷神形象最為形象的概括。《山海經》中將其描述為人首龍身，腰間有一個大鼓，用來打雷。《搜神記》中的雷神形象則是「雷神渾身紅色，雙眼就像鏡子，長著長長的毛和頭角，長三尺有餘，腦袋像獼猴，形體既像豬，又像牛馬」。一直到了明清時期，雷神的形象才開始統一：形狀像一個大力士，袒露著胸腹；背上兩個大翅膀，額頭上有三個眼睛，猴臉尖嘴。雙腳如鷹爪，尖長鋒利。左手拿著一個木楔，右手拿著一個木槌，做欲擊狀。從頭頂到腰間，連環懸掛著五個大鼓，左右腰間各懸掛一鼓。民間「雷公臉」、「雷公嘴」的說法，就是據此而來。

辛興是道教信奉的雷神中的一員，俗稱「辛元帥」、「辛天君」，其職責是「往來行天，剪幽明中邪魔鬼惡」。每年六月二十五日是其誕辰日，人們在這一天敬奉雷神，三餐食素，稱之為「雷齋」。

龐元帥
三救落水女的江漢船夫

道教在歷史上形成了眾多的道派，漢朝有天師道和太平道兩個道派，魏晉時期有上清派、靈寶派、三皇派，宋金元時期有全真道、太一道、真大道、淨明道等道派。各個道派經過歷史上的融合，最後歸併到正一道（由天師道發展而來）和全真道（創始人為王重陽）兩個大道派中。兩派的信仰並無差異，只是在教規教戒上有所不同。全真派要求素食、出家（不結婚）、住觀，正一派則無這些規定。

龐喬是漢江秦嶺段人，生於漢獻帝年間，世代以擺渡為生。

龐喬從小心地善良，品德高尚，常常救人於危難，為鄉里人所敬重。重陽節的一個晚上，龐喬在江岸的小舟上休息，一個客人急匆匆走來，要求擺渡到對面。到岸後，客人下船心切，將裝有百兩黃金的包裹掉在了船上。龐喬發現後，就在岸邊等候。一直到第二天下午，客商來尋，他將包裹歸還了客商，裡面的金銀分毫不少。客商感激涕零，取出一錠金子酬謝，龐喬堅決不受，客商反覆拜謝而去。

臘月裡的一天，天色很晚了，龐喬剛要收船回家，一個獨身女子走了過來要渡河到對岸。當時天降大雪，龐喬問她從哪裡來，到哪裡去，女子閉口不言。龐喬憐惜她是一個孤身女子，說道：「河對面，幾十里之內沒有村莊。天這麼晚，又下著大雪。妳渡過去，又能到哪裡安身呢？不如到我家借住一宿，第二天再做打算吧！」

女子跟著龐喬到了家中，龐喬將她安頓到母親房間，幫她烤乾了衣服，吃

了晚飯睡下了。第二天，天光大亮，雪也停了。女子和龐喬走出家門，到了河渡口，龐喬回頭一看，發現不知道什麼時候女子已經不見了。

兩天過去了，龐喬和父親在渡口擺船，那女子又來了，還是不言不語，徑直走到船中，隨眾人渡了過去。

返程的時候，女子依舊坐在船上不走。龐喬問話，她也不言語。這時候江風大作，河水洶湧。一個浪頭打來，船上三個人落入江中。臘月時節，江水冰冷刺骨。龐喬水性奇佳，拼力游到父親落水的地方，看見父親正在江水中沉浮不定。他將父親救了起來，拼盡全力游到懸崖邊的一塊岩石上。喘息未定，一個浪頭打來，父子二人再次落水，龐喬第二次將父親救了上來。

此刻龐喬筋疲力盡，他顧不上下水溺亡的危險，跳入水中，去尋找落水的女子。在水中上游下潛，尋不見女子的身影，他只好到岩石上休息，恢復體力後再次下水。就這樣三次下水，終於將女子救了起來。

當時正是除夕之夜，陰間厲鬼出入呼叫，尋找轉世替身。龐喬自幼習武修道，那些遊魂野鬼無法近前。他探視父親鼻口，父親沒有性命之憂。而那女子，是慈航真人的化身，當然更不懼厲鬼。看著父親年老體衰遭此大罪，龐喬抱著父親，嚎啕大哭。十幾個厲鬼在龐喬身邊遊走觀瞻，也不由得大哭：「我們今夜找人替代，可是被孝子義人救了過去。我們永世不得翻身了。」龐喬聽聞，拿起身邊的繩索左右抽打，厲鬼們逃之夭夭。

第二天晚上，鬼魂來到龐喬家裡哭泣，陰風颯颯，哭聲淒厲。父親剛剛從冰水中生還體質太弱，不堪侵擾。龐喬捏了兩簇香灰放在手心，雙手合十，向上天禱告。此時慈航道人已經將龐喬的義舉善德稟報給了玉帝，而龐喬的祝禱，也被玉帝看見了。玉帝將龐喬家的厲鬼驅散，責令天庭仙界將龐喬收錄，委任他為雷部天君，是為龐元帥。龐元帥執掌人間正道，除鬼降魔，秋毫不犯。

雷神龐元帥是有現實人物原型的。龐元帥姓龐名喬，字長清，漢江人，他

道教雷神

的父親叫龐定，母親姚氏。龐長清生於漢獻帝癸丑年十一月，因為其心地善良，所以死後被民間奉為神仙。最後被道教納入神系，在雷部眾神行列。

在一般人看來，雷神是專門負責打雷下雨的神明，其實不然。雷部天神除了行雲佈雨外，還具有捉鬼驅妖、煉渡亡靈和維護人間正道的職責。龐元帥就是肩負這類職責的雷神。

二十八宿原為星宿的名稱，中國古代的星象家把太陽和月亮經過的天區稱作「黃道」。並把黃道中的星宿分為二十八個星座，叫做二十八宿。道教認為每個星座都有一個神將，共有二十八位神將，也稱作二十八宿。

華光大帝
地獄救母的護法元帥

「齋」是道教禮儀的一種，是齋戒、潔淨的意思。在祭祀活動前，
道教教徒必須沐浴更衣、不食葷酒，以表示尊敬和虔誠。

相傳，飄渺山上住著一位吉芝陀聖母，聖母有一個兒子，名為「吉祥童
子」。吉祥童子神威勇猛，性情暴烈，頗具法力。

這一天，吉祥童子下山玩耍，半路上遇見了生性貪婪的獨火鬼。獨火鬼看
到吉祥童子胸前的玉珮，就想據為己有。他見童子年齡幼小，就用花言巧語將
玉珮騙走了。

童子回到家中，聖母得知玉珮被獨火鬼騙去了，大怒：「獨火鬼實在可
惡，竟然欺騙懵懂童子！」原來，那玉珮是聖母的鎮山之寶。童子這才知道自
己受騙了，他暴跳如雷，夜不能寐。第二天一早搶在母親前面，尋見了獨火
鬼，將其生生撕裂，然後用三味真火將獨火鬼的屍身魂魄燒毀。

吉祥童子擅殺獨火鬼，違背了天條，被貶下凡間，投胎馬耳娘娘腹中。十
月懷胎，馬耳娘娘生子，吉祥童子轉世。吉祥童子一生下來，就異於常人。他
有三個眼睛，靈光四射，還具有很大的神通。

馬耳娘娘的丈夫鎮守東海州府，和東海龍王素有糾葛。吉祥童子七歲那
年，馬耳娘娘的丈夫被東海龍王殺害。為了替父報仇，吉祥童子隻身來到東海
龍宮，親手殺死了東海龍王。當時，江南八十一州，鎮壓著危害凡間的惡鬼火
珠精，童子殺死東海龍王之後，一氣之下放走了火珠精。他頑劣未盡，來到紫
微宮，盜取了紫微大帝的鎮妖金槍。

童子扛著鎮妖金槍，剛要離開紫微宮，突然間霹靂大作，一束金光將童子

籠罩。童子只覺得金光具有很大的吸力，頓時覺得身體變輕，順著金光飛升而去。金光是紫微宮的鎮殿法寶九曲珠發出的。童子被金光吸入了九曲珠內，困在了裡面。

得知童子殺死龍王，放走餓鬼，盜取金槍，玉帝勃然大怒，命人將童子殺死。童子的魂魄飄飄悠悠，途經鬥牛宮。鬥牛宮炎魔天王的夫人看到了童子的魂魄孤孤單單，心生憐憫之心，將魂魄收納到腹中。

於是，吉祥童子第二次投胎。童子降生後，拜在妙樂天尊門下，研習神通道學。他劣性不改，潛入到南海龍宮，將龍王的聚寶盆盜走，還砸碎了鎮鬼稜婆鏡，放走了鎮壓在鏡下的兩個惡鬼，又收服了千里眼和順風耳，降服了火漂將，經過千年修練，練成了金磚法寶。

吉祥童子覺得自己羽翼豐滿。他惱恨玉帝當年將他殺死，於是帶著金磚大鬧天宮，天界為之沸騰，驚動了玄天大帝，玄天大帝降下神龍巨水，將吉祥童子收服。玄天大帝掐指一算，知道童子氣數未盡，還有一生一世的因緣。於是命水牛和鴨子合力將童子救了出來，再次投胎人間。

吉祥童子第三次投胎到了蕭太婆腹中。蕭太婆是蕭家莊的一個富豪妻子。吉祥童子出生後，取名華光，仍舊具有先天神通。他在中界不停和神魔大戰，中界沸騰。從此，華光降妖除魔，所向無敵。他想再次練造前世的金磚法寶，於是四下尋找金塔。尋訪途中遇見了鐵扇公主，華光將公主擒拿，娶其為妻。

蕭太婆在華光十五歲那年，被黑白無常召走，下放到地獄。華光思念母親，前往陰曹地府尋找。剛到地獄之口，五百火鴉撲面而來，經過一番大戰，華光降服了火鴉。到了閻羅殿，三言兩語不和，和閻羅爭執起來。華光一怒之下，大鬧陰曹地府，下界為之沸騰。華光先後三次進出陰曹地府，經過無數次爭戰，歷盡千辛萬苦，將母親救了出來。

華光帶著母親回到家中，一家人喜氣洋洋。面對豐盛的晚餐，蕭太婆卻悶悶不樂，難以下嚥。華光問母親到底是怎麼回事，母親摒退旁人，對華光私語

華光大帝

道：「我兒，實話對你說吧，我想吃人！」

華光聽聞大驚失色。蕭太婆接著說：「我原本是吃人的惡鬼，被佛祖擒拿，囚禁在地獄中。所幸你將我救了出來。我在地獄這段時間，沒有吃到人肉。我兒你要盡孝，就給我找個人來吃。」

華光說：「娘，您在地獄受苦，我千辛萬苦將您救了出來，您怎麼能再吃人呢？」

母親聽了大怒：「你這個不孝之子。你把我救出來，又不讓我吃人，你還不如不救我呢！」

　　至孝節義的華光假裝找人給母親吃，實則四處尋訪治療吃人的靈丹妙藥。當他得知只有王母娘娘的蟠桃能治此病的時候，他變化成了齊天大聖孫悟空，盜走了蟠桃。母親吃了蟠桃之後，再也不吃人了。

　　但是，齊天大聖卻背上了竊取蟠桃的罪名。齊天大聖詢問佛母，才知道是華光栽贓，前去征討，大敗而歸。後來，齊天大聖借來了一樣法寶，名叫「脖氏骷髏骨」。光華被骷髏骨擊打倒地，後來被火炎王光佛所救。在火炎王光佛的斡旋下，齊天大聖和光華握手言和。

　　光華的孝心感動了三界，玉帝也憐惜光華是一員猛將，於是冊封他為「五顯靈官大帝」，令千里眼、順風耳、文昌帝君和五穀爺爺輔助他。

　　道教有四位十分出名的護法神，總稱為「護法四帥」，華光大帝就是護法四帥之一。護法四帥分別為：馬靈耀、趙公明、溫瓊和關羽。

　　華光大帝的凡間姓名是「馬靈耀」，俗稱馬元帥。民間常說的「馬王爺」，指的就是馬元帥。相傳他有三隻眼睛，身上藏有火丹和金磚，用來降妖伏魔。所以，民間將華光大帝稱之為「火神」，常在八、九月間舉行祭祀活動，祈求安康順利，免除火災。

華光大帝又稱為靈官馬元帥、三眼靈光、三眼靈耀、華光天王、馬天君，是道教尊神之一，是真武大帝的部將，護法天界，民間稱其為「馬王爺」。每年的農曆九月二十八，是華光大帝的誕辰日。

有眼不識泰山
馬王爺三隻眼的來歷

「四生六道」：道教認為，人世間一切有情眾生，生生死死都脫離不出四種生滅形式，即胎生、卵生、濕生、化生。人與畜生類都屬胎生，雞、鴨、鵝、鳥一切飛禽屬卵生，水土之中的魚類、蟲類屬濕生，蝴蝶之類的屬化生。六道也稱「六趣」，最有代表的說法是《三十六部尊經》輪迴六道注：「六道者即天道、神道、人道、地獄道、餓鬼道、畜生道。」

春秋戰國時期，有一位名滿天下的能工巧匠，名叫「魯班」。魯班被世人推崇為木匠、泥匠和石匠的始祖。

魯班有一個妹妹，名叫魯薑，也是一位能工巧匠。有一天，兄妹二人打賭，誰要能一夜之間建造一座最為堅固的橋，誰的本事就是天下第一，比賽的地點設在河北省趙縣境內的洨河上。

比賽的時間到了。當天夜裡，魯薑在上游，魯班在下游，兩人各遣鬼神，來往搬運，按照自己設定的圖紙，建造石橋。很快雄雞打鳴，天光大亮。魯薑還差一塊石頭合攏，而魯班的石橋剛好建成。

洨河上空，一夜之間出現了一座石拱橋，遠遠望去，猶如半空飛虹。石橋設計新穎，建造奇特，引起了四方轟動。人們紛紛前來參觀，讚不絕口。

魯薑不服氣，心想，哥哥建造的速度比我快，但不一定堅固呀！於是，她對哥哥說道：「你的橋華而不實，恐怕不能載重吧！」魯班生性謙虛，品行平和。他見妹妹三番兩次和自己作對，心想：這個丫頭過於驕傲，不知道天外有天，人外有人。我要憑藉這次機會教訓她一番，讓她明白些事理。心念至此，

他對魯薑說道：「我造的橋堅固耐用，無論多重的荷載都不會出問題。」

聽了哥哥的話，魯薑前往蓬萊島，邀請眾仙前來試探魯班石橋的載重能力。張果老和柴王爺應邀，張果老騎著毛驢，柴王爺手推小車，應邀一起登上了石拱橋。魯班見狀，心想，我的石橋再不濟，承載一頭毛驢、一輛小車和兩個人，還是沒有問題的。他哪裡知道，張果老身上背著的褡褳裡面，一個口袋裝著太陽，另一個口袋裝著月亮；而柴王爺的小車，一邊裝著泰山、華山，另一邊裝著衡山、恆山。太陽、月亮和四座名山的重量壓到石橋上，石橋開始吱吱作響。魯班見狀，縱身跳到洨河，來到石橋下，單手托橋，張果老和柴王爺穩穩當當地通過了石橋。

小小石拱橋，竟然能承載起太陽、月亮和四座名山，令張果老和柴王爺大加嘆服。他們不住地稱讚石橋修建的堅固，張果老還開了一句玩笑：「橋修的真好，無愧天下第一。可是都說木匠的眼力好，楞沒看出柴王爺小車上的泰山！」原本是一句玩笑話，在魯班聽來慚愧萬分，心想：「有眼不識泰山，還留著它有什麼用呢！」言罷，將自己的左眼摳了出來，扔到石橋上，變成了一顆閃亮的夜明珠。正巧馬王爺和牛王爺迎面走來，爭搶珠子，最後馬王爺搶到了手裡，慌忙之中按在了自己的額頭上，變成了第三隻眼睛。牛王爺見狀，氣得臉色發青，陰沉欲雨。

這裡的馬王爺，也就是道教信奉的尊神，四大護法元帥之一的華光大帝。

在各地建有供奉馬王爺的廟宇，大多稱之為華光廟，也有的地方將馬王爺神像放在城隍廟中加以祭拜。馬王爺的經典形象是渾身雪白，眉生三目。

在明朝前期，馬王爺馬靈官逐漸演化成了王靈官。據傳，王靈官是宋徽宗年間人，是一位術士。他死後飛升入天，被玉帝冊封為「先天主將」，司天上、人間糾察之職。道觀中的王靈官像做為道觀門神形象出現：紅色臉膛，形象奇特，三隻眼睛，身披鐵甲，手拿鐵鞭，鎮守山門。

四值功曹

四值功曹，為道教所信奉的天庭中值年、值月、值日、值時的四位小神。這四神分
別是值年神李丙、值月神黃承乙、值日神周登、值時神劉洪，相當於天界的值班神
仙。主要任務是紀錄人和神的功績，同時也是守護神。

趙公明
木筷抵千金的信義財神

「三業六根」：道家稱心業、身業、口業為「三業」；「六根」是修行大道者必須禁忌的，「見」為眼根；「聞」為耳根；「臭」為鼻根；「言」為舌根；「觸」為身根；「知」為心根。凡是出家的修道者凡心不死的叫「六根不淨」。

秦朝時期，農曆三月十五日這一天黃昏時分，陝西省趙大村一戶貧困人家出生了一個男孩兒，取名趙朗，字公明，村裡人都稱其趙玄朗。

趙玄朗自幼力大無窮，長大之後更是神武非凡。趙大村有一個規模很大的木材廠，趙玄朗從十三歲起，就開始在木材廠打工養家。因為他力氣大，一個人扛運的木材，頂三、四個壯年勞力的勞動量，很受木材商的賞識，多次予以獎賞。

趙玄朗不僅力氣大，還十分聰明。他將木材商的獎賞一點點積攢下來，幾年過去了，他手裡有了一大筆私房錢。在他十七歲那年，他憑藉著自己手裡的私房錢，並四處向工友借貸，自己獨立建起了一個木材廠。

趙玄朗具有很高的經商頭腦，他目光長遠，從不貪圖眼前的蠅頭小利。和一般商人不同的是，趙玄朗為人慷慨，心胸開闊；誠實守信，做事踏實，好多人都願意和他做生意，他的生意一天天好起來。幾年過去了，趙玄朗累積了巨額財富，成為當地的大富豪。

同村的趙大春也是一個頭腦靈活的人，他和趙玄朗同歲，一齊進的木材廠。趙玄朗另闢爐灶後，趙大春待在原來的木材廠，一直到現在，已經是木材廠的大工頭了。他不甘人下，決定自己出門到漢中去做山貨生意。可是他本錢

不夠，於是找到趙玄朗，向他借錢。趙玄朗和趙大春關係素來密切，面對趙大春的請求，趙玄朗慨然應允，借給了趙大春一百金，約定一年為還款期限。這在當時，算得上是巨款了。

常言道：福無雙至，禍不單行。趙大春接了趙玄朗一百金，到山上進了一大批山貨，沒想到半路上連天陰雨。做山貨生意的人最怕這種天氣，乾燥的山貨大量積壓在一起，很容易黴變。陰雨持續了一個多月，趙大春的山貨在庫房中堆積了一個多月。一個月後雲消雨霽，卻錯過了山貨出手的最佳時機，只好忍痛賤賣。返回途中又遇到了山賊，身上金銀被搶掠一空。從漢中回來，年關到了，正是歸還趙玄朗借債的期限，趙大春一籌莫展。

臘月二十八這一天，天降大雪。趙大春一家還沒有一點過年的氣息，四壁空空，氣氛壓抑。趙大春一家蜷縮在冰冷的屋子裡，心想，今天是歸還趙玄朗欠款的日子，這年關恐怕是過不去了！正心想間，聽見敲門聲，趙玄朗帶人催討欠款了。

趙大春將趙玄朗迎進屋子，滿面堆笑：「兄弟，我的事情你也聽說了。你看我現在臨近年關，家裡連置辦年貨的錢都沒有，孩子們都冷著身體、餓著肚子呢！我欠你的錢，實在無法按期歸還了，還請兄弟看在往日情面上，多寬限些日子吧！」

趙玄朗環視了趙大春一家人，心裡禁不住嘆息。他說道：「這百金可不是小數目，我寬限你到什麼時候呢？做人最重要的是誠信，我們約定年底還錢，你要兌現諾言才是！」

面對趙玄朗的緊逼，趙大春無可奈何：「你看我拿什麼還你呢？」

「家裡但有值錢的東西，權且變賣吧！」

「還有什麼值錢的東西呢？」

「聽說你祖上流傳下來一雙檀木筷，是無價之寶？」

「兄弟您取笑了。那雙筷子不是祖上的，是家父留下的，權當念想。至於價值，和平常的木筷子沒什麼區別，怎麼能稱無價之寶呢？」

財神趙公明

「到了這個時候，你也不要再隱瞞了。你將那雙筷子交給我，你我之間的債務一筆勾銷，你看怎樣？」

趙大春這才明白，趙玄朗這是來幫自己了。他不願明說取消自己的債務，怕傷害了自己的自尊心，而是蜿蜒曲折，讓自己的檀木筷抵消債務，算是給足了自己面子！趙大春感激涕零，抱住趙玄朗放聲大哭。

從此，「木筷抵千金」的故事流傳了下來。

後來趙玄朗的家業越來越豐厚，他扶危濟困，樂善好施，被人們所敬仰。隨後，他又到終南山潛心學道，將騷擾民間的一隻黑虎降伏，從此，黑虎成了

趙玄朗趙公明的坐騎。

趙公明是道教信奉的尊神之一，也是「護法四帥」中的一員。他在民間的經典形象是戴鐵冠、騎黑虎、持鐵鞭。隋唐時期的民間傳說中，趙公明是做為「惡神」出現的，是一位「在天為五鬼、在地為五瘟」的「秋瘟」神；在明朝的傳說中，他率領鬼兵，在人間「下痢」（散佈痢疾，讓人拉肚子），被稱作「八部鬼帥」之一。

到了後來，趙公明又成了道教信奉的武財神。

關於他被奉為財神的緣由，來自神怪小說《封神演義》。在《封神演義》中，姜子牙登壇封神，並沒有將趙公明封為財神，而是封為「金龍如意正一龍虎玄壇真君」，也就是常說的「玄壇真君」。玄壇真君統率著「招寶天尊蕭升」、「納珍天尊晉寶」、「招財使者鄧久公」、「利市仙官姚少司」四位神仙。四位神仙的職責是迎祥納福、商賈買賣。後來，人們將趙公明手下掌管的四位小神分別簡稱為招寶、納珍、招財和利市，認為趙公明主掌財富，統管人間的金銀財寶，所以奉趙公明為財神。

趙公明又稱「黑虎玄壇趙元帥」，道教主要把他做為財神來供奉，同時他也是道教的護法四帥之一。蓋因其曾為張天師守護丹室，民間還將其神像貼於門上，做為門神，鎮邪祈福。他所司之職中，除了有「除瘟剪瘧，保病禳災」一項，還有「買賣求財，公能使之宜利和合。但有公平之事可以對神禱，無不如意」之功能。

溫瓊
泰山之巔的元金大神

「化緣」：佛、道兩家通用的術語，指的是向他人募化財物、善意的討要；對方無償的捐贈，用於幫助出家修行者修廟塑像、刊印善書，助道、護道、養道，利於大道流行。「緣」在道家看來其意深刻，出家修道者向百姓化緣，其實是上門去結「善緣」，人與人，人與道的「緣」從這裡就形成了，種下福田、結下善緣，福報無窮。

漢朝有一個年老秀才，名叫溫望，年老無子。他和夫人張道輝日夜祈求上帝，賜給他們一個兒子。

一天夜裡，張道輝夢見天神下凡，天神身材高大，手持火珠，對張氏說道：「我是天帝派遣的神靈，玉帝下屬的部將。願意在母親的身體內投胎，轉世為人，不知道母親願意嗎？」

張道輝聞言，歡喜萬分：「我是一個女流之輩，沒有見識。既然承蒙天神的關照，高興還來不及呢！」天神將火珠拋起，火珠呼嘯旋轉，張氏張口將火珠吞下，驚叫一聲，從夢中醒來。從此張氏懷孕，十二個月後五月初五，溫望家裡祥雲繚繞，香氣氤氳，午時許，張氏生下一子，孩子長相奇特，一生下來就會說話，對父母言道：「我在娘胎的時候，夢見有個神人送給了我一個玉環。」溫望於是給孩子取了一個名字叫溫瓊；瓊，玉之意也。

溫瓊七歲時無師自通，能按照北斗七星排列走勢，踏出「北斗罡步」；十歲時遍覽天下古籍經典，通曉儒家、佛家和道家的精髓；十九歲時科舉不中；二十六、七歲的時候又一次名落孫山。

　　屢次落榜的溫瓊鬱鬱寡歡，心灰意冷。當時溫家家境敗落，為了生計，他跟鄰居學起了豆腐生意。

　　溫瓊居住的班付村，村邊有一條常年不斷流的小河流過，班付村的農田都靠這條小河灌溉。無論什麼年景，班付村農田總會有最好的收成。這樣，班付村家家有餘糧，戶戶得溫飽，生活無憂無慮。

　　常言道：飽暖思淫欲。班付村村民生活富足，漸漸滋生了一些惡習，比如遊手好閒、賭博、酗酒、淫亂、偷盜、詐騙等。幾年下來，班付村原本淳樸的民風，變得淫靡敗壞。

　　這天鄰近集鎮舉行玉皇會，四鄉五里的村民們聚集到一起，焚香禱告，祈求玉皇降福。幾個班付村的村民喝醉了酒，在玉皇會上惹是生非，砸爛了祭奠的香爐和玉帝神像。

　　此刻玉帝正在凌霄寶殿端坐，忽然感到身體異樣。這時候土地爺慌慌張張求見玉帝，說道：「大事不妙了！班付村村民醉酒鬧事，將您在凡間的神像砸壞了！」

　　玉帝凝神朝凡間一望，但見玉皇會上幾個班付村村民醉醺醺的，衣衫凌亂，袒胸露腹，拿著大棒驅趕毆打玉皇會上的信徒，神像被打碎並散落在地上。玉帝見狀大怒，令使者交給土地爺一個盛滿瘟疫的藥瓶，說道：「班付村民風敗壞，理應受到懲處。你速速將瓶裡面的瘟疫放到班付村水井中。」

　　土地爺手拿瘟疫瓶，感到十分為難：班付村民風敗壞這是事實，但也有幾戶品行端正的人家，難道都要跟著遭殃嗎？土地爺思前想後，決定違背玉帝意願，私下通知他們，讓他們盡快逃走，免受禍殃。

　　幾戶人家得到了土地爺的暗示，紛紛打理家財，悄無聲色地離開了班付村，唯獨溫瓊不願獨生，他心想：人非聖賢，孰能無過，這裡民風敗壞不假，但罪不致死。為什麼不能給他們一個改過自新的機會呢？用我一個人的性命，救全村人的性命，換來他們的醒悟，豈不更好？

　　於是，溫瓊趁土地爺不注意，偷偷拿走了瘟疫瓶，長嘆一聲道：「男兒

道教尊神溫元帥

在世，不能幹出一番偉業實在是一大憾事。我死後，立志做一個守護泰山的神仙，除盡人世間的罪惡！」言罷，將瓶中瘟疫一口吞下，剎那間他感覺四肢發熱，不一會兒倒斃在地死去了。

溫瓊的舉動感動了玉帝，他派出青龍使者來救溫瓊的性命。此刻溫瓊的父母正俯在溫瓊的屍體上放聲痛哭，只聽得一聲霹靂，一條青龍從天而降，口吐寶珠，落了溫瓊面前。寶珠的光芒籠罩了溫瓊全身，他活了過來，撿起寶珠吞了下去。一瞬間，原本白淨的溫瓊，變成了青面紅髮的鬼怪形象。他手握法器，勇猛剛毅，和生父溫望、生母張道輝垂淚道別，飛升入天。

溫瓊飛天後，玉帝將他封為「佑嶽天神」，令其守護泰山，後來成為東嶽大帝的部將、東嶽十太保之一，後人稱其為溫太保。再後來，玉帝敕封他為「金元大神」，賜其瓊花一支，金牌一面，上寫「無拘霄漢」，意思是可以自由出入天門，奉旨巡查五嶽名山，「慈惠民物，驅邪伐妖」。

在江浙一帶，修建著許多供奉溫瓊的廟宇，稱之為「廣靈廟」，也有的地方稱其為「溫將軍廟」。浙江溫州的忠清王廟最為著名，俗稱元帥廟。

溫瓊的形象是：遍體青色，藍靛臉，雙目如電；藍色的翡翠長袍，青花團簇；赤髮獠牙。道教將溫瓊列為真武大帝部下的大帥，肩負降妖伏魔的職責。

溫瓊被稱為溫元帥，是道教有名的尊神之一，也是「護法四帥」中的一員。到了宋朝，溫瓊被皇帝敕封為「翊靈昭武將軍正佑侯」、「正福顯應威烈忠靖王」。每年的農曆五月初五，是溫瓊的誕辰日。這一天，四方信徒紛紛舉辦不同形式的祭拜活動，抬著他的神像在街上遊行，以求鎮邪袪惡，免除災禍。

關羽
巨龍轉世的古今第一將

「四恩三有」：道教的教義以道德為主，以報恩為重，為了體現道的美德，主張以四恩應報。「四恩」者：一為天地恩，二為君主恩，三為父母恩，四為師長恩。凡此四者皆宜迴向以報。「三有」者是指：有情者，有識者，有緣者。凡此三者，道皆應親之和之。故「四恩三有」為信道、修道者常需念念不忘，時時謹記在心的一種修養理念。

「武聖」關羽的故事，除了《三國志》和《三國演義》中的記述外，還流傳著一些美麗的神話傳說：

相傳在很久以前，黃河兩岸沃野千里，風調雨順，物產豐饒。在此地居住的人們，過著豐衣足食的生活。

人們衣食豐足無所事事，開始不思進取，不思勞作，恣意揮霍享受。逐漸變得凶暴驕橫，驕奢淫逸，民風敗壞。天帝見狀，大為震怒，找來四海龍王言道：「下界凡民不思進取，空費膏粱，愧對上天對他們的關愛之心。從此以後，令其三年大旱，滴雨不落，顆粒不收。等其徹底悔悟，再做計較。」

四海龍王領命，給黃河兩岸的居民降下旱災。果真是滴雨不落，山泉乾涸，黃河水勢見小，直至斷流，露出千里黃沙。兩岸的植被也逐漸枯萎，莊稼一片荒蕪，千里沃野變成了不毛之地。

起初，人們毫不在意，靠著手中的餘糧依舊縱情享樂。半年過去了餘糧耗盡，才發現莊稼都枯萎了，地面都乾旱地裂開了，慢慢地飲水都成了難題。人們害怕了，日夜虔誠求雨，可惜於事無補。

　　一年過去了，黃河兩岸餓殍千里，哀鴻遍野。好多人背井離鄉，四處逃亡乞討。昔日繁華興盛之地，變得一片淒涼。

　　距離黃河兩岸三萬里，有一大澤，大澤裡面居住一條巨龍。巨龍有大神通，一眼望去，看到了黃河兩岸悲慘的景象，動了悲憫之心。祂不顧天帝的旨意，從東海引水，連續下了七天七夜，乾涸的土地變得滋潤。黃河兩岸的人們趁著豐沛的雨水，抓緊時間耕田播種，迎來了一個喜慶的豐收年。在外地乞討流亡的人陸續回來了，荒涼之地又有了生機。

　　隨後，巨龍又從崑崙引來千年冰雪融水，乾涸的黃河河床上，又流淌上了豐盈的河水。

　　巨龍的舉動惹惱了天帝，天帝廢去巨龍數千年的修為，將其魂魄幽禁。幾千年過去了，天帝將巨龍的魂魄，投入到凡間，投胎轉世輪迴。

　　解州（今山西解州鎮）常平村有個人叫關毅，父親關審，關家是一個書香門第。這一年，關毅夫人懷孕，十月懷胎，生下了一個相貌奇俊的兒子：臥蠶眉緊攢，雙目豎立，紅色的臉龐，不怒自威。關毅為孩子取名「關羽」，字雲長。這個降生在關家的嬰兒，就是巨龍投胎轉世。

　　關羽長大後，身材魁偉，身高九尺五寸；棗紅色的面龐，威儀十足。他留有長達一尺八寸的長鬚，後人稱其為「美髯公」。長大後的關羽神勇無比，力抵萬夫。他輔佐劉備南征北戰，東擋西殺，立下赫赫戰功，被譽為「古今第一將」。

　　關公是中國古代忠孝節義的代表人物，是歷代名將的楷模，被尊崇為「古今第一將」。歷史上的關公，出生於公元162年，卒於公元219年，是三國蜀漢時期著名將領，被封為漢壽亭侯，蜀國五虎上將之首。從宋朝以後，關公在民間的影響日盛，在人們的心中被冠以「忠義性成，神聖之質」，認為他是青龍轉世。北宋末年，被敕封為真君，民間視其為張天師下屬的神將。元朝皇帝將他敕封為「顯靈義勇武安英濟王」。明萬曆年間，關公被封為「三界伏魔大

關公

帝神威遠鎮天尊關聖帝君」。到了清朝，無論帝王還是民間，對關公的信仰達到了極盛。從此以後，他不再是哪個教門的尊神，成了國家祭典的人物，擁有了更加廣泛和更加深厚的民間基礎。

如今，關公在人們的心目中不僅僅是戰神，還是財神。既能保佑人們治病消災、招財進寶、科舉上榜，也具有驅邪避惡、誅罰叛逆的法力。

關公在人們心目中的經典形象是：美髯、青龍偃月刀、丹鳳眼、臥蠶眉、面如重棗。

關羽是道教尊奉的「護法四帥」之一，被道教尊稱為「關元帥」，又稱「蕩魔天尊」、「伏魔大帝」。在佛教中，他也被推崇備至，稱其為伽藍菩薩，尊稱為「關公」。

在民間信仰中，關羽被尊為「武財神」，稱其為「關聖帝君」，簡稱「關帝」、「關公」、「關老爺」。每年的農曆五月十二日，是他的誕辰日。

魁星
貌醜才高的文運之神

方丈：佛家禪宗與道教全真派十方叢林，最高執事稱謂。方丈乃人
天教主，渡世宗師，演法之至尊，撐苦海之慈航，為道眾之模範。
非大德大賢有道之士難以勝任，其肩負闡揚大道以德化人的重任，
道教正一派亦有方丈。

古代有一個秀才，長的奇醜無比：酒糟鼻，歪嘴斜眼，滿臉麻子，一條腿
長，一條腿短，走路一瘸一拐。

秀才雖然形貌醜陋，卻深受父母疼愛。他的家境還算殷實，父母見其聰明
好學，從小就讓他在私塾讀書學習。秀才聰慧過人，七、八歲的時候已經過目
成誦，出口成章了。這一天老師對他說：「孩子呀，你聰慧過人，我的知識你
已全部學完了，再也沒有教你的能力了。你年少才高，進京趕考去吧！希望你
能求取功名，為國家效力，造福黎民。」

秀才聽了老師的話，和老師灑淚告別，進京趕考，順利進入殿試。皇帝早
就聽聞此人之名，要親自面試。

當天皇帝在金殿坐定，宣秀才上殿面君。秀才低著頭，一瘸一拐從宮門外
緩緩走來，皇帝遠遠望見了秀才畫著圓圈走路的模樣，忍俊不禁。等到秀才走
到殿中，低頭叩首，皇帝令他抬起頭來一看，不由激靈了一下，心想：「我的
治下，怎麼還有這樣形貌醜陋之人！」

他對秀才的形貌略有忌憚，心中不悅，問道：「你臉上的麻子，為什麼這
麼多呢？」秀才見皇帝不問考試的事情，卻先問自己的長相，知道這是皇帝在
刁難和羞辱自己。他不亢不卑地說道：「小民臉上的麻子，和天象相迎合，

猶如滿天的星斗。小人有先天之勢，伸手可以摘星。這不是上天賜給的福氣嗎？」

皇帝聽聞此言，頓覺此人口才伶俐，思維敏捷，暗中讚嘆，接著問道：「你的腿，是因何而瘸的呢？」

秀才答道：「這也是上天的賜福，常言道：「一腳跳龍門，草民一條腿長，一條腿短，正有跳躍龍門、獨佔鰲頭的優勢。」

秀才的一番話讓皇帝心花怒放，他對秀才的厭惡和輕視，一下子變成了敬佩和喜愛，又問道：「既然你跳躍龍門，獨佔鰲頭，那麼天下寫文章最好的，非你莫屬了？」

秀才聽聞，誠惶誠恐言道：「豈敢豈敢。」

皇帝感到奇怪：「此言怎講？」

秀才說道：「天下寫文章最好的人在我們縣，而我們縣的最好的文章，就出自我們村；我的弟弟，是我們村裡面寫文章最好的，堪稱第一。但是，我弟弟的文章，還要經過我批改潤色。」

這就是打油詩「天下文章屬吾縣，吾縣文章屬吾鄉，吾鄉文章屬舍弟，舍弟請我改文章」的來歷。

皇帝聽罷秀才之言，喜形於色；又仔細看了他的答卷，確定此人為棟樑之才，欽點他為狀元。

秀才上任第一天，皇帝愛才心切，在宮中賜宴，招待秀才。秀才吃罷宴席，感覺味道十分鮮美，和平時吃的飯大不相同。尋了一個機會向同僚打聽，才知道皇宮內的御膳，添加了一種名為「鹽」的調味料。

那時候，鹽還是一種稀缺品，別說一般平民，就是一些達官貴族，都沒機會享用到鹽調製的食品。秀才心想，這麼好的東西，如果走出皇宮，造福萬民，豈不是更好嗎？於是，他暗中打探食鹽的來歷，才知道食鹽是從海邊運來的。聰慧無比的秀才，用了數年的時間，終於打聽到了食鹽晾曬的方法。而這種方法，一直被當作皇家特權壟斷，做為重大技術機密嚴禁外洩。秀才偷偷將

曬鹽技術透露到了民間，人們嚐到了添加了食鹽的食品的美味，一發不可收拾，開始大量曬製海鹽。於是，一種新興職業私鹽販子在民間產生了。

海鹽曬製技術洩露的消息被皇帝知道了，皇帝追查下來，才知道是秀才所為。皇帝感覺自己私享的東西被普通民眾同等享用了，自己的皇權受到了極大挑戰，一怒之下將秀才殺害了。

玉皇大帝對秀才的品行十分讚許，派遣使者將秀才的魂魄接到天庭，敕封他為文運之神，俗稱「魁星」。

魁星是道教信奉的尊神，主管文運和功名利祿，是文昌帝君的侍神。魁星不單指一顆星，是北斗

明朝銅雕魁星踢斗像

七星中的前四顆，也就是天樞星、天璇星、天機星和天權星。這四顆星星合稱「魁星」，又稱「奎星」、「斗魁」。

「魁」字左右拆開，一邊是「斗」，暗含「才高八斗」之說，另一邊是「鬼」，和魁星在凡間時形貌醜陋相應和。民間中魁星的形象是：面目猙獰凶惡，青面金身，雙眼如環，頭髮紅赤，頭上兩隻角。右手拿著一個大毛筆，左右拿著墨斗，右腳踩著海中的一隻大鰲魚，左腳揚起做後踢狀，就像「魁」字右下角的彎勾筆劃。魁星手持朱筆，掌管著天下讀書人的命運。讀書人上榜還

是落榜、功名前途是否通暢，都要經過魁星朱筆的批點。所以民間素有「任你文章高八斗，就怕朱筆不點頭」的俗語。

宋朝以來，民間對魁星的信奉日益興盛，歷久不衰。除了文昌帝君之外，魁星成為封建文人最信奉的大神。每年農曆七月七日，是他的誕辰之日。

後世流傳下這樣一種習俗：在皇宮大殿上，有龍和鰲的雕刻圖案，旁邊放置一個魁斗。殿試時，狀元一隻腳踏在鰲頭上，一手拿魁斗，寓有「一舉奪魁」、「獨佔鰲頭」之意。

救苦天尊

太乙救苦天尊有「尋聲救苦天尊」、「十方救苦天尊」等號，簡稱救苦天尊。相傳其為玉皇大帝二侍者之一，配合玉帝統御萬類。道教說他由青玄上帝神化而來，誓願救渡一切眾生，所以氣化救苦天尊以渡世。

黃帝
力挫蚩尤的華夏始祖

「承負」即「因果」，意思是前輩行善，今人得福；今人行惡，後輩受禍。道教認為，本人如果造惡，子孫就會得禍；本人如果行善，子孫就會得福。同樣，本人的命運是在為祖先承擔後果，祖先如果造惡，本人就會得禍；祖先如果行善，本人就會得福。所謂「積善之家，必有餘慶；積不善之家，必有餘殃」，即是這種理論。

上古時期，有熊國的國君是少典，國母叫附寶。

一天晚上，附寶在皇宮露臺納涼歇息，但見湛清的天空上，北斗樞星格外明亮。突然，一道電光將北斗樞星環繞，電光隱退後，北斗樞星從天上滑落下來。當天夜裡，附寶就懷孕了。二十四個月後，生下了小兒，取名黃帝。

黃帝降生不久，就能開口說話，顯現出異於常人的稟賦。十五歲的時候，上到天文，下到地理，無所不知，無所不曉。後來，黃帝繼承了有熊國的君位。

黃帝即位不久，南方部落起來反叛，叛軍的首領名叫蚩尤，有兄弟十八個。蚩尤兄弟人面獸身，銅頭鐵額。他們不吃五穀雜糧，用河床上的鵝卵石充飢。他們不服從黃帝的領導，肆意殘害平民百姓，濫殺無辜，民怨沸騰。

這一年，蚩尤令部落裡的能工巧匠，製造了弩弓刀槍，高大的戰車，進犯有熊國。黃帝召集四方諸侯兵馬，迎戰蚩尤。戰爭艱難地持續了好長時間，一直無法掃平叛軍，黃帝為此憂心忡忡。

一天晚上，黃帝做了一個奇異的夢：在夢裡，他看見天地被厚重的塵埃覆

蓋，忽然一陣大風吹來，塵埃被四散吹走，玉宇澄清。接著，黃帝又夢見牧羊萬群，一個手拿千鈞弓弩的人驅趕放牧。

黃帝醒來之後，感到很奇怪。他仔細思忖夢裡的景象，認為是上天在給他攻打蚩尤的昭示。他召集國內才學淵博的人，一同研究夢境。有人說：「塵埃，土垢也；風將土吹走，留下了『后』，稱之為風后；手持千鈞弓弩的力士牧羊，可以稱之為力牧。這是上天在昭示：風後和力牧二人，可以助您打敗蚩尤！」

黃帝聽聞此言，感覺很有道理，下令全國各地尋找名叫「風后」和「力牧」的人。終於，在大海邊的一個角落，找到了風后，在一個大草澤，找到了力牧。黃帝重用二人，將風后奉為國相；將力牧拜為大將。有了文賢臣武名將，黃帝重整軍威，大舉進攻蚩尤。

蚩尤無法抵擋黃帝的進攻，節節敗退，一直退到涿鹿郊野。他盡其全力，佈下迷霧大陣。浩浩蕩蕩的迷霧蔓延百里之遙，三天三夜無法散去。天地為之混沌，黃帝大軍目不能視，無法辨別方向。蚩尤藉助迷霧，大肆反攻，黃帝軍隊死傷慘重。就在這緊要關頭，風后造出了指南車；王母娘娘派九天玄女下凡，傳授給皇帝戰略秘法。

黃帝用風后製造的指南車破壞了蚩尤的迷霧陣，又按照九天玄女的指點，派人到距離東海七千里的流波山，將一種名叫「夔牛」的怪獸捉了過來。夔牛有一隻腳，通體青色，形體如牛，卻沒有長角，牠的吼聲如霹靂，驚天動地。黃帝派人捉了九頭夔牛，殺死剝皮，製作了十個戰鼓，用夔牛身上最大的骨頭做為鼓槌。十面夔牛鼓一齊敲響，聲音傳達到五百里之外，蚩尤請來助戰的魑魅魍魎，紛紛受驚逃走。

蚩尤毫不示弱，請來風伯、雨師興風作雨，命巨龍蓄水，水淹黃帝大軍。黃帝請來旱神女魃助戰，女魃會收雲息雨，住在崑崙山上。女魃趕來之後，止住了大雨，並將巨龍趕到了南極。蚩尤十八兄弟倉皇而逃，被力牧殺死，分屍葬在不同的地方。

後來，神農後人榆岡起兵篡位，黃帝驅使黑熊虎豹為先鋒，和榆岡在版泉之野經歷了三次大戰，榆岡敗北。之後，黃帝帶兵經歷了五十二場大小戰爭，平定了天下部落，一統江山。

天下歸於太平後，黃帝將天下劃分州府，制訂禮樂，教化百姓。黃帝和其下屬，先後發明了各種生活器具、舟船、車輔、蒸飯用的釜甑，大大便利了人們的生活；他引導萬民修築房屋，建造城邑，人們從此結束了巢穴居住的歷史。

黃帝是中華民族遠古帝王，和炎帝並稱為中華民族的祖先。從春秋戰國開始，黃帝和顓頊、帝嚳、堯帝、舜帝並稱「五

黃帝像

帝」。黃帝統一了零散的部落，結束了野蠻時代，人類文明從此開始。所以，黃帝也被尊稱為「人文初祖」、「文明之祖」。

有專家認為，黃帝在歷史上確有其人，是部落聯盟的酋長，後來被道教神化，成為道教的尊神之一。除了上面傳說中的人物黃帝之外，道教所稱的黃帝還有以下四位：中央央元靈元君、中央黃帝、日中黃帝和中嶽黃帝。我們通常所說的黃帝，就是上述傳說中的人物黃帝。

黃帝姓公孫，名軒轅，出生於母系氏族社會。關於黃帝的出生地，一說沮水河畔（今黃陵縣）沮源關的降龍峽生下黃帝，二說在曲阜壽丘（今山東曲阜城東四公里的舊縣村東）。道教最初給予黃帝的職責是雷神。關於黃帝的誕辰之日，一說是農曆二月初二。在民間，素有「二月二，龍抬頭」的說法。另一種說法是三月初三，被稱為「上巳節」。

彭祖
擅長房中術的長壽仙翁

房中術，做為道家養生術之一，成為道家功理功法類養生修為的專有名詞，又被稱為「男女合氣之術」或「黃赤之道」。在長期流傳過程中，形成一套極為隱秘、系統、完善的男女雙修術。它不僅能滿足性的需要，還能延年益壽，驅病強身。

彭祖和陳摶老祖，都是玉帝身邊的大臣，彭祖負責掌管諸神的功德簿，陳摶老祖負責掌管生死簿。

這一天，陳摶對彭祖說：「我這幾天太累了，想休息一會兒。你先替我保管生死簿，有事喊我一聲即可。」說完，回到家裡倒在床上沉沉入睡了。

彭祖接過陳摶老祖的生死簿，看到上面有自己的名字，順手撕掉了。彭祖心想，反正現在生死簿上已經沒有我的名字，我可以長生不老了。何不趁機到凡間遊歷一番？

彭祖到了凡間，在商朝做了士大夫。他活到七百五十歲的時候，依然黑髮朱顏，沒有一點衰老的跡象，他耳不聾，眼不花、腰不彎、腿不痛。一共娶了五十個妻子，生了五十四個孩子，都一一衰老壽終了。

彭祖經歷了幾代商王。話說這一年，新任商王向彭祖請教長壽的秘訣，彭祖閉口不言。商王賞賜給彭祖萬金，彭祖將金子救濟天下窮人，還是不告訴商王養生之道。

那時候商朝有一名叫「采女」的女子，也是一個修行得道的人。她兩百七十多歲了，看起來十分年輕，像四、五十歲的樣子。商王厚禮采女，專門給采女修建了一個宮殿，並且裝飾得富麗堂皇。商王懇請采女到彭祖那裡，請

教養生之道。

采女受商王之託，找到彭祖向其請教。彭祖見同道前來請教，毫不保留地說道：「養生之道，主要有三個方面。第一服用金丹，可以登天升天；第二要愛惜精神，經常服用具有滋補作用的草藥。第三，要懂得男女交合之道，否則即便吃藥，也難益壽延年。我從天庭貪玩下到凡間投胎轉世，三歲的時候母親去世，經歷了犬戎之亂，在條件艱苦的西域流浪很多年，受了許多大苦，卻

彭祖

依然烏髮童顏，主要是得益於房中術。」

在采女的懇請下，彭祖將房中術傳給了她。采女學到房中術後，回去教授給了商王。商王試驗後，大喜過望，先將采女殺死，又下令全國緝拿彭祖，想將房中術據為己有。彭祖聽聞商王通緝他的消息後，不願沾染兵革，深夜潛逃。商王學會了彭祖的房中術後，活了三百歲，身體依然健壯，面色和體力就像四、五十歲的壯年人。後來，商王由於日夜御女，縱淫過度而死。

話說彭祖八百歲的時候，娶了第五十個妻子。妻子年老壽終，臨終前對彭祖說：「我們成家幾十年來，我一天天衰老，你的樣子卻沒有一點變化，這是怎麼回事呢？難道生死簿上，沒有你的名字嗎？」

彭祖將撕掉生死簿的秘密，告訴了妻子。妻子去世後，魂魄來到天宮，將此事告知了玉皇大帝。玉帝遣人去找陳摶老祖，陳摶老祖還在家中沉睡未醒，

玉帝只好派遣兩位神將，下到凡界緝拿彭祖。

　　神將下臨凡界，四處尋訪，得知彭祖居住在宜君縣彭村。祂們來到彭村，卻不認得彭祖的相貌。詢問村裡人，村裡的人見兩個神將長相凶惡，不敢告知。無奈之下，神將心生一計，偷來木匠的大鋸子，到大穀場上，在一個巨大的石頭碌碡兩側坐定，在上面拉起了大鋸。神將的奇特舉動，吸引了很多人，彭祖也在其中，忍不住譏笑道：「我彭祖活了八百歲，還沒聽說有人用鋸子鋸碌碡的。」

　　神將聽聞此言，即刻顯出了法身，將彭祖鎖走。當天夜裡彭祖去世，享年八百多歲。

　　傳說中的彭祖是上古帝王顓頊的孫子，因為堯帝將彭城封給他，所以稱其為彭祖。彭祖擅長養生之道，尤其擅長房中術，是傳說中著名的養生家。莊子將其視為「導引養形」的代表人物；屈原所著的《楚辭・天問》中記載他善於食療。

　　彭祖因為擅長房中術，後世出現的房中術著作，都假託其名，比如已經失傳的《彭祖經》和《彭祖養性》。按照彭祖的房中術理論，男人只要掌握了合理方法，和女子多交合是有好處的，「御女多多益善」，反之，如果不按照正當的方法「一兩人足以速死耳」。

　　房中術其實是道家所倡導的一種具有科學道理的養生方法，起初主要是講房中禁忌和祛病之術。房中禁忌主要提醒人們愛惜精力，不要縱慾，更不要放浪性行為。後來房中術逐漸由健康科學的養生之法，被庸俗化和異化，成了「性享受」的代名詞。歷來帝王將相，更是將房中術當作縱慾尋歡的荒淫手段。

> 六丁六甲與四值功曹、二十八宿、三十六天將、七十二地煞等同為道教的護法神將，經常在禳災中被道士召請，歷行風雷，制伏鬼神。

嫘祖
發現蠶絲的先蠶娘娘

知客是道教教徒稱謂之一，專門負責接待賓客、迎來送往的人。知客需要具備良好的人際交往能力，口才要好，通達人情。

嫘祖是黃帝的正妃。黃帝將蚩尤打敗後，一統天下，被推選為部落聯盟首領。黃帝帶領部落聯盟的成員耕田種地，馴養家畜，並且冶煉銅鐵，製造生產工具。而嫘祖則帶領部落裡的婦女，擔當起了縫製衣服的職責。

嫘祖帶領婦女們採集縫製鞋帽的原料，她們到山上剝樹皮、編織麻網；除此之外，她們還將男人們捕獵的動物皮毛，加工成各種原料。秋天來到了，部落聯盟的人們，都穿上了鞋子，戴上了帽子，穿上了新做的衣服。

俗話說，人無遠慮必有近憂。才智卓越的嫘祖，並沒有因為人人有衣服穿而滿足。她心想，部落的人數，每年都在增加。可是樹皮和麻網，逐年都在減少。這樣下來，沒有那麼多原料做鞋子、衣服和帽子，新增的人口怎麼辦呢？就說眼前，山川蕭瑟，草木枯萎，樹皮乾枯僵硬，是無法用來編製衣服的。

該如何解決縫衣製帽的原料問題呢？嫘祖變得愁眉不展。神思枯竭加上晝夜勞累，她一病不起。

嫘祖在部落聯盟威望極高，深受人們的愛戴。得知她病倒了，人人都十分掛念。他們焦急萬分，坐臥不寧，想盡了方法，卻總不見效。女人們每天變著花樣做嫘祖平素愛吃的飯菜，嫘祖卻沒有一點食欲。

這一天，一個人提議：「嫘祖娘娘平時最愛吃山果，我們上山採摘，說不定嫘祖娘娘喜歡吃呢！」

建議得到了眾人的讚同，她們一大早進山，給嫘祖採摘野果。黃帝統一部

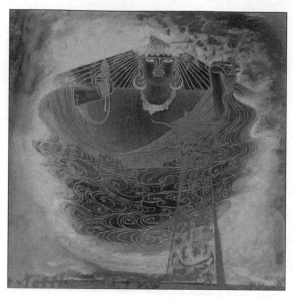

嫘祖

落聯盟之後，天下太平，人人安居樂業，人數逐年增加。山上的野果子，早被採摘了。採果子的婦女們跑遍了山巒溝壑，卻找不到合適且中意的果子：不是酸澀不熟，就是苦澀難嚥。

眼看著天黑了，她們來到一個山坳，看到一片桑林，桑樹上結滿了白色的小果子。她們害怕野獸出沒，來不及品嚐，匆匆摘了一籃子，趁著黃昏的亮色下山去了。

婦女們回到駐地，稍息一會兒才想起品嚐採摘的果子。用口一咬，感覺不酸不甜沒什麼味道，放在嘴裡，怎麼也嚼不爛。於是，她們將果子放進大鍋，填上水，用旺火煮開。煮了好長時間，撈出一個品嚐，果子還是咬不爛。一個婦女拿起木棍，用力在鍋裡面攪動，卻發現棍子上纏繞了好多像頭髮一樣的白絲線。她不停攪拌，大鍋裡面的果子，全部變成了細絲。她們將木棍拿出來，卻看見細絲縈繞不斷。大家十分驚奇，將此事稟報給嫘祖。嫘祖腦袋裡靈光一閃，顧不上抱病之軀，來到大鍋前。嫘祖拿起一根樹枝伸進鍋裡，將細絲帶起，用手抻拽，感覺細絲富有彈性，十分堅韌。她大喜過望，心想，這細絲如果代替樹皮和麻網，編織成衣服，豈不是最好的原料嗎？

當天晚上，嫘祖胃口大開；第二天病情痊癒。在她的一再要求下，婦女們帶著她來到了採果子的那片桑林。她連續幾天仔細觀察，發現果子裡面的細絲，是一個小蟲子從肚子裡面吐絲而成的。她十分歡喜，回去將此事告知黃帝，黃帝令人將部落聯盟的所有桑林保護起來。在嫘祖不斷試驗下，終於發明

了養蠶技術，人們從此穿上了蠶絲製成的衣服。

在嫘祖的大力倡導下，部落聯盟開始了種桑養蠶，而且被延續到後世，一代一代發揚光大。

嫘祖在歷史上確有其人，是中國家蠶養殖的發明者。元朝的《通鑒綱目前編·外紀》中記載「西陵氏之女嫘祖為黃帝元妃，始教民育蠶，治絲繭以供衣服，而天下無皴瘃（ㄘㄨㄣ　ㄓㄨ）之患，後世祀為先蠶」。除此之外，《史記》中記載傳是黃帝的元妃西陵氏。《山海經·海內經》、《世本》（戰國時趙國史書）、《路史》（記述上古以來有關歷史、地理、風俗、氏族等方面的傳說和史事的書）等古代典籍中，都有對嫘祖事蹟的紀錄。

歷史上對嫘祖的貢獻，給予了很高的評價。歸納而言，嫘祖的功績有：第一，嫘祖首創種桑養蠶之法，並且發明了抽取蠶絲製造絹帛的技術；第二，嫘祖將野蠶家養，對絲綢技術的發明，做出了重要貢獻，引領人類從愚昧走向了文明；第三，她提倡和外族通婚，打破了婚姻禁忌。

古代文明同樣發達的古羅馬帝國，對中國的絲綢製造技術充滿了難解的疑惑。他們難以想像，中國人怎麼能從樹葉上採下像羊毛一樣細緻柔韌的絲線，織成漂亮的絲綢呢！

嫘祖是開創人類文明的第一女性，被尊為「中華民族之母」、「人文母祖」。她又名「累祖」、「雷祖」，是道教和民間信奉的蠶神。因為嫘祖是第一個發明養蠶技術的人，所以被後世稱之為「先蠶娘娘」、「先蠶神」。

伏羲
演練八卦的第一智者

八卦是道教文化的重要標誌之一，八卦分別為：乾、坤、坎、離、震、巽、艮、兌。後世道教吸收了陰陽八卦裡面的思想精華，對修練產生了重要的指導作用。

在很久很久以前，有一個「華胥之國」，華胥國的女首領華胥氏姑娘，有一天到一個名叫「雷澤」的地方遊玩。雷澤風景奇特，華胥氏流連忘返。她在雷澤遊歷賞玩，突然看見一個巨大的腳印，好奇心驟增，雙腳踩進腳印裡面，比試大小。

華胥氏回到家中，感到身體異樣。幾天之後發現自己懷孕了，才知道雷澤裡面的那雙大腳印，乃是神人留下的。華胥氏懷孕長達十二年，在今天的甘肅天水，生下了一個兒子、一個女兒，兒子取名伏羲，女兒取名女媧。兄妹二人形象奇特，人首蛇身。

這一天，兄妹二人在河邊玩耍，突然從河中竄出來一隻大烏龜，抖抖身上的水，變成了一個慈眉善目的老人。老人對伏羲和女媧說道：「孩子們，天地之間將要發生一次大洪水，天塌地陷，聖靈滅絕。元始天尊派我來拯救世人，選中了你們兄妹二人。我只能救你們兩個人，你們要嚴守這個秘密。從明天開始，你們每天路過這裡，給我送吃的，記住了嗎？」

兄妹二人半信半疑，按照老人的話做了。從此以後，不管颳風下雨，雨雪冰霜，兄妹二人都要來到河邊，給烏龜老人留下一點吃的。他們每送一次，就用一根木柴做為記號。一天天過去了，木柴越積越多，但是送的食物，卻不知道到哪裡去了。

　　兄妹二人在河邊積攢的木柴到了九百九十九根的時候，突然之間天搖地動，霹靂和閃電接踵而至，暴雨傾盆而下。剎那間，天地之間一片昏黑，在暴雨中的人們四處逃竄。這時候一隻烏龜來到兄妹二人身邊，張開烏龜殼，對他們說：「孩子，快點到龜殼裡面去。」伏羲和女媧趕緊跨上龜背，看到龜殼裡面全是他們送的食物。

　　兄妹二人在龜殼一待就是三年。後來洪水消退，他們從龜殼中走了出來，正好來到藍田和臨潼交界的一座高山上。

　　「元始天尊讓我救下你們，是為了讓你們繁衍人類。」烏龜老人說完，在積水中遠去了。繁衍人類結為夫妻，但是想到兄妹交合，又感到羞恥。他們詢問上天道：「我們兄妹二人願意結為夫妻，繁衍人類。如果蒼天應允，四山的烟霧就聚合到一起，石磨也相合在一起。」

　　言罷，但見群山霧靄都彙聚到一起，他們將身邊的兩扇石磨盤推下高山，兩扇石磨盤滾到山下，緊緊合在一起。看到蒼天應允，兄妹二人結為夫妻，成了華夏始祖。

　　伏羲和女媧的子孫們越來越多，逐漸發展成了一個很大的部落。那時候，人們對風雨雷電等自然現象心懷恐懼。為了揭開裡面的秘密，智力超群的伏羲，一心探求颶風下雨和電閃雷鳴等現象的真相和規律。他經常站立在高臺上，仰望蒼穹裡的日月星辰；或者站在高山上，俯瞰大地的地形和方位；或者追逐飛禽走獸，研究摸索牠們身上的花紋，企圖從裡面找出奧妙來。

　　這一天，他又來到高臺之上，苦思冥想。忽然傳出一聲奇異的吼聲，伏羲循著聲音望去，但見高臺對面的山洞裡，奔出一個怪獸，龍頭馬身，遍體花紋。龍馬一躍躍上了高臺，從伏羲面前疾馳而過，跳在高臺下面一條大河的石頭上。石頭造型奇特，就像一明一暗、首位相向、互相團抱的兩條游魚。龍馬在石頭上停留片刻，倏忽不見了。

　　狀如雙魚的石頭，配上龍馬身上的花紋，讓伏羲頓悟。於是他日夜鑽研，

伏羲

畫出了流芳千古的「八卦圖」。

伏羲站立的高臺，後世稱之為「八卦臺」，其遺跡位於現在的天水北道區渭南鄉西部；雙魚石後來成為「太極」的經典圖形。

後來，伏羲創造的八卦被稱為「太極八卦圖」，伏羲根據八卦圖，揭示了很多自然宇宙現象。

伏羲是「三皇五帝」中的三皇之首。在中國古代，人們習慣將伏羲、神農和黃帝稱為三皇（前文將黃帝歸於五帝之首，是另一種說法，和這個說法並不矛盾。對於三皇五帝的人員組成，歷來就有多種說法）。

道教將三皇納入神仙體系之後，尊三皇為「醫王」：伏羲為人民治療疾病、神農品嚐百草、黃帝著有醫書《黃帝內經》。民間為了感恩，建廟祭拜，歷久不衰。從元朝開始，皇帝下令全國祭祀三皇；三皇被道教奉為醫王之後，從明清開始全國大規模修建醫王廟，又稱三皇廟，供奉伏羲、神農和黃帝。

伏羲不但給人治病，還教人們織網捕魚、飼養家畜、制訂禮樂，開創了上古時代的文明，被奉為中華民族人文始祖。

伏羲的最大的功業就是創造了八卦。道家認為，八卦裡面蘊含著宇宙變化的神秘規律，是宇宙間的高級信息庫。八卦神通廣大，可以推演出未來事物的發展變化，具有知曉未來的預測能力，同時還能夠鎮懾邪惡。

相傳伏羲出生在甘肅省天水市。因為華胥氏懷胎十二年，所以伏羲出生的地方被稱之為「成紀縣」。在古代，十二年為一紀。天水市所在地，被稱為「羲皇故里」，成為中華古文明的重要發祥地之一。

伏羲，又稱炮犧、伏戲、伏犧、庖犧、包犧、宓犧等，為中華民族的始祖神之一。一說伏羲即太昊，本姓風。傳說他有聖德，像日月之明，故稱太昊。

南極仙翁
腦門高聳的長壽神仙

道教追求的是長生不死，修道成仙。尊重生命是道教的一貫主張，主要包括：尊重人類自身的生命價值，反對輕生自殺，也反對殺害他人，要求潔身自好，修身養性，追求長生；尊重動物的生命，認為一切血性之物，皆有靈性，即有道性，由於悟性有早遲之分，所以修道階次有快慢之別；尊重植物的生命，認為植物和人一樣具有靈性，在某種特定的環境下，也能夠修練成仙；尊重人類和動植物賴以生存的環境。

民間風俗畫中的壽星，有一個高聳的大腦門。關於這個腦門，有兩個傳說：

一個傳說是，壽星曾經在崑崙山，拜在元始天尊門下學道。學業完成後，元始天尊手拿聚寶匣，擊打壽星頭部。一道亮光閃現，鑽入了壽星的腦門，壽星腦門徐徐變大，前額長成了一個凸起的大奔頭。元始天尊賜給壽星一根枴杖，可以降龍伏虎。從此，壽星就成了福祿壽俱全的南極仙翁。

壽星離開崑崙山後，先後收了金鹿和白鶴為徒，牽鹿騎鶴，遊歷四方，為善良有德的人傳授長壽之道。

民間流傳的壽星傳授的長壽之道是：

第一，不貪財。

第二，不爭強好勝。

第三，不進食過飽，不貪睡。

第四，四肢勤快。

第五，心放正，不要有邪念。

關於壽星大腦門的來歷，還有一種傳說：

壽星出世前，在娘胎裡一待就是九年。壽星的母親飽受懷胎之苦，不由得自言自語：「這孩子，什麼時候才能出生呢？」話音剛落，肚子裡的壽星說話了：「娘呀，什麼時候我們家門前的兩個石獅子眼睛出血了，我也就該出生了。」

隔壁的一個屠夫聽見了母子二人的談話。他也覺得壽星的母親懷胎九年，實在太辛苦了，心生憐憫。這天他悄悄地將豬血塗抹在石獅子的雙眼上。壽星母親看見了，高興地對肚子裡的壽星說道：「石獅子的眼睛出血了，你出來吧！」壽星聽了母親的話，就從母親的腋下鑽了出來。

壽星原本要懷孕十年才能出生，這樣就早生了一年，他的腦袋還沒長結實，所以出生的時候，腦袋被拉長了。

壽星的形象除了大腦門外，具有代表性的就是那根枴杖了。專家認為，在漢朝，贈人枴杖表示敬老。

在古代，壽星南極仙翁是男性長壽的象徵；而給女性祝壽，則要在壽堂正中，懸掛「麻姑獻壽圖」。在民間和神話傳說中，麻姑是很長壽的女仙，並且給王母娘娘拜過壽。

道教認為，南極長生大帝是保佑人間性命年壽的神仙，供奉祂，可使人們健康長壽。南極長生大帝就是人們俗稱的「南極仙翁」，是民間喜聞樂見的「壽星」和「老人星」，也是福祿壽三星中的一員。

南極仙翁的民間形象，是在明朝末年定型的。民間所流傳的南極仙翁的畫像，充滿了祥和、敦厚和溫暖的氣息：祂頭髮花白，鶴髮童顏，額頭前凸，慈眉善目，滿面微笑。拄著一根彎曲的枴杖，高過頭頂，身旁一隻潔白的仙鶴，尾隨翩躚。南極仙翁的畫像，也是民間藝術的瑰寶，常常被人用做年畫，來烘托喜慶祥和的新年氣氛。

明朝末年，民間的祭祀活動中，常常把福壽祿三星結合起來，三星成為了人們最為歡迎的幸福之神。做為吉祥如意的象徵，人們在給長者祝壽的時候，往往要獻上壽星南極仙翁的圖畫，在中堂懸掛，兩側配聯寫著「福如東海、壽比南山」等。

手托仙桃，是南極仙翁的經典造型之一。所以，桃子也就具有了益壽延年、袪除疾病、規避鬼邪的作用。

南極仙翁

四御之一的南極長生大帝，又被稱為「南極真君」、「長生大帝」，是道教職位極高的神祇。祂居住的地方被稱為「高上神霄玉清府」，簡稱神雷玉府。

觀棋爛柯
跨越幾十年的對弈

法師是道教術語之一，指那些精通經戒、主持齋儀、渡人入道，堪為眾範的道士。法師精通道法，能養生教化，為人師表者，在教眾中具有較高地位和很高威望。

上古的時候，有兄弟二人以放牧為生。

這一天，弟弟趕著羊群到天臺上放羊，一大早出去了，很晚還不見回來。哥哥在家等著焦急，不顧夜黑風高，出門尋找。他在天臺山上奔走呼號了一夜，尋不見弟弟的身影。

兄弟二人父母早亡，相依為命，感情深厚。弟弟渺無音訊，哥哥牽腸掛肚，寢食難安，每天到野外，呼喊尋找弟弟，就這樣，四十年過去了，弟弟生不見人，死不見屍。哥哥哪裡知道，弟弟那天趕著羊群，在天臺山上遇見了一位神仙，神仙見弟弟生有慧根，就將弟弟收為徒弟。弟弟跟著神仙來到山洞，忘卻了凡間塵事，一心學道。

哥哥在四十年間不停地尋找弟弟，感動了神仙。在神仙的指引下，哥哥來到山洞，見到了弟弟，抱著弟弟喜極而泣：「你怎麼一去四十年，都不和哥哥打聲招呼呢？」隨後又驚奇地說道：「弟弟，你的樣子怎麼一點也沒變，還和四十年前一模一樣！」

弟弟聞言大為驚奇：「我到洞裡明明才兩天兩夜，怎麼會是四十年呢？」

哥哥指著自己的頭髮說：「弟弟你看，我的頭髮全白了，臉上也佈滿了皺紋。」

弟弟才知道，他在洞中修練，洞中一天也就是世上十年的光陰。

兄弟二人互訴了離別之情後，哥哥問弟弟：「我們的羊現在在哪裡呢？」

弟弟帶著哥哥來到一個山坡上，對哥哥說道：「你看，我們的羊在下面。」

哥哥探身一望，看見的全是白色的石頭：「弟弟，我看不到我們的羊！」

弟弟用手一指，呼喝一聲「羊起」，然後對哥哥說道：「哥哥您再看我們的羊。」哥哥順著弟弟手指一望，但見山坡上的白石頭全都變成了肥壯的山羊。哥哥才知道弟弟已經學道成仙了。

清·竹雕觀棋爛柯圖筆筒

從此以後，哥哥也住在山洞中，向弟弟學習成仙之道。他們以茯苓松脂為食。五百年後，兄弟二人得道成仙，哥哥取名赤鬚子，弟弟取名赤松子。

赤鬚子和赤松子成仙後，經常遊歷天上人間，嬉戲玩耍。有一天赤松子發現了一種叫水玉的東西（《山海經》中認為水玉就是水晶），赤松子服食水玉後，不但延年益壽，還能抵擋烈火侵襲，跳入火中身體不受損傷。

這一天，兄弟二人遊歷到九華山，但見群峰聳立，雲霧繚繞，景色優美。他們從半空中停落下來，在百丹坪煉製丹藥，在石室山青霞洞天前面的巨石上佈局對弈。那時候已經到了魏晉南北朝時期，晉朝有一個樵夫名叫王質，就住在石室山下。這一天他到山上砍柴，看見赤松子和赤鬚子兄弟二人在下棋，便

放下斧頭一旁觀看。不久他感到飢渴難耐，剛要離開，赤松子遞給他一顆棗核樣的東西，王質吃下後，頓感神清氣爽，飢渴頓消。

也不知過了多長時間，對弈結束了，王質準備拿上斧頭回家，轉身一看，卻發現斧頭柄已經腐爛了。回到村裡，再也找不到舊時的家，村裡人也都不認識他了。一問才知道，他已經離開村子幾十年了！

從此以後，「觀棋爛柯」的典故流傳了下來，後人將石室山又稱爛柯山。

赤松子是道教信奉的古仙之一，道教信仰中，赤松子是掌管佈雨的神仙。

和赤松子有關的傳說，除了觀棋爛柯之外，還有「赤松子之遊」：

相傳赤松子成仙之前名叫黃初平，化做黃石公傳授西漢名臣張良兵法。張良輔佐劉邦建立政權後，深知「鳥盡弓藏、兔死狗烹」的政治規律，為了保全自己，對漢高祖說：「願棄人間事，欲從赤松子遊耳。」

後來，「赤松子遊」就成了一個典故，是功成身退的意思。

赤松子又名「赤誦子」，號「左聖南極南嶽真人左仙太虛真人」。

寧封子
葬身火窟的五嶽眞人

「三皈五戒」：三皈者，皈依道，皈依經，皈依師，為皈依三寶
也；五戒者，一戒殺生，二戒偷盜，三戒邪淫，四戒妄語，五不酒
肉。此三皈五戒為學道者入道之初，首要遵守之規律也。

黃帝時期，有個人名叫寧封子。

那時候洪水氾濫，人們在高處的洞穴居住。當時沒有盛水的器具，人們就
用山下的濕泥捏成一些瓶瓶罐罐，從山下往上面取水。濕泥捏成的水罐容易
碎，而且被水消融，打來的清水，裝入罐子後變得渾濁不堪。

朝陽洞，相傳是上古寧封子棲真處

這一天，寧封子和部落裡的人到野外打獵。中午時分，人們聚集在一起，點燃樹枝，燒烤打來的獵物。雨後不久，地面潮濕泥濘。烤完了野物，寧封子意外發現，灰燼堆積的地方，泥塊變得堅硬光滑。

第二天，他們從河裡面捕了很多魚，掛在樹枝上燒烤，可是好幾條都烤焦了。寧封下意識地用泥漿將魚裹住。烤熟之後將泥漿敲開，魚兒烤的十分好吃。幾個頑皮的孩子吃飽後，在一旁玩耍。他們將散落在地下裹魚的硬泥殼拼對起來。寧封見狀，心想，假如這個硬泥殼是水罐形狀的，用來裝水不更好嗎？

受此啟發，寧封子回去後用濕泥捏了一個水罐，然後用火燒烤。水罐乾透後堅固異常，用以取水，十分方便。人們紛紛效仿，很快被黃帝知道了。黃帝任命寧封子為「陶正」，專門負責燒製陶器。

寧封子十分敬業，他不斷汲取燒製經驗，不斷進行技術改進。幾年過後，陶器的燒製技術日益成熟，還修建了規模很大的陶窯。每次燒窯，寧封子總要守在窯旁，查看火候，添加木柴。有一天，一個神人路過寧封子守候的陶窯，傳給了寧封子燒窯的方法，能燒製出五色烟霧，絢麗非常；燒製出來的陶器也美麗多彩。在寧封子的懇求下，神人將燒火的方法教給了寧封子。一次，寧封子像往常一樣升窯添柴，沒想到一聲巨響，火窯坍塌，寧封子被埋在滾燙的陶窯中。

人們將坍塌的窯洞清理，尋找寧封子的屍體。因為窯中溫度過高，寧封子的血肉化成了灰燼，只留下了骨頭。人們滿含熱淚，舉行了盛大的儀式，將寧封子生前的遺物埋葬在北山中。上天感懷寧封子的品德，將寧封子的魂魄邀到天上，成了仙人。

寧封子是道教尊神之一，被道教奉為「龍蹻真人」、「五嶽真人」，負責掌管五嶽。他也是傳說中發明製陶方法的中華第一人。

在古籍記載中，關於寧封子升仙的說法不一：

　　一種說法是，寧封子學會了神人的燒火之法後，經常積火自焚，身形隨著烟氣上下挪移，最後修練成仙，乘著烟霧飛升。

　　還有一種說法是，有一個名叫「洹流」的地方，地域寬廣，地面堆積著沙塵，人和動物踏上就會陷進去，沙塵深不見底。大風將地面的沙粒吹起，就像漫天大霧。洹流裡面生活著很多魚類，都能飛翔。洹流之地，生長著一株巨大的荷花，一個莖上長著數百個葉子，一千年開一次花。洹流之地有一處地方叫「沙瀾」，沙子隨風而動，就像大海的波瀾一樣。寧封子就生活在洹流裡面，他因為吃了過多的飛魚，中毒而死。兩百年後復活，成了仙人。

六丁六甲為六丁神和六甲神的合稱，六丁為丁卯、丁巳、丁未、丁酉、丁亥、丁丑，是為陰神；六甲為甲子、甲戌、甲申、甲午、甲辰、甲寅，是為陽神。道經中說祂們是真武大帝的部將。

裴元仁
秘練升天術的清靈真人

「三塗五苦」三塗者，火塗，地獄道猛火所燒之處；血塗，畜生道
互相瀲食之處；刀塗，餓鬼道被刀劍逼迫之處。五苦者，刀山地獄
之苦，劍樹地獄之苦，銅柱地獄之苦，護湯地獄之苦，溟冷地獄之
苦，是為五苦。

陝西的右扶郡有一個名叫裴元仁的人，出生於漢文帝三年。在他幼年的時
候，同齡人和泥玩土，衣衫不整，而裴元仁舉止穩重，衣衫整潔，穿戴整齊，
儀態端莊。衣著舉止和他年齡一點也不相符。他的形貌奇異，雙目有神，精光
四射；雙臂修長，下垂過膝；聲音洪亮，猶如古寺洪鐘。他為人敦厚，口才極
好，經常面帶微笑，人們都喜歡他。

在裴元仁十歲的時候，晝夜不眠苦讀經書。這一年的四月八日，他和兩個
同伴同乘一輛馬車，到附近縣城祭拜寺廟。半路上，天色陰沉下來，一個衣著
破舊、頭戴黃巾的老者從後面趕來。裴元仁憐惜老者年老，問他要往哪裡去，
老者不言不語。

裴元仁禮貌地將老者讓上馬車，自己下來跟車走路，老者還是不言不語。
同乘的兩個人對老者的態度十分不滿，怒形於色，驅趕老者下車，老者還是不
言不語。車子到了寺廟門前，老者下了車，說道：「我家就住在附近。」說完
走開了。

一行三人來到寺廟，上了香火祭拜完畢，剛要走出寺廟大門，一個道童雙
手合十，攔住了裴元仁：「這位施主，我師父請您裡面敘話。」裴元仁在道童
的引導下，來到偏殿一間屋子，屋子裡面坐著一個道人，名叫支元子，是個有

道修行之人，已經一百七十歲高齡了。支元子見裴元仁走了進來，說道：「剛才你在正殿上香，我看見你了。你相貌奇異，非同凡響。我活了一百七十歲，還沒見到像你這樣形貌的人。」

道人遣童子給裴元仁上茶，請裴元仁入座，接著說道：「我精通手相、面相。你雙目有光，就像瑤光星；面相圓潤敦厚，身材魁偉，既有貴爵之相，又有神仙之相。但是你現在不到成就妙事的時候，你要潛心修練，總有一天能成仙飛升。我有一個長生不老的內家修練秘術，世人無人知曉。這個秘術是一個古仙傳授給我的，我依照此法，修練了一百多年，到現在依然身體健壯。」

隨後，支元子將養生秘訣傳授給了裴元仁，忠告裴元仁要養成良好的生活作息習慣，勤叩齒，晚餐不要過飽。裴元仁回去後，堅持修練，絲毫不敢懈怠。幾年後，裴元仁道行深厚，身體在暗夜發出明光，晝夜不用休息也不疲憊。

裴元仁二十三歲的時候，應徵入伍，隨軍擊殺匈奴，立下赫赫戰功，被封為濰陽侯。

這就應了支元子預言的「貴爵之相」。不久，淮南王劉安邀請裴元仁到淮南國任職。淮南王和裴元仁都修練道術，情投意合，他們一同在靜室齋戒。

三個月後的一天，南嶽真人赤松子駕臨淮南府，對裴元仁說道：「還記得乘車老者嗎？你德行醇厚，不久將成仙，隨我來吧！」

裴元仁在赤松子的引導下，隱遁到深山潛心修練，朝廷愛惜裴元仁的才華，多次找他回來做官，都被他拒絕了。後來他來到太華山西元洞，修練了二十三年，得到了東方歲星大神、北方辰星大神、西方太白星大神、南方熒惑星大神、中央鎮星大神的秘法傳授。又過了十年，裴元仁神通廣大，能日行千里，驅使鬼神，一目可以看到萬里之外。又修練了十一年，裴元仁終於功成飛仙。

神仙信仰是道教的主要信仰之一，成仙得道是道教的不懈追求。所以在道

教傳說故事中，有好多升仙、飛升的傳說，表明了道教的信仰導向。

　　和道教的神仙信仰相輔相成的是，道教極其重視養生方法，以求青春永駐，健康永在，進而達到長生不老的目的。支元子給裴元仁傳授的「勤叩齒，晚餐不要過飽」的養生方法，是符合現代科學理論的。

　　裴元仁是道教信奉的尊神之一。道教將裴元仁納入神系後，認為裴元仁飛升後進入太微宮，被玉帝敕封為「清靈真人」。

王靈官
曾經在善惡間徘徊的道教護法神

醮（音ㄐㄧㄠˋ舊時祭祀、祈禱神靈的活動）是道教一個重要禮儀行為。舉行一項齋醮科儀，往往要透過建壇、設置用品、誦經拜懺、踏罡步斗、掐訣唸咒等來共同完成。

雷部元帥王天君執法公正，嫉惡如仇，一心想下凡尋訪，懲惡除暴。

天帝恩准了王天君的請求。唐朝貞觀年間，王天君托生凡間，出生在湖北襄陽府洛里王姓之家，取名王惡，表明了自己「降服惡人，除惡務盡」的願望。性格剛烈，力大無窮，嫉惡如仇，經常行見義勇為之事，救助弱小良善之人。

王惡長大後遊歷四方，名氣也越來越大。這一天，來到陝西扶風縣。本地的一個惡霸王黑虎，假冒王惡的威名，欺男霸女，強搶財產。當地出嫁的少女，初夜都要和王黑虎共床。王惡聽聞此事，氣得暴跳如雷，殺了王黑虎。

王惡聽聞荊襄有一座古廟，被江中水怪霸佔，脅迫當地人每年供奉活牛、活羊和活豬各十頭，酒十釀（每釀合酒六斛六斗）。否則降下瘟疫，殘害人畜。當地百姓窮困潦倒不得溫飽，為了籌集祭祀品，只好賣兒賣女。王惡趕到荊襄，打碎水妖的塑像，火燒古廟。水妖見狀，做起妖法，一時間黑霧瀰漫，風沙四起。王惡在凡間肉體凡胎，面對妖法無可奈何。這時候薩真人駕鶴經過，滅了水妖，救了王惡一命。

玉帝對王惡的所作所為大加褒獎，又將其接到天庭，封他為「豁洛元帥」。元帥府設立在天門必經之路，下界奏報者，必先經過元帥府，元帥必定親自過問。如有大過大惡者，必定用木槌打死。凡間人敬畏元帥威名，世風日

益淳樸。

王元帥在天庭待了幾百年後，要求到凡間出任城隍神，體察民情，得到了玉帝批准。

王惡到了湖南，在湘陰縣做了城隍，負責掌管陰間亡魂，透過對冤魂惡鬼的審問，來體察品鑑人間疾苦。他感到自己的名字容易引起鬼怪誤解和恐懼，遂改名為王善。

王善身邊鬼魅無數，有好多作惡多端、卻又詭計滿腹的惡鬼。他們表面上對王善順服，虛意奉承。時日一久，王善沾染了陰氣，剛烈正義的個性逐漸消失了，竟然變成了一個個性暴戾、貪圖享受、聽不得逆耳忠言的邪神。他強迫當地人每年給他獻上活牛、活羊，否則就要降下災禍。

這一天，曾經降伏水妖、救過王善性命的薩守堅薩真人，經過此地，聽聞此事，就像當年王惡對待荊襄水妖一樣，打碎了王善塑像，祭起天雷天火，將城隍廟焚為平地。當時王善正在廟中，被天雷天火燒得遍體鱗傷，雙目也變成了火眼金睛。真人意在給王善敲響警鐘，促使他改過自新。

王善惱恨異常，但法力比不上薩真人，只好到天庭告御狀。玉帝斥責王善不應該妄受血食，同時也認為薩守堅不應該擅自燒毀廟宇。玉帝賜給王善玉斧一把，令王善暗中跟隨監視薩守堅三年。三年之中，如果薩守堅犯錯，王善可以殺死薩守堅報仇。

三年之中，王善處處伺機尋找薩守堅的過錯，卻一無所獲。這一天，薩守堅在渡口過河，卻找不見艄公。他自己揭開纜繩，乘船過河。王善心中暗喜：「私自動用人家渡船，這應該也算過錯，今天我要報焚廟之仇！」沒想到薩守堅渡河後，掏出三文錢放在船艙中，充作渡資。王善由衷嘆服，現身後自報家門，敘說了緣由。薩守堅言道：「你我三度相逢，也算有緣。你曾經是個邪神，能一心向善，修持道法嗎？」

王善立下誓言，永不犯惡。薩守堅收王善為徒，兩人到深山後專心修練。數年後，薩真人功德圓滿，被玉帝封為「都天宗主大真人」。而王善捨棄了做

為薩真人部將的官職，自願留下來擔任鎮山護廟之職，被尊稱為王靈官。

王靈官擔任道教護法神後，威靈顯赫。他額頭增長了一個眼睛，神光如電。所到之處，妖孽無處遁形，善惡立時分辨。後人稱讚王靈官「王惡不惡，王善不善，過而能改，善莫大焉」。

道觀內大多塑有王靈官的神像：大紅臉，虬髯高翹，巨口獠牙，披甲執鞭，正對山門。額頭上長著一顆火眼金睛，能分忠奸，辨真偽，被道教奉為護法監壇之神。素有「三眼能觀天下事，一鞭驚醒世間人」之說。

王靈官

王靈官殿堂一般建在道觀山門處，只有福建地區將王靈官視作天將，單獨建天將廟，加以供奉。每年的六月十三日（也有人認為是六月二十三日），是王靈官的誕辰日。道教教徒在這一天會舉行祭祀活動。

有人認為王靈官是唐朝的王惡，也有人認為王靈官是宋朝的王善，後世信奉的王靈官指的是後者；但也有人認為歷史上並無王靈官其人原型。

王靈官是道教的護法鎮山神將，和佛教的韋馱相似。有的書說他是武當山中五百靈官的統帥，叫華光元帥，又叫五顯靈官。到了宋朝，又出現了一位「火車王靈官」，鎮守道觀山門的靈官一般就指這位王靈官。

河伯
始亂終棄的江河水神

設壇是醮壇活動的第一步，在平坦的土地上，用土築成高臺，用來祭祀神靈和祖先。形式不同，建壇的規模也不同。大型的齋醮活動，通常築有若干個壇，其中一個是主壇，叫做「都壇」，其餘的壇，叫做「分壇」。

上古時期，在伏羲和女媧製造的諸神中，有一個名叫馮夷的神仙。他相貌英俊，風采翩然，身上經常散發著清幽的香氣，是一個看上去年齡在二十歲左右的美男子。伏羲和女媧，對他們製造的這件名叫馮夷的「作品」十分滿意，對他也十分寵愛。

那時候天地間還不像後世那樣繁華，地廣人稀，冷清寂寞。馮夷在黃河裡面遊玩嬉戲，感到百無聊賴。這一天他忽然聽見了美妙的琴聲，於是循著聲音一路追尋過去，一直到了洛水，看見彈琴的是宓妃。

宓妃是伏羲和女媧的女兒，長得很美。她體態妖嬌、顧盼流光；翩若驚鴻，明眸善睞。她待在家裡覺得無趣，出來漫無目的地遊玩。來到洛水，看到洛水明淨清澈，水流如緞，被這裡美麗的風光吸引住了。

馮夷被宓妃的美貌吸引住了，他遠遠站立欣賞宓妃的體態容顏，不敢靠近，生怕驚動了她。一曲終了，馮夷剛要上前去，卻見宓妃身邊，突然出現了一個名叫九隆的男神。

九隆是帝俊的小兒子。帝俊是伏羲和女媧的親家，伏羲和女媧的幾個女兒都嫁給了帝俊的兒子。九隆理所當然地認為宓妃也是自己未來的妻子，於是經常尾隨在她身邊。帝俊一頭三身，形容醜陋，九隆的長相，酷似他父親，所以

宓妃對九隆沒有好感，總是躲著他。而九隆垂涎宓妃的美貌，糾纏不清。

宓妃一曲彈罷，整頓衣衫，梳理心情，剛要彈奏第二曲，抬頭看見了九隆，霎時心境全無，站起身，背著琴就要走開。九隆上去糾纏，宓妃情急之下跳入洛水。九隆是陸地神，不敢入水，呆呆站立岸邊，束手無策。

馮夷見宓妃入水，跟著跳了進去，來到宓妃身邊，牽著她的手，將她帶到水底。從此不再遭受九隆侵擾了。馮夷和宓妃在水底倏忽之間幾百年過去了，馮夷對宓妃百般呵護，兩人日久生情。宓妃在水底感到生活枯燥，又不敢上岸，害怕遭到九隆侵擾。馮夷對宓妃開玩笑說道：「妳嫁給我，豈不是就能永遠避開九隆的侵擾了嗎？」宓妃笑過之後，表示贊同馮夷的想法。於是，兩人結成了夫妻。馮夷的地位比九隆低，所以伏羲對這個婚事很不滿意。

馮夷原本是一個風流成性的人。他和宓妃成婚後，一開始還恩恩愛愛，後來被其他漂亮的女神所吸引，對宓妃逐漸冷淡了。宓妃經常一個人留在家裡，受盡了孤單寂寞。

這一天，宓妃見到了大羿（傳說是箭射九日的后羿的祖先）。大羿是九隆的哥哥，和九隆不同的是，大羿相貌魁梧英俊，人品也好。那時大羿被其妻子拋棄，宓妃和大羿同病相憐，互訴衷腸。一來二去，兩人之間建立了感情。馮夷發現後，化做狂龍找到大羿，向大羿挑釁。大羿拿出帝俊送給他的神弓，射瞎了馮夷的左眼。

河伯出行圖

受傷後的馮夷脾氣變得暴躁無常，在黃河內沸騰咆哮，黃河水氾濫決堤，淹沒了不少村莊。伏羲懲罰馮夷，將水玉交給馮夷，遣他做為河神治水。水玉是上古神器，與之相通能控制左右水靈；否則就會自我毀滅。馮夷找到女媧，請教和水玉相通的辦法，女媧指點馮夷說，找到河圖和洛書即可相通。

宓妃雖然不滿馮夷的風流，但畢竟是幾百年的夫妻，心裡還是愛著馮夷。

見馮夷遭此大難，和他冰釋前嫌，夫妻二人同心協力找到了河圖洛書。

馮夷得到了河圖洛書，和水玉相通，具有了鎮壓水靈大神通。這時候，舜帝派遣大禹在凡間治水。馮夷將河圖獻給大禹，二人齊心協力，將氾濫的洪水治理住了。

從此，馮夷成了水神，人們稱他為河伯。

河伯是道教尊奉的江河水神。河伯以前的形象是白龍、大魚或者人面獸身的自然形象，後來被人格化，還取了一個世俗化的名字「馮夷」，也有人稱之為「冰夷」。道教尊奉河伯為「澄清尊神」。

道教尊奉的諸神中，有山岳諸神，也有河流諸神，稱之為「四瀆神」。 四瀆指長江、黃河、淮河和濟水，是中國道教水神的代表。道教信奉的水神，時間早，地域性強，所以沒有統一的河流神。

道教對長江之神的崇拜，有整體性和地方性的分別。江神在秦朝統一六國後，被秦始皇納入國家祀典，江神的崇拜變成了整體性崇拜。後來，隨著歷史的變化，江神信仰的整體性消失，變成了各地有不同的信仰名稱。「奇相」 就是江神之一。

另一個廣為傳頌的江神是湘君湘夫人，管轄湘江段；除此之外，「長江三水府」也是江神之一。

屈原是楚國大夫，投身汨羅江後，被道教尊奉為江神。

河神是「黃河水神」，是中國古代崇拜較早、最具影響的自然神。魏晉以來，道教對民間信仰進行了整理吸收。從此以後，河伯成了河神比較統一的稱呼，被中國南北地區廣為信仰。

淮神是道教尊奉的淮水之神，一為秦漢之前上古神話傳說中淮神，一為秦漢以後做為淮河象徵而受到人們祭祀的神靈。上古神話傳說中的淮水之神為無支祁。

神荼、鬱壘
擒拿萬鬼的桃符門神

道友相遇時可稱道長、仙長、師兄、師父、大師、爺。因道士不改姓氏，也可帶姓稱呼，如某道長、某爺。另外有職務可稱會長、方丈、監院、知客等。見面一般用傳統禮節，抱拳恭手，稱作揖。打招呼時，可稱「無量天尊」，一般稱「慈悲」。

商末周初的時候，在靠近東海的地方，有一座名山「度朔山」，又稱桃都山。度朔山風景秀麗，林木茂盛，山上長著很多桃樹，桃樹結下的桃子，不但比其他地方的桃子味道更鮮美，還可以延年益壽。

每到桃子成熟的季節，度朔山附近的村民就會到山上採摘桃子。奇怪的是，上山的人，沒有一個再回來的。於是，人們傳言他們吃了山上的仙桃，長生不老得道升仙了；也有人傳言山上住著惡鬼，人們到山上後被惡鬼吃掉了。從此以後，上山摘桃的人明顯減少。在去往度朔山的必經之路，有一座茅草屋，住著一個婦女和兩個孩子。婦女每次見到有人上山，就會百般阻攔，說山上有鬼，去不得。有的人膽小，就返回去了；有的人膽大不聽勸阻執意上山，就再也沒見他們從山上走下來。

這個婦女，就是神荼和鬱壘的母親。神荼和鬱壘從小天生神力，勇武非凡。在他們小的時候，父親上山摘桃子，再也沒有回來。他們問母親，母親說，你父親吃了仙桃，升天了。神荼和鬱壘又問：「父親升天了，可是他平時那麼愛我們，怎麼不會來和我們告別一下呢？」

母親一時語塞，沉吟了片刻才說道：「我聽人說，吃了仙桃的人一旦得道升天，就不再留戀紅塵中的人和事了。所以你父親直接就走了，沒有和我們來

告別。」

神荼和鬱壘半信半疑，決定到山上尋找父親，母親阻攔道：「你們年齡尚小，再者你父親已經升天，你們去山上又怎能尋找得到呢？」

神荼和鬱壘一天天長大，他們對度朔山上的仙桃，充滿了嚮往。這一天他們對母親說：「娘，我們母子三人一起到山上摘桃子去吧，吃了桃子飛升上天，我們就能見到父親了。」

母親嘆了口氣，說道：「你們長大了，我也不瞞著你們了。你父親上山後並未升天，而是被山上的惡鬼吃掉了。」說罷雙目垂淚。神荼和鬱壘聽聞此言勃然大怒，不顧母親百般阻攔，下定決心到山上擒拿惡鬼，為民除害。

兄弟二人剛到半山腰，突然跳出一隻白額猛虎，向兄弟二人撲來。兄弟二人躲在一旁，一人揪住老虎的一隻耳朵，將牠按跪在地上。二人將猛虎降伏後，騎虎上山，來到了桃樹林。

二人到桃樹林神情甫定，但見飛沙走石，陰風颯颯，半空中傳來驚恍陰森的狂笑：「我都好久沒吃人肉、喝人血了，今天你們二人上山，讓我大打牙祭吧！」

二人順著聲音望去，一個面目凶惡、長髮披肩、衣衫襤褸的野人站在一箭開外，向他們走來。原來這個野人是居住在度朔山野牛嶺上的野大王。野大王性格凶殘，喜歡吃人肉、喝人血，上山摘桃子一去不回的人，都是被他害死的。

神荼鬱壘看見野大王，雙眼噴火。他們縱身上前，一人抓住野大王的一隻骼膊，野大王還沒回過神來，就被撕成兩片，扔到猛虎面前，猛虎將野大王的屍首吃得乾乾淨淨。

就這樣，兄弟二人在山上住了下來。

桃林中有一株桃樹，生長了上萬年，枝葉覆蓋三千里。桃樹吸取天地靈氣、日月精華，有了靈氣。桃樹的東北端，一個樹幹呈拱狀，彎曲下來伸到地面，成了陰間地府的一道大門。度朔山上住著成千上萬的妖魔鬼怪，進出陰

門神──道教因襲民俗所奉的司門之神

間，都要經過這扇大門。

　　桃樹頂部，居住著一隻金雞，每天日出啼鳴報曉，游離在外面的妖魔鬼怪都要在雞鳴之前，透過桃木大門，歸入陰間。神荼和鬱壘殺死野大王之後，就在桃木大門前安居下來。凡是在夜間做了壞事的妖魔鬼怪，兄弟二人就用桃枝（一說蘆葦繩）將他們捆起來餵虎。

神荼、鬱壘兄弟二人威震度朔山萬鬼，使之不敢輕易作惡。他們的事蹟被黃帝知道了，黃帝大加讚揚。

神荼和鬱壘的故事，最早見於《山海經》，後來在民間廣為流傳，神荼、鬱壘、蘆葦繩、桃木也就被人們賦予了避邪避鬼的能力。道教繼承了這種傳說和信仰，將神荼和鬱壘納入神仙系列，奉為門神，被道教尊為「東方鬼帝」。門神是民間和道教廣為信仰的神仙之一，具有守護門戶的職責。

神荼和鬱壘屬於「臘月門神」。每年臘月除夕，家家戶戶在桃木板上刻上神荼和鬱壘的圖像，懸掛在門前，並且懸掛葦索，門上畫一隻老虎，用來避邪驅鬼，保護家宅安全，抵抗邪靈入侵。桃木刻上神荼和鬱壘的圖像做門神，開始於周朝，稱之為桃符；到了五代，人們開始在桃符上書寫喜慶的話，這也是春聯的雛形；掛桃符在宋朝達到了興盛階段；而到了明朝，紙製的春聯，取代了桃符。

神荼和鬱壘在年畫中的形象是：二神位於桃樹下，坦胸露乳，黑髯虬鬚，眉髮聳立，頭生兩角，手執桃木劍與葦索，一副凶神惡煞的樣子。

在道教和中國傳統文化中，桃木有著豐富的文化象徵：人們認為桃多子多福，是長壽的象徵，具有消除災害、抵制邪鬼的能力。隨著驅鬼避邪文化的發展，桃木劍成為鎮宅、避邪和納福的道教工具。

酆都大帝又稱「酆都北陰大帝」，是道教陰府的最高神靈，又稱北陰大帝，北太帝君，九月九日生。其任期是三千年，任期一到即改任。大帝所管轄區域是酆都地獄，內分有六宮，其專責處陰間事物。古語說：十惡不赦及大奸大惡的人及鬼怪魑魅等都要關進此地酆都地獄，永不能轉世，酆都地獄比佛界的十八地獄更為陰森恐怖。

鍾馗
自殺案引發的吃鬼門神

許願是求神護佑自己，使自己的心願得以實現。還願是自己的心願
得以實現，對神許下的諾言得以兌現。許願、還願不需擇吉日，隨
時隨地都可以許願、還願。許願之前最好能沐浴其身，齋戒淨口。
求神護佑實現心願後，求神護佑之時許下的什麼諾言必須兌現。

唐朝初年，京師發生了一起震驚朝野的文人自殺案件。

自殺的文人名叫鍾馗，是終南山人。鍾馗長相奇特，豹子頭，大環眼；臉
色鐵黑，虬髯濃密，甚是駭人。儘管他形貌醜陋，卻自幼飽讀詩書，有定國安
邦之志，經天緯地之才。鍾馗脾氣暴躁，品行剛直，從來不畏懼邪惡。

唐武德（618—627年）元年，鍾馗進京趕考，作文五篇，名為〈瀛州待
宴〉五篇，驚動了主考官，稱其為「奇才」，將鍾馗取為貢士第一名。殿試的
時候，唐高祖李淵厭惡鍾馗相貌，使其狀元落選。性格剛烈的鍾馗一怒之下，
在大殿一頭撞在殿柱上，當場氣絕。慘案發生後，朝野譁然。

唐高祖十分後悔，心想，這個年輕人經歷了五代隋朝戰亂，好不容易天下
太平，滿腹經綸一心求取功名，卻落得這樣的下場。他越想越自責，於是按照
狀元的禮節厚葬了鍾馗，並且追封他為「驅魔大神」，踏遍三山五嶽，斬盡天
下妖魔。

將近一百年過去了，唐玄宗李隆基即位，納楊玉環為妃，對其寵愛有加。

這一年，唐玄宗在驪山行宮小住，年終時，從驪山回到京師，便感到身體
不適應，瘧疾發作，請遍天下名醫、巫師，病情沒有好轉的跡象，就這樣持續
一個月，唐玄宗被病情折磨得形體枯槁，瀕臨死境。

鍾馗捉鬼

這天晚上，唐玄宗夢見一個身穿絳紅色犢鼻褲（古代服飾的一種，類似於現在的小褲衩，因為其短如牛鼻，穿上它便於勞作，所以被稱為犢鼻褲）、光著一隻腳的小鬼，手裡拿著一把大摺扇，竄進了貴妃娘娘的臥室，偷走了楊貴妃的香囊和皇上賞賜的玉笛。這時候一個身穿藍色衣服、頭戴帽子、腳穿靴子的大鬼，袒露著一隻骼膊，要捉拿小鬼。兩鬼在大殿中繞來繞去，最後大鬼捉住了小鬼，用手指挖出他的雙眼，撕開小鬼吃了下去。

玄宗見狀驚問道：「你是什麼人？」

大鬼道：「臣乃是考試不中，憤而自殺的鍾馗。我發誓要掃除天下妖孽！」

唐玄宗醒來後，感覺身體舒服多了。幾天過後，瘧疾痊癒，身體很快恢復了健康。他召來畫工吳道子，將夢中奇遇複述了一遍說道：「你按照我的描述，將夢中的鍾馗畫出來。」吳道子領命以後，仔細琢磨了唐玄宗所敘述的夢境，畫了一幅「鍾馗捉鬼圖」。玄宗見罷，擊節驚嘆：「你難道和朕共做了一個夢嗎？」

吳道子道：「乃是神靈給皇上護體，可喜可賀！」於是跪拜在地，高聲祝頌皇上體健長壽。皇帝高興，重賞了吳道子，說道：「神靈在朕的夢中出現，疾病痊癒，的確應該嘉獎。」令畫工們按照吳道子所畫的鍾馗相貌，多加臨摹，賜送給各個衙門官署，用於年終時驅除鬼怪。後又發佈詔令，佈告天下，

讓全國的人都知道這件事。隨後，人們張貼鍾馗畫像驅鬼的風俗，逐漸流行開來。

鍾馗也是道教信奉的門神之一。鍾馗信仰在江淮地區比較普遍，基本上家家懸掛鍾馗像，用以鎮宅避邪。

乾隆二十二年，也就是公元1757年端午節發生了瘟疫，在無計可施的情況下，人們將鍾馗像搬出來用以施威捉鬼，此後形成了風俗，由以前的除夕掛門神，改成了端午節掛門神。

民間傳說中認為鍾馗捉鬼的本領比神荼和鬱壘大，這可能和鍾馗在民間的知名度有關。鍾馗的經典畫像是：豹頭虬髯，目如環，鼻如鈎，耳如鐘，頭戴烏紗帽，腳著黑朝鞋，身穿大紅袍，右手執劍，左手捉鬼，怒目而視，一副威風凜凜、正氣凜然的模樣。

圍繞著鍾馗，形成了不少傳說，鍾馗嫁妹、鍾馗捉鬼、鍾馗夜獵等故事，在民間廣為流傳。有學者認為，鍾馗在歷史上是個虛構的人物。殿試制度是從宋太祖開始的，唐高祖不可能主持殿考。所以這個故事，應該是宋朝或其以後產生的。

三十六天將淵源於中國古代對北斗的崇拜，故又稱三十六天罡。道教認為北斗眾星中有三十六罡，每個天罡星中有一神，共三十六位神將。每位神將皆有名有姓，並非虛指。

秦瓊、尉遲恭
守護千門萬戶的武將門神

道士戴的帽，稱「巾」。一共有九種，分別是混元巾、莊子巾、純陽巾、九梁巾、浩然巾、逍遙巾、三教巾、一字巾、太陽巾，統稱為「九巾」。

尉遲恭和秦瓊，都是唐朝的開國元勳，聞名後世的勇猛戰將。尉遲恭面如黑炭，威風凜凜，胯下踏雪烏騅馬，手中雌雄精鋼鞭，神勇無敵；秦叔寶胯下黃驃透骨龍，手提虎頭鏨金槍，身背四稜金鐧，萬夫莫當。

李世民稱帝後，懷念那些和自己一起打天下的開國元勳，於貞觀十七年，召集當時著名畫家閻立本，在凌烟閣內繪製了二十四位開國功臣的圖像，以表彰、紀念他們的功業。秦叔寶和尉遲敬德名列其中。

這一天，東海龍王托夢給唐太宗李世民，祈求救他一命。龍王說道：「我奉玉帝之命到人間降雨，因為延誤了時辰，河流乾涸，土地乾裂，莊稼都旱死了，人民飽受旱災之苦。玉帝大怒，要治我死罪，敕令你朝大臣魏徵第二天午時三刻到天庭監斬。如果你能將魏徵拖住，讓他過了時辰再來，我就能活命了。」李世民很同情龍王，答應了祂的請求。

第二天一早，唐太宗將魏徵召來下棋，一直下到中午。眼看過了午時三刻，唐太宗見魏徵一點也不著急，感到很奇怪，又不好明問。魏徵心知肚明，對太宗言道：「事諧矣（事情沒有耽擱，辦完了）！」唐太宗一愣：我寸步不離地和他在一起，眼睛不錯地盯著他，他能有什麼事「諧」呢？

當天晚上，東海龍王找到太宗，抱怨道：「你乃一國之君，為何言而無信，戲耍於我呢？」

太宗納悶：「今天我一天看著魏徵，忠你所託，因何言而無信，戲耍你呢？」

東海龍王言道：「魏徵元神出竅，飛到天庭監斬。我一個海中帝君，卻變成了陰間厲鬼！」言辭之中怨恨不已。

從此以後，東海龍王的冤魂經常在夜間騷擾唐太宗，唐太宗疲憊不堪，召集群臣商議對策。秦叔寶說道：「臣下南征北戰，東討

秦叔寶，一代戰神終成門神

西殺，槍下積屍如山，冤魂無數，何懼一個東海龍王。臣願和尉遲敬德身披鎧甲，手拿兵刃，站在宮門前守候相待，看龍王有何本領。」

太宗准許了秦叔寶的建議。當夜，秦叔寶和尉遲敬德值守宮門，一夜平安無事。太宗愛惜秦叔寶和尉遲敬德，擔心他們整夜值守累壞了身體，於是命畫工繪製了二人肖像，張貼在宮門上。從此以後，再也沒有鬼祟侵擾了。

秦叔寶和尉遲恭畫像能鎮鬼神的傳說，逐漸從皇宮流傳到了民間，人們競相效仿，形成了民間風俗。

道教將秦叔寶和尉遲恭納入神系，尊奉為門神，是道教中的武門神。二人雖為唐人，但是確立為門神，是在元朝以後。右門神尉敬德，左門神秦叔寶。

民俗流傳和正史記載有很大的不同。有專家稱，存在於正史記載中的門神，既不是神荼、鬱壘，也不是鍾馗，而是古代的一位勇士成慶，後來被秦叔寶和尉遲恭取代。

尉遲恭（公元585年─658年），字敬德，朔州鄀陽（今山西朔縣）人，唐朝大將；秦瓊（571年─638年）字叔寶，齊州曆城（今山東濟南）人，唐朝開國將領。二人都是道教和民間信奉的門神。

107

福星
和小矮人有關的一代明吏

道士戴的冠：黃冠（即月牙冠或稱偃月冠）、五嶽冠（覆斗形，上刻「五嶽真形圖」，必須受過戒的方能戴）、星冠（覆斗形，上刻五斗星形，老修行拜斗時戴）、蓮花冠（也稱上清冠，一般是高功才戴）、五老冠（蓮瓣形，中繡五老像，亦為高功做超渡時戴）。

陽城是唐朝時期的定州北平人，他博學多才，品德高尚，為鄉民所敬重。他明理謙遜，好多人都前來向他求學；當地人有了矛盾、爭執，首先找到他來調和解決。

這一天陽城在路上行走，遠遠看見一個人迎面走來，他趕緊躲在一旁。因為這個人曾經偷過他東西，陽城害怕這個人見了他臉上難堪。還有一次陽城家裡斷炊，派遣僕人去借米。僕人卻用借來的米換了酒，喝得酩酊大醉。陽城見他久久未歸，出門尋找，看見他躺在路邊休息，於是將他背回家中。僕人醒來後羞愧難當，而陽城卻勸慰他：「天冷了，喝酒暖身子，又不是什麼錯事。」

當時，在朝為官的士大夫聽聞陽城的美名，都很仰慕他寬容、剛正的品格。這一年，陽城出任諫官。士大夫們都對他寄予厚望，認為他一定會拼死忠諫，有一番作為。可是幾個月過後，士大夫們發現陽城整天和兩個弟弟宴請賓客，日日暢飲。他對兩個弟弟說道：「我每個月的俸祿，先留下吃飯和日常花費，餘下的全部買酒喝，不要有積餘。」士大夫們看在眼裡，漸漸對他失去了信心。

當時朝中有一個權勢薰天、貪酷狠毒的奸臣，名叫裴延齡。錚臣李贄向皇帝彈劾裴延齡，卻反遭裴延齡誣陷，眼看就要發配充軍了。朝中官員一則看到

皇帝也不喜歡李贄，二則忌憚裴延齡的氣焰，誰也不敢站出來說話。陽城說：「我身為諫官，怎能眼看著皇帝冤枉無罪大臣，而緘默不語呢？」於是，陽城邀請拾遺王仲舒，向皇帝歷數裴延齡的罪狀，慷慨激昂地為李贄等人辯護，李贄這才倖免一死。當朝金吾大將軍張萬福（金吾，類似於守衛一類的官職）由衷讚嘆：「朝廷有此直臣，天下從此太平了！」陽城的直諫激怒了皇帝，要治他重罪。幸虧當時的皇太子極力袒護，陽城才倖免於難。皇帝怒氣未消，不但不懲治裴延齡，還要立他為相。陽城聽聞此事，揚言：「皇帝如果讓裴延齡當了宰相，我必定披麻戴孝到皇宮嚎哭。」裴延齡最終也沒當上宰相，這不能不說是陽城的功勞。

有人奇怪地問他：「你如此忠義節烈，為何剛開始的時候天天飲酒呢？」

陽城言道：「那些諫官，每天對皇帝說一些繁瑣細小之事，皇帝早就厭煩了，我多說又有何益呢？大丈夫有所為，有所不為。」

後來，陽城離開京師，出任道州（今湖南南部道州）刺史。道州百姓因為水土原因，個子普遍矮小，前任官員每年都要挑選侏儒進貢給朝廷，做為宮廷玩物，以供消遣娛樂，是為「矮奴」。那些侏儒被迫離開家鄉親人，分離的場面令人斷腸。陽城認為，這種習俗是逼良為賤、侮辱人格的行為，他拒不向皇帝進貢，皇帝派人親自去要，陽城說道：「道州人民的個頭普遍矮小，無法挑選進宮人選。」從此以後，朝廷廢除了道州這項貢賦。道州人民得知了這個消息，萬民歡呼感激涕零。

道州人民感懷陽城，為他建立起了祠堂加以供奉。他們認為陽城給他們帶來了幸福、恩澤和希望，尊他為福神。

關於陽城所處的時代，一種觀點是唐朝，還有一種觀點認為陽城是漢武帝時期人，名為楊成。隨著人們不斷傳頌，陽城的事蹟傳遍了全國，流傳後世，歷久不衰。天下官民都繪製了陽城的圖像，加以供奉，尊稱他為福神。

白居易的詩歌〈道州民〉對陽城做了高度評價「欲說使君先下淚，仍恐兒

天官賜福

孫忘使君」，當地人生的男孩兒，好多都以陽為字。

後來，道教將其納入神系，尊他為福神，為福星下凡。所謂福神、福星，指的是能給人們降福施祥、帶來美好和希望的神仙。

風伯是道教尊奉的風神，亦稱風師、飛廉、箕伯等等。風伯的職責，顧名思義就是「掌八風消息，通五運之氣候」。風伯神誕之日為十月初五。通常道教徒在其生存和職業和「風」有密切關係者才單獨奉祀風伯，一般道教徒只是在大型齋醮法會時才供奉風伯。後來人們將風神進一步人格化，進而出現了幾位比較著名的風神，比如方天君、孟婆和楊慎等。

祿神
天聾地啞永相伴的文昌帝君

十方叢林中的常住道士有細緻的分工：最高負責人是方丈，或監院（住持），即觀主。方丈、監院以下有客、寮、庫、帳、經、典、堂、號八大執事，分頭負責八個方面的事務。

天狗是古代一個星宿的名稱。在古代神話中，人們賦予了天狗「看家護院」的職責，類似於凡間的家犬。但是天狗的權力更大，負責監視天上的眾位星官。

凡間凡是有所做為的文臣武將、名士風流，都是天上的星辰下凡，投胎轉世而成的。星官下凡，都要經過天狗把持的天門。天狗在天庭，原本是一個地位卑微的天神。隨著凡間的興盛繁華，下凡的星辰也越來越多了，天狗的工作也越來越重要。常言道：人一闊臉就變，天狗雖然沒有變闊，但眾多星辰接受他的檢查，對他畢恭畢敬，笑臉相待。於是天狗也就自認為了不起了，變得驕傲自滿，逐漸飛揚跋扈起來，不時刁難下凡的星官，阻止星官下凡投胎。即便有些星官不將天狗放在眼裡，透過天門投胎人間後，天狗也會下凡報復。所以一些原本是文臣武將之命的孩子降生後，小時候很聰明、很有天賦，長大之後卻變得十分平庸。

天狗的行為，導致了凡間那些望子成龍父母的不滿。星相學家順應民意，在天狗前面新命名了一個星座弧矢星，弧矢星正對天狗頭部，寓意一把弓箭，意圖威懾天狗。但天狗對此不理不睬，依舊我行我素。

人們見弧矢星沒有起到應有的作用，意欲上告玉帝。這時候，四川梓潼神張亞子，掌管凡間文人的功名利祿，被人們稱作文神，他箭射天狗，疏通了天

上星官投胎轉世的路。

這一年，宋朝的大文學家蘇洵，夜間夢見了一個神人，自稱張亞子，手拿弓弩，對著天上連射兩箭。蘇洵不明白是什麼意思，躬身詢問。張亞子不言不語，隱身而去。時隔不久，蘇夫人先後生下了兩個兒子蘇軾和蘇轍。兩個孩子長大後，同一年參加科舉考試，雙雙高中進士。連同蘇洵，蘇家一門三進士，轟動了朝野上下，人們紛紛前來祝賀。

蘇洵回想十幾年前夢中奇遇，才知道張亞子的兩個箭，是讓兩個星君下凡他們蘇家，給他們蘇家送來了兩個神童。

其實，張亞子的兩箭，並非是給蘇家送神童，而是箭射天狗，一箭射在天狗胸膛，一箭射在天狗眉心，讓天狗沒有回生的機會。恰逢天帝派遣兩個星官下凡，天狗一死，兩個文星一前一後，全部降臨到了蘇家。

真是千古不遇的巧合呀！

天帝見張亞子射殺天狗，疏通了天下文人的官運，於是將張亞子接到天上，掌管凡間文人的功名利祿，這也就是「祿神」的來歷。

張亞子射殺天狗，既能保佑下凡的星官順利投胎尋常百姓家，也能保佑孩子出世後高中狀元，有一個錦繡前程。於是，人們不僅把張亞子視為祿神，還把他看做送子神仙。

張亞子到天庭後，玉帝讓天聾、地啞相伴侍奉張亞子，表示科舉考題永不洩露。

祿神是道教信奉的福祿壽三星神之一。祿星的位置，在北天球北斗七星的正前方。古人認為，星辰運作規律和人間社會一樣，星官的名稱也有文武之分，祿星就是天上的文官。

高官厚祿歷來是人們追求的目標，所以祿神崇拜，有著深厚的民間基礎。無論士人才子，還是一般百姓，都加以供奉、崇拜，被視作吉祥神。

在福建閩東地區，有七月七日祭拜祿神的習俗。祭拜完畢後還要玩一種名

為「取功名」的遊戲，以求好運：士人用桂圓、榛子、花生分別代表狀元、榜眼、探花，一人手握三果，往桌子上投擲，其餘人圍坐在桌子邊。哪種果子滾到哪個人面前，預示這個人能考取何種功名，一直玩到每個人都有功名，遊戲才結束。這種遊戲暗含著向祿神占卜功名的性質。

掌管文運官運、功名利祿的祿神

新年張貼祿神年畫，是最為普遍的民俗之一。

祿神民俗年畫有兩種：

第一種是文昌帝君像，也就是梓潼神張亞子，身穿官袍，頭戴官帽，兩側繪有童子像，分別為一聾一啞的侍童，俗稱天聾、地啞。因為傳說科舉考試試題，是文昌帝君編寫的，天聾地啞，知者不能言，言者不能知，以防洩露天機。

第二種祿神民俗年畫，用「鹿」的諧音代替祿神，畫像有著濃厚的吉祥色彩。

祿神是道教信奉的神仙之一，也是民間廣為信仰崇拜的神仙，主管功名利祿，是天上星神演化而來的。祿神又有「文昌（帝君）」、「文曲星」、「祿星」、「文神」之稱。每年農曆正月初三，是文昌帝君的誕辰日。

媽祖
福佑萬民的海上女神

道教原有四派法壇，龍虎山天師派是為正一玄壇，茅山三茅君派則為上清法壇，閣皂山葛仙翁派稱為靈寶玄壇，西山許旌陽派號為淨明法壇。後因三山甚少傳世，元時天師奉旨領天下道教事，故三山法均收歸龍虎山天師府，乃改正一玄壇為「萬法宗壇」。

宋太祖建隆元年（公元960年），福建省莆田湄洲嶼，一個姓林的官吏家，林夫人懷胎十四個月，生了一個女兒。和一般孩子不同的是，孩子出生後不哭不鬧，所以家人給她取名林默。林默上面有五個哥哥，有了這麼一個女兒，備受雙親疼愛。

林默出生的時候，奇異的香氣從林家飄散而出，綿延好幾里，十幾天後才散淨。林默一週歲的時候，在襁褓中看見了天上諸神的神像，舉著手做出拜會的樣子。她從小聰慧，稟賦超人，五歲的時候就能流利背誦《慈航經》，十一歲的時候就能按照音律翩躚起舞。

長大後的林默清秀美麗，文靜端莊。這一天她在家中靜坐讀書，看見一個形神怪異的道人從門前經過，心中若有所悟，於是拜道人為師，道人傳授給她「玄微真法」。從此以後，林默具有了預知未來、行醫治病的神通。漁民哪個身患病痛，她總能手到病除。漸漸地，林默在漁民中的名聲越來越大。

這一天，林默的四個哥哥乘船出海，林默和父母待在家中。當天晚上，林默手舞足蹈，雙眼緊閉，汗如雨下。父母還以為女兒邪靈附體，伸手將她推醒，問怎麼了。林默睜開眼睛，神情淒然地說道：「怎麼不讓我保全我兄長的性命呢？」父母聽了，不理解其中的意思，也就沒有多問。

數天後，林默的哥哥們回來了，帶回了一個噩耗：大哥的船被暴風吞滅了，葬身海底！林父林母聽聞，痛哭不已。

原來，兄弟四人每人乘著一條船滿載貨物，出海不久遇到了颶風，巨浪滔天。這時半空突然出現了一個女神，甩出四根長繩子，牽引著四條船，在波濤中如履平地。這時候突然牽引大哥的繩索斷開了，大哥的船瞬間就被波浪吞滅了。

林父林母這才知道那天女兒閉目，是元神出竅，救哥哥們去了。這件事情很快傳開，林默的名氣更大了。

林默長大後，經常身穿紅色的衣服，在島嶼間雲遊；或者乘船在海上漂蕩。她心地善良，水性極好，經常救助海上遇難的漁民和客商，被當地人稱之為神女、龍女。福建人將未出閣的女子，稱之「媽祖」。在這裡，媽祖表示未出嫁，是身分之稱，而不是名字之稱。漁民們為了表達對林默的尊敬，普遍敬稱她為媽祖。

林默二十七歲的時候，一天，她神情傷感地對父母說道：「我要遠遊去了，可惜父母無法和我同行，從此永別，二老保重。」說罷，獨乘一葉扁舟，泛海而去，從此再無音訊。

有人傳言林默升仙了，也有人傳言她死於海上。因為林默生前為當地漁民做了很多善事，當地人感懷她的功德，於雍熙四年（987年）在島上修建媽祖廟，每年供奉，香火不斷。

從宋朝以後，媽祖就被視為造福萬民的海上女神，受到人們的普遍侍奉。在民間，流傳著很多媽祖顯靈濟世的傳說。

媽祖是歷代海員、漁民、船工、旅客和商人共同敬奉的神仙。在古代，海上交通技術不發達，海運抵抗風浪和惡劣天氣的能力較差。人們寄託希望於神靈保佑平安。在船舶出海時，人們要祭天妃娘娘，在船上供奉天妃娘娘的神位。

福建湄洲媽祖廟

　　公元1279年，元世祖尊稱媽祖為泉州神女，追封為「護國明著靈惠協正善慶顯濟天妃」，各地開始普遍修建天妃廟宇，每年春節時祭祀；明朝時期，關於天妃的信仰更加鼎盛，天妃身上也被賦予了神聖的光環，並且傳入臺灣，受到了臺灣人們的熱愛和尊敬。明朝崇禎年間，天妃娘娘被封為「天仙聖母青靈普化碧霞元君」，後又加封為「靜賢昔化慈應碧霞元君」；清康熙二十九年（1689年），被昭封為「昭靈顯應仁慈天后」，因此天妃廟又稱「天后宮」。

　　隨著信仰的加深和普遍，媽祖信仰走出道教，走出民間，走向世界，人們將媽祖視為「世界和平女神」，受到億萬民眾的敬仰。

媽祖是道教信奉的女神之一，被道教尊奉為「天妃娘娘」，也稱「天后娘娘」、「天上聖母」、「娘媽」。「媽祖」是民間的俗稱，她的真名為林默、林默娘，誕生於宋建隆元年（960年）農曆三月二十三日。宋太宗雍熙四年（987年）九月初九逝世。每年的農曆三月二十三日，是媽祖誕辰日。

送子娘娘
佛、道兩教之間的不同傳說

正一道又稱「正一教」、「正一派」，原為五斗米道，為東漢順帝時張陵所創。元以後，為道教上清派、靈寶派、天師道等符派的總稱，與全真道同為道教的兩大派。主要奉持《正一經》，崇拜神仙，畫符唸咒，驅鬼降妖，祈福禳災。可以不居宮觀，擁有妻室。

送子娘娘在佛教和道教中有著不同的傳說，首先我們來看佛教中的傳說：

在古印度，王舍城（王舍城是古印度摩揭陀國的國都，使王舍城聞名於世的竹林精舍是佛祖釋迦牟尼修行的地方）外有一位美麗的姑娘，以牧牛為生，她聰慧伶俐，能歌善舞。這一天，從各地趕來的五百名佛教信徒齊聚王舍城，舉行盛大聚會，慶祝獨覺佛出世。

喜愛熱鬧的牧牛女前去觀看。王舍城將軍知道牧牛女舞姿動人，要求她獻舞助興。這時候牧牛女懷有身孕，她懇請赴會的五百人向將軍求情。可是人們卻一哄而起，鼓掌歡迎牧牛女上臺表演。一方面是將軍的淫威，另一方面是五百人的「軟脅迫」，牧牛女無奈之下只好跳了一曲。回到家中，胎兒墜地而亡。丈夫見此，將她趕出家門。

牧牛女遭此變故，又慘遭遺棄，一怒之下，發誓變成惡鬼，吃盡城中嬰兒，於是自殺身亡。死去的牧牛女變成了妖怪，和鬼城魔鬼結了婚，生下了五百名兒子。牧牛女不忘誓言，每天晚上潛進王舍城，偷吃城裡的小孩兒。一時間，王舍城內謠言四起，人們十分驚慌。

釋迦牟尼聽聞此事，前去規勸，奈何女妖聽不進去。釋迦牟尼是一個大智慧的人，他看勸說無益後，想出了一個辦法。這一天，他趁妖女不備，將五百

個兒子中最可愛、最聽話的孩子藏了起來，給妖女留下紙條，說他將她的兒子吃掉了。妖女回到家中，尋不見兒子，卻看到了紙條，悲痛欲絕。這時候釋迦牟尼顯身說道：「妳有五百個兒子，僅僅失去一個就如此悲痛，而王舍城中那些無辜之人，他們失去孩子的心情，妳能體會到嗎？」

牧牛女聽聞釋迦牟尼的一番話，恍然悔悟。從此改惡從善，皈依佛門，成了保護小孩兒的「呵利蒂母」，民間俗稱為「送子娘娘」。

中國道教關於送子娘娘的傳說，和佛教的傳說相比，更加具有可信性：

在中國古代文學史中，留名於世的女詩人屈指可數；在為數不多的女詩人中，才貌雙全的非五代十國時期的花蕊夫人莫屬。

花蕊夫人（生卒年不詳）是後蜀皇帝孟昶孟後主的貴妃。她冰雪聰明，博聞強記；容顏秀麗，風姿冠代。

宋朝軍隊滅了後蜀國後，花蕊夫人被俘。皇帝趙匡胤垂涎花蕊夫人的美貌，將她納入後宮，做了妃子。在花蕊夫人眼裡，孟後主和趙匡胤簡直是一個天上，一個地下。孟後主是聞名天下的美男子，風流倜儻，善解風月，心思細緻，懂得體貼，而且精通琴棋書畫，是一個很有情調的人。而太祖趙匡胤，雖然是大宋的開國皇帝，也是一代人君。但是在男女之事上，就比不上孟後主了。所以，花蕊夫人一方面心懷亡國之痛，另一方面思念孟後主，一直對趙匡胤沒有好感。

花蕊夫人身在宋宮，時時刻刻思念故國家園，思念孟後主。她私自繪製了一幅孟昶像，每當夜深人靜的時候，就拿出來，對著畫像傾訴相思之苦。

一天，孟昶的畫像被太祖看見了，追問何人。花蕊夫人急中生智，說：「這是張仙（也就是祿神張亞子），我們四川人都知道的送子之神。」宋軍消滅後蜀國的時候，太祖並沒有和孟後主謀面。他聽花蕊這麼一說，還認為她求子心切，不但沒有再深問，反而十分高興。

後來太祖還是知道了事情真相，他令花蕊夫人交出畫像燒毀，花蕊夫人不從，太祖一怒之下將其殺死。後人感懷花蕊夫人的忠貞不渝，將她的故事流傳

了下來。而孟後主的畫像做為送子之神，也從宮中流傳到了民間，年深日久，人們逐漸將其視為求子的神仙來祭拜。晚清時期，人們將孟後主像改成了花蕊夫人的女身像，花蕊夫人也就成了名正言順的送子娘娘了。

在後來的民間傳說中，送子娘娘不斷演變，被逐漸定形為道教的泰山女神──碧霞元君。

在道教的眾神當中，人們把掌管人間生育的神仙稱之為「註生娘娘」或者「送子娘娘」、「授兒娘娘」、「碧霞元君」。

在比較正統的道教傳說和民間習俗中，人們習慣上把觀音菩薩（道教稱之為慈航真人）奉為送子娘娘，稱為送子觀音。結婚後久不生育的女子，向觀音菩薩燒香求子；而泰山娘娘（碧霞元君），更是被人奉做送子娘娘。

碧霞元君是道教中專司人間子嗣的女神，在北方地區具有很廣的信仰基礎，尤其是山東一帶。而南方江浙一代，多以慈航真人為送子娘娘。

在泰山，人們將大小適中的石頭，壓在樹枝上，諧音「壓子」；或者用紅布條拴在樹枝上，是為「拴子」；上山進香求子，被稱為「拴娃娃」或「偷子」。無論哪種形式，都代表了人們祈求上天賜送子嗣的願望。碧霞元君祠的神像面前，擺放著好多泥捏的金娃娃，供人抱取。根據自己的意願，選擇泥娃娃的性別取走。將來如願生子，要為泥娃娃披紅掛彩，送到原處，稱之「還子」。

碧霞元君

碧霞元君全稱「天仙玉女碧霞元君」，俗稱「泰山老奶奶」。其誕生年代和身世自古說法不一，有凡女得道說、黃帝玉女說、華山玉女說等等。

麻姑元君
半夜雞叫的酷吏之女

太乙教，道教宗派之一，金朝初葉由蕭抱珍在衛卅（治所在今河南汲縣）創立。因傳「太一三元法錄之術」，故名其教曰「太一」。教旨以老子之學修身，又以巫祝之術濟人。其教傳嗣有秘錄法物，繼法嗣者皆改姓蕭，即以祖師之姓為姓。因其以符濟人，故與全真道、真大道教相異。元朝時，其教進入全盛時期。太一教傳至六、七祖後，逐漸融合於正一教派。

東晉時期，後趙皇帝趙石虎派遣部將麻秋鎮守西陽國。因為麻秋築城的原故，後世人將西陽國稱之為麻城。麻城也就是今天的湖北省麻城市。

當時，麻秋夫人懷有身孕，麻秋日夜期盼能生一個兒子。這天晚上，麻秋夢見自己到江中垂釣，沒有釣上大魚，卻釣上了一朵荷花。那荷花含苞待放，帶著圓潤的水滴，十分惹人喜愛。麻秋剛要伸手去抓荷花，突然被僕人叫醒，說夫人快生了。麻秋跑出去一看，天色濛濛亮。不一會兒，接生婆從產房抱出一個嬰兒，麻秋一問是個女兒，臉色陰沉，拂袖而去。

麻姑自幼稟賦神異，降生三天後就能說話，一個月後就能跟著母親背誦詩文；七、八歲的時候，她無師自通有了神通，將米粒撒到地上，能變成五彩絢麗的寶珠。麻秋忙於政事，而且對女兒甚為冷漠，女兒的這些事情，他一概不知。

當時，後趙皇帝敕令麻秋在麻城修建城牆，限期完工。麻秋令兵丁四處徵召、抓捕役夫。麻秋為人原本暴烈專橫，加之皇帝期限逼人，他傳令部下嚴厲監工，讓那些役夫沒日沒夜地苦幹，雞叫休息，天亮開工。按照現在的時間計

算，他們每天不過睡兩、三個小時，鐵打的人也受不了。而且飲食很差，管理嚴酷，稍微怠慢就招致毒打。役夫們不斷有人死去。

長大後的麻姑美貌不凡，而且聽力驚人。無論白天黑夜，麻姑總能聽到從工地上傳來的哀號聲。麻姑心地善良，早就規勸父親善待役夫，可是父親堅決不聽，還斥責她女兒家不要干涉政事。

麻姑日夜聽著役夫們的哀鳴，於心不忍。為了讓役夫早點休息，天快黑的時候麻姑模仿公雞鳴叫，引起全城的公雞一起鳴。但沒幾天，事情敗露，麻秋大怒，狠狠責罰女兒。見女兒拒不認錯，麻秋盛怒之下將女兒投入大牢。母親哭著探監，勸她給父親認個錯，好出牢回家。麻姑對父親的凶暴厭惡透頂，婉言勸走了母親。

當天夜裡，麻姑將晚飯私藏的米粒灑在地下，米粒變成了寶珠四處亂滾。獄卒見狀，爭著追趕拾撿，麻姑趁機逃了出來。

麻姑逃獄的消息很快被麻秋知道了，麻秋帶兵隨後追趕。麻姑逃到了一個峽谷前面，走投無路。恰巧王母娘娘經過此地，拔下玉簪扔了下去，玉簪化成一座彩橋，麻姑過後，彩橋消失。麻秋帶著兵馬趕來，看著女兒逃去，悻悻而歸。

在王母娘娘的指點、渡化下，麻姑乘風飛行，九天九夜後來到一個海盜仙山，開始潛心修行，數年後修成了正果，飛升成仙。心靈手巧的麻姑在海島上培育仙桃，採集靈芝釀造美酒。每當農曆三月三日，麻姑總會帶著仙桃、美酒，給王母娘娘拜壽，表達感激之情。

麻姑元君又稱麻姑，是道教信奉的女仙之一。

關於麻姑成仙得道，眾說紛紜。有人說麻姑是在麻城境內的仙居山麻姑洞修練成仙，也有人認為麻姑在江西省南城縣的麻姑山上修練成仙，麻姑山的名稱由此而來。麻姑在麻姑山上修練成仙的地方是「麻姑山丹霞宛陵洞天」，是道教三十六洞天中的第二十八洞天，也是七十二福地中的第十福地。

麻姑獻壽圖

也有傳說稱麻姑是仙人王方平的妹妹。有一次，王方平和妹妹在蔡經家祝壽，麻姑自稱親眼看見東海三次變為桑田。滄海變桑田，一次要經歷不知多少千萬年。麻姑經歷了三次滄海桑田，其壽命也就可想而知了，儘管表面看來麻姑就是一個十八、九歲的大姑娘。所以，麻姑被道教認為是吉祥長壽的象徵，其形象容貌美麗，身跨白鶴。在古代，人們給女性祝壽，往往要獻上麻姑跨鶴像，稱為「麻姑獻壽」。

有研究者稱，韓國也有信奉麻姑的習俗，但韓國的麻姑是位老太婆。

三十六員天將分別指：蔣光、鐘英、金游、殷郊、龐煜、劉吉、關羽、馬勝、溫瓊、王菩、康應、朱彥、目魁、方角、耿通、鄧郁光、辛漢臣、張元伯、陶元信、敬雷潔、畢宗遠、趙公明、吳明遠、李青天、梅天順、熊光顯、石遠信、孔雷拮、陳元遠、林大華、周青遠、紀雷剛、崔志旭、江飛捷、駕天祥、高克。

廣成子
渡化人文始祖的道教金仙

真大道教，原名「大道教」，是道教派別之一。金初，劉德仁所創立，後傳至酈希誠，受到元憲宗（1251—1260年在位）的賞識與支持，被賜名為「真大道教」。遵循老子「清靜無為」、「少私寡慾」、「慈儉不爭」的宗旨。要求教徒忠孝誠謙，去惡揚善，絕欲忍苦，利民愛物，不尚符，不提倡「飛升化煉，長生久視」之術。後來衰落，併入了全真教中。

在武俠小說或者影視作品中，崆峒山一直以一個武學流派的形象出現，與

被譽為「天下道教第一山」的崆峒山

華山、少林、武當、峨嵋、崑崙等武功派別相提並論。事實上，崆峒是中國最古老的五大武術流派之一，其餘四個流派分別是少林、武當、峨嵋和崑崙。

崆峒山不僅是武學勝地，還是道教勝地。崆峒山上有一副對聯「崆峒駕鶴遊，鼎湖乘龍去」，裡面就蘊含著一個美麗的神話故事。

遠古時期，神仙廣成子騎乘仙鶴，來到崆峒山上空。高空俯瞰，但見山石峻峭，林木蔥蘢；峽谷幽深，雲煙蒸騰；群峰如林，摩天壓地。繞山而過的胭脂河清澈寧靜，涇河寧靜平緩。看過如此美景，廣成子心中讚嘆不已，決定將這裡做為自己的修行之地。落地之後，仙鶴化做仙童，師徒二人居於混元洞，日夜修行。

被稱作人文始祖的軒轅黃帝聽聞廣成子大名，不遠萬里，乘坐在大象背上，前來拜會廣成子。元妃嫘祖和女節，坐在木輪大車上緊隨其後。隨行的文臣武將、侍從衛士一百多人。

人馬車仗過了涇河，來到山下。但見崆峒山山勢險峻，絕壁陡立，尋不見登山的路。黃帝等人在山下靜穆等候，他自恃人間帝王，自以為仙人早已知道了他的形跡，自會下山來見他。良久不見人來，黃帝很疑惑，對嫘祖說：「仙人久久不來見我們，是因為我們不虔誠、不堅定嗎？」

嫘祖說：「我們跋山涉水，行程萬里。日出而行，日落而息。包裹大家腿腳的牛皮，不知磨破了多少，怎麼能說我們不虔誠、不堅定呢？」

女節提議道：「如果我們歡歌跳舞，或許會引起仙師的眷顧。」黃帝採納了女節的建議，命人燃起香草，群臣開始歌舞，香草的青煙瀰漫山野，香氣撲鼻；歌舞聲震動山谷，回音不絕。

這時候，廣成子正和前來玩耍的赤松子對弈，仙鶴童子前來稟報。在黃帝動身之前，廣成子已經知道了。他微微一笑，對赤松子言道：「荒唐！身為一國之君，不去治國，反來求仙。」言罷讓仙鶴童子好生侍奉赤松子，他拂塵一揮，身邊飛來一隻丹頂鶴，廣成子乘鶴下山。

黃帝等人見仙人乘鶴而來，俯首跪拜，向廣成子表達了自己的學道之心。

廣成子說道：「身為帝王，治理國家，使人民安居樂業，也是道的一部分。沒有烏雲累積就想下雨；秋天不到草木怎能搖落呢？」言罷飄然而去。黃帝明白了廣成子話語中的微言大義，和眾人返程而歸。

黃帝回來後，更加勵精圖治、勤政為民。他選賢任能，重用才思靈敏之士，製造了宮室、舟船、弓箭；創立了天文曆法；編寫了醫書《黃帝內經》；平定天下擒殺蚩尤，帶領蠻荒的人們結束了分裂之苦，過上了穩定、文明的生活。

這一年黃帝一百歲了，修道之心未泯。他看天下安定，放棄了王位，單獨一個人悄悄離開了居住地軒轅丘，前往崆峒山尋師問道。路遇一個白髮老者，黃帝恭立道旁給老者讓路，老者讚許說道：「尊老謙讓，很好很好。」黃帝詢問上山之路，老者言道：「仙人和凡人之間，原本沒有區別。只要誠心，何愁沒有上山的路呢？」說罷不見了。原來這個老人就是赤松子，受廣成子之託，前來點化。

黃帝乃是上古第一智者，當然明白老者所說的一番話。他艱苦跋涉，鞋底磨穿、腳掌磨破，雙手和膝蓋也鮮血淋淋，終於爬上了崆峒山。

黃帝來到山上，見到了廣成子。廣成子向黃帝傳授了修道秘法。黃帝悉心領會後，辭別廣成子就要下山。這時，從軒轅丘趕來尋找黃帝的群臣，也來到了山下。他們挖石取土修路，準備上山尋找黃帝。從此地經過的二郎神，被群臣的誠心感動了，施展法力幫助築山。二郎神力大無窮，肩挑背扛，很快將上山的路堆積起來。

玉皇大帝聽聞此事說道：「怎麼能高過崆峒山呢？」這時候二郎神正肩挑兩塊大石，從大象山趕往崆峒山，聽聞玉帝此言，便將兩塊巨石放在了胭脂河谷。後人將這兩塊石頭稱為「二郎石」。二郎石是矗立在胭脂河兩岸的兩塊巨石，相對而望，石頭上各有一個孔洞。

黃帝下山回國後，按照廣成子教授的方法認真修練。在他一百二十歲這一

年，黃帝命人從首山採銅，在荊山鑄造寶鼎。寶鼎鑄成的那一天，群臣盛宴歡慶。這時候一條黃龍，鬚髯長垂，凌空而下。元妃見狀大驚。黃帝說道：「不必驚慌，這是天帝派人來接我了。」說罷乘龍而去。

廣成子是道教「十二金仙」之一，古代傳說中的神仙。他居住在崆峒山的石室中，自稱養生得以道法，活了一千兩百歲，但並不見衰老。

有傳說認為廣成子是軒轅黃帝時期的人，黃帝曾向他請教修道的方法，並傳授給他《自然經》一卷。也有人認為廣成子是太上老君的化身，在黃帝時期渡化黃帝成仙，開化下民的文明。

崆峒山位於甘肅省平涼市城西12公里處，是古絲綢之路西出關中之要塞，自古就有「西來第一山」、「西鎮奇觀」、「崆峒山色天下秀」之美譽。因為人文始祖軒轅黃帝曾親臨問道廣成子，於是道教將此山尊為「天下道教第一山」。

太歲亦稱歲神，又名歲星，順星，道教神祇之一。每年都有一個太歲，如逢甲子年，甲子即是「太歲」，逢乙丑年，乙丑即是「太歲」。

土地爺
慈悲為懷的落水鬼

全真道是金朝初葉由王重陽祖師所創立的道教宗派，力主三教合一，以《道德經》、《般若心經》、《孝經》做為信徒必讀經典。修行方術以內丹為主，不尚外丹符籙，主張性命雙修，先修性，後修命。認為修真養性是道士修練唯一正道 ，除情去欲，識心見性，使心地清靜，才能反璞歸真，證道成仙。還規定道士必須出家住觀，嚴守戒律，忍恥含垢，苦己利人；對犯戒道士有嚴屬懲罰。

從前，東海岸邊的一個小漁村，住著一位心地善良的漁夫。漁夫孤身一人，嗜好喝酒，每次下網之前，總要往水裡面灑上三杯酒，祭奠海裡的落水鬼。

有一次，漁夫生病了，好幾天都沒有到海邊打魚。這天晚上，漁夫的窗前來了一個老頭兒。老頭兒衣著貧寒，形容憔悴，隔著窗子望著漁夫床邊的酒葫蘆，不住地吸氣長嘆。

藉著月光，漁夫看見了老人，將他請進屋子，問他這麼晚了，在這裡做什麼。老人說道：「我原本是海裡面的落水鬼，生前酷愛飲酒。老哥哥你每次打魚，都要往海中灑幾杯酒，我也能解解饞。你這次一病不起，數天不到海邊，我酒癮上來了，饞得實在受不了了。」

常言道：貧漢子方知餓漢子飢。漁夫聽老人這麼一說，知道這愛喝酒的人酒癮一犯，是多麼的難受。他趕緊將酒葫蘆遞過去，讓老人喝。老人也很自制，喝了三口，說：「老哥哥還在病中，剩下的你留著喝吧！」說完告辭了。

幾天過去了，漁夫的病好多了，帶著漁網來到海邊，剛要往海裡灑酒祭奠

落水鬼，發現前幾天那個老人站在自己身邊。漁夫索性坐下來，和老人對飲了三杯。當天，漁夫打的魚，比往常多很多。他知道這是那個落水鬼老人在幫助他。

就這樣，一連幾個月，漁夫都要和落水鬼喝上幾杯。這天，落水鬼突然對漁夫說：「老哥哥，我今後不能和你飲酒了。今晚我要找替身投胎去了。」漁夫問道：「你要去哪裡找替身？」落水鬼說：「離這裡五里的青龍洲，是一個九歲的男孩兒。」

第二天，漁夫有意乘船到青龍洲，看看那個落水鬼說的是真還是假。下午時分，一個小男孩兒獨身一人走了過來，跳進河裡游泳玩耍。剛跳進河裡，孩子就沉了下去。漁夫知道這是落水鬼要淹死小孩。心地善良的他剛要下水救人，卻發現小孩兒自己浮了上來，游到岸邊，神色慌張地跑走了。

漁夫乘船從青龍洲趕了回去，天色已晚。他坐在小船上，在海岸邊乘涼飲酒。不一會兒落水鬼來了，漁夫問他怎麼沒有找到替身，落水鬼說道：「那個小孩兒是個獨生子，我不忍心下手。」

又幾個月過去了，落水鬼告訴漁夫自己要到李家洲找替身，是一個投河的婦女。可是第二天落水鬼又來找漁夫喝酒了，說那個投河的婦女，是五個孩子的母親，債務所逼，一時想不開要自殺。他不忍心看著孩子沒娘，非但沒找她做替身，反倒將她救了上來。

落水鬼第三次所討的替身，是一個孕婦。他不忍心兩條命換自己一條命，放過了孕婦。落水鬼對漁夫說：「接連三次我找不到替身，按照天規，我永生都要做海水裡的孤魂野鬼了。」說罷痛哭流涕。

又過了幾個月，落水鬼對漁夫說道：「老哥哥，今後我再也不能陪你喝酒了。玉皇大帝見我三次找不到替身，讚嘆我心腸好，要封我做土地爺。我即將赴任去了。」

漁夫和落水鬼離別後，打的魚越來越少。他請人給土地爺畫了一幅圖像，壘了一個簡陋的土地廟，將土地爺供奉了起來。從此以後，漁夫打的魚又逐漸

多了起來。

　　土地爺又稱「土地公公」、「土地公」、「社神」、「土地神」，是道教尊奉的神仙之一，也是最具民間信仰的神仙之一。土地爺的信仰，主要流行於漢族和受漢文化影響的少數民族。在1949年之前，凡是有漢人居住的地方，就建有供奉土地的廟宇土地廟。

憨態可掬的「土地公公」

　　古時，商人們將土地爺視為財神，每個月的初二、十六，都要虔誠祭拜，分別稱為「做做牙」、「做尾牙」。

　　對於土地爺的原型，眾說不一。一種說法是大禹，因為他勤政為民，死後被奉為土地神。最初的時候，土地神生養五穀、養育眾生，被視作具有無窮力量的神靈。在古代，祭祀土地，是上至帝王貴族、下至普通庶民的頭等大事。「社稷」表示國家，社，社神也，這充分表明了社神土地爺的尊貴。

　　漢唐以後，社神的地位開始下降，因為「土地闊不可盡祭，故封土為社以報功」，對社神的祭祀崇拜，也化整為零。各地大祭壇、社壇，隨著社神地位的降低，也紛紛改做「土地廟」。

　　容成公為古代傳說中的仙人，黃帝之臣子，是指導黃帝學習養生術的老師之一。曾經棲自太姥山煉藥，後隱居崆峒山，年兩百歲。

土地爺
地位最低、香火最盛的道教神仙

符籙，也稱「符字」、「墨籙」、「符咒」。為一種筆劃屈曲、似
字非字的圖形，道教謂可用它來「遣神役鬼」、「鎮魔壓邪」。東
漢時張道陵、張角等均曾以符為人「治病」或「驅鬼」，後正一派
道士盛傳其法。中國古代封建帝王有親幸道壇受符事，魏太武親受
符，自是之後，每帝即位，必受符以為故事。

在民間供奉的神仙中，恐怕要數土地爺的廟堂最多了。放眼全國各地，土
地廟遍佈城鄉。這裡面還有一個有趣的故事。

在神界，土地爺的地位不高，但資歷極深。他是從無極化來的。按照道教
對天地萬物的解釋，「無極生太極，太極生兩儀，兩儀生四象，四象生八卦，
八卦生千萬」。用簡單的一句話來概括，無極就是天地宇宙最初的形狀。所以
據此推斷，無極，也就是土地爺，年齡比元始天尊還要大。

也不知道經歷了多少千萬劫，土地爺到了衰邁之年。心想：再過千萬劫，
我的壽命就有可能終了。於是他要找佛祖，尋求長存不朽的方法。

土地爺聽說佛祖正在天上做客，他來到天堂，找來找去，沒找到如來佛
祖，卻進入了三清宮。元始天尊認得他，得知他的來意後說道：「你我同源，
算是骨肉親人。我手上有一個玉如意送給你，當一個枴杖，也好走路。如來佛
祖去留無定，這天庭宮殿繁多，你不好找。不如到靈山守候。」

這玉如意可是一個大寶貝，跟隨元始天尊多年，具有鎮妖降魔的大法力。
可以隨形而變，無窮無盡。上可頂天，下可立地。動一動，神鬼皆驚，瞧一
瞧，九州震動。

土地爺接過元始天尊送的玉如意，連聲道謝，走出了三清宮，經過南天門，玩性大起，要到凌霄寶殿玩玩。他對守門天將說明了意願，守門天將哪裡認得土地爺，見這個小神，其貌不揚，老態龍鍾，還想進凌霄寶殿玩耍，豈不笑話。眾天將齊聲吆喝：「這裡乃天庭重地，閒雜人等一律不得停留，你速速離開。」土地爺三番兩次糾纏，執意要進去，惹惱了眾天將。青龍將軍伸出龍爪，要將土地爺扔下天去。土地爺大怒，心想，你們都是我的晚輩，卻如此不敬老。他揮起玉如意，眾天將見來勢凶猛，紛紛躲避，玉如意砸到南天門上，砸的天門大開。

玉帝聞報大怒，心想，土地爺你也為老不尊，竟然打上南天門，這也太蔑視我這眾神之主了吧！即便你資格老，我也不能坐視。他派遣天蓬元帥，統領二十八星宿，連同七曜星君到南天門去抓土地爺。土地爺以玉如意為屏障，將眾將打了回去。

玉帝再派遣人馬，東西南北中五大帝王、東西南北中五斗星君、三十六員天將、七十二名地煞，統領八萬四千天兵天將，浩浩蕩蕩來到南天門。土地爺見狀，嘿嘿冷笑，心想，我無極從混沌經歷到現在，多少天塌地陷的劫難都經過了。小小玉皇大帝，手裡有幾員天將，就不知道人外有人，天外有天！土地爺揮動玉如意，罡風呼嘯，天兵天將近身不得。土地爺玩性大發，隱身遁形，下臨凡間，突然之間無影無蹤。

九曜星君聞多識廣，說道：「他是土地，人世間的土，就是他的原形。」天兵天將各顯神通，一起挖土尋人。突然之間地下冒出大水，將天兵天將嚇了一跳，全部陷在水裡面。他們紛紛施法，從水裡鑽出。天兵天將在水面上剛剛站定，那水突然消逝無蹤，他們毫無防備，一起跌落下來，弄得滿身泥漿。

玉帝騎虎難下，請來齊天大聖、南極仙翁和通元大聖來和土地爺大戰。土地爺手拿玉如意，眾將難敵。齊天大聖祭起金箍棒，一根金箍棒化做千千萬，一齊朝土地爺打去。土地爺笑道：「我也來變。」話音剛落，他現出了原形：

土地廟

頂天立地，充斥天地之間，都是無邊無際的泥土。天兵天將被脅裹在裡面，沒有光亮、空氣，身邊全是泥土，行動不得。

玉帝見狀，請如來佛祖幫忙。如來佛祖言道：「這個土地，是無極的化身。沒有天地宇宙的時候，就有了他。你如何去惹他！對於土地爺，只可順從尊敬，切勿冒犯。別說你等，就連我和三清，也難以抵擋。」

玉帝一聽，追悔莫及，連忙討教降服的方法。如來佛祖出了靈山，顯出大神通，消解了土地的法力。在如來佛祖的勸說下，土地答應放出天兵天將。玉皇大帝為了表示尊敬，派遣使者下凡，到全國各地修建土地廟。

就這樣，土地爺就成了享受人間香火最多的神仙了。

土地爺在道教諸神中地位比較低，但是民間信仰最為普遍，為其修建的廟宇，也是列眾神之首。在中國傳統文化中，祭祀土地爺就等於祭拜大地。土地爺地位低下，屬於眾神裡面的「基層幹部」，負有保護一方平安、掌管鄉民死者戶籍的職責，在城隍爺手下任職，是「行政神」。

土地爺的形象大多衣著樸實，平易近人，慈祥可親；土地廟大多造型簡單，修建簡陋。

每年的二月初二，是土地爺的誕辰日。

李八百為道教神仙，關於他的傳說很多，因其在世上活了八百歲或日行八百里而得名。

比干
玲瓏無欺的文財神

「三障十惡」：三障者，因貪嗔痴等之惑，而生魔障；因五逆十惡之業，而成業障；因三災八難之遭，而見災障。十惡者，口有四惡：綺語，妄言，惡口，兩舌；心有三惡：貪，嗔，痴；身有三惡：殺，盜，淫。合為十惡。

比干是商紂王時期的丞相，也是商紂王的叔父。

大家都知道，商紂王在中國歷史上是一個以殘暴著稱的君王。在歷史傳說中，更是做為一個無惡不作、殘暴嗜殺的形象出現。商紂王將九尾狐妖妲己納入後宮後，更加喪德敗行，荒淫無道。他重用費仲、尤渾等一幫奸佞讒臣，敗壞朝綱。丞相比干為人正直，以社稷為重，經常勸諫紂王遠離美色，清除讒臣，整頓朝政。為此，妲己等人對比干懷恨在心，視為眼中釘、肉中刺。

這一天，妲己愁容滿面。紂王對妲己萬分關切，急忙上前問候。妲己雙目垂淚，閉口不答。紂王一再催問，妲己才說道：「妾身紅顏薄命，心痛病復發，疼痛難當，恐怕不久要和大王永別了。」

紂王一聽，急忙問道：「可有解救的方法？」

「縱然有，恐怕大王也捨不得！」妲己以退為進。

「妳只管說來！」紂王面露焦躁之色。

妲己言道：「妾身年幼時，有神人相救，用玲瓏人心肝一片，煎湯吃下，這病立刻就好了。」

紂王聞言大喜，敕令費仲、尤渾二人全國各地尋訪有玲瓏心的人。這天二奸臣來報：「陛下，臣等尋訪全國，只找到了一個人有玲瓏心。」

申公豹化身賣菜婦人害比干

紂王言道：「還不速速拘來，給娘娘治病？」

二奸臣言道：「微臣不敢！」

紂王大為奇怪：「天下乃王之天下，萬民乃王之萬民。何人如此讓你等如此懼怕？」

費仲、尤渾兩位奸賊對紂王說，普天之下，只有朝中宰相比干，才智過人、忠心耿耿，是唯獨懷有玲瓏心的人。紂王聞言，即刻派遣使者，向比干說明了因果，乞求比干以大義為重，獻出玲瓏心，給妲己娘娘治病。

比干聞言，知道是妲己蓄意陷害他，又驚又怒。在此之前，姜子牙曾經給過比干一個錦囊妙計。比干送走使者，取出錦囊一看，上面說道：你必有剖腹

挖心之大難。你按照此符訣畫一符，用火將畫符燒毀，將灰燼入水飲下，可護住你的五臟六腑。剖腹挖心後，你走出朝堂，走到大街上會遇見一個賣無心菜的人，你問他：「人要是沒有了心會怎麼樣？」賣菜人回答「人要是沒了心也能活下去」，你就會不死；他要說「人沒了心還怎麼活」，你就會性命難保。

比干畫了符，喝了符水，到朝堂之上，指著紂王和妲己高聲叫罵：「妲己，妳這個禍國殃民的賤人！我今天斷送在妳手，實在是有愧於先帝。」罵完妲己，比干對著紂王怒目而泣：「成湯二十八世天下，竟然斷送在你的手中！並非臣下不忠！」說罷，拔出短劍剖開肚子，伸手將心摘了出來，扔在地上，轉身向朝堂外走去。

比干一言不發，到朝堂之外上馬飛奔。突然聽聞街市上有婦人叫賣無心菜。比干勒馬即問：「人如果沒了心，會怎樣呢？」姜子牙的死對頭申公豹變化的賣菜婦人說道：「人要是沒了心，還怎麼活呢？」比干聽聞此言，大叫一聲倒地身亡。

比干是道教尊奉的神仙之一，和范蠡同列為文財神。

道教認為，比干挖心後，走出朝堂，在民間廣散財寶。因為比干沒了心，所以做起生意來，也就無偏無私，辦事公道；公買公賣。童叟無欺。所以，人們將比干奉做財神爺加以供奉。

比干，沬邑人（今衛輝市北），為商朝貴族，商王太丁之子，名幹。生於殷帝乙丙子之七祀（公元前1092年夏曆四月初四），卒於公元前1029年。

灶王爺
督察人間善惡的司命之神

道教講結三緣，《早課》誦清靜經，即分輕清之意，為祈求國泰民安，懺悔罪業，也可結仙緣。《晚課》誦救苦經，超渡鬼魂，可結鬼緣。《午課》誦三官經，可賜福、消災、解厄、赦罪，可結人緣。

楊修是三國時期的一個著名才子，效力於曹操手下，後來被曹操殺害。

楊修小時候十分聰明，很小就在鄰村的學堂就讀。每天上學，楊修和同學們都要經過一條河，河上沒有架橋，來往行人都要脫掉鞋襪，淌水過河。唯獨楊修不用脫鞋襪可以過河，而且雙腳鞋面滴水不沾。人們都感到奇怪，紛紛傳言是菩薩在暗中保護他。

楊修母親也感到奇怪，這一天午飯後，楊修母親在廚房收拾碗筷，問楊修那些傳言是真是假。楊修說道：「每天我過河的時候，都會有一個白鬍子爺爺過來背我過河。」楊母奇怪地問道：「這個老爺爺為什麼只背你，不背別人呢？」楊修說道：「老爺爺說他是灶王爺，還說我是真龍天子，所以每天都來伺候我。」

楊母聽罷，大喜過望，過了一會兒又喜極而泣。一邊哭，一邊說道：「我孤兒寡母自來受人欺負，兒子一朝出人頭地當了皇上，一定要為娘出了這口惡氣！」她一邊數落，一邊用筷子敲打碗沿。

楊母哪裡知道，這灶王爺無論白天、黑夜，都守候在楊修家裡，小心伺候真龍天子。楊母的筷子，敲在碗沿上，也打在灶王爺的身上，將灶王爺打得渾身青紫。灶王爺心中惱怒，到天上來到玉帝面前，將楊母的怨言說了，進諫

道：「楊修萬萬不能做真龍天子，否則將殘殺天下萬民。」

玉帝聽聞此言，也覺得楊修心胸狹隘，不能做皇帝了。他派遣四大天王下凡，去剜楊修的龍心。

玉帝要將楊修龍心剜去的消息，被文昌帝君知道了。他愛惜楊修是個千古難遇的才子，托夢給了楊母，讓她如此這般。這天晚上，楊修心口一陣疼痛，大叫一聲滾落在床下，楊母讓楊修緊閉口齒，四大天王只將楊修的龍心剜去了一半，楊修失去了真龍天子的寶座，卻成了一代才子。

後來，人們知道灶王爺是得罪不得的。每年臘月二十四日，是灶王爺升天的日子，人們總要燒紙焚香，給供奉灶王爺的神龕兩旁寫上一副對聯「上天言好事，回宮降吉祥」，而且還要供奉「糖瓜」，來賄賂灶王爺，讓他在玉帝面前少說壞話，多講善言。

灶王爺是道教尊奉的神仙之一，全稱是「東廚司命九靈元王定福神君」，也叫灶神、灶君、灶王爺、灶公灶母、東廚

古代的風俗──祭灶

137

司命等，中國古代神話傳說中的司飲食之神。晋以後則列為督察人間善惡的司命之神。

傳說，灶王爺在玉帝派遣下，到凡間考察各個家庭的善惡，然後上報玉帝，由玉帝進行賞罰。灶王爺有兩個侍從，一個手捧「善罐」、一個手捧「惡罐」，將一家人的善惡行文，分別保存在罐子中。

灶王爺的信仰，不分地域，不分民族，是民間信仰最為普遍的神祇。每年臘月二十四送灶神，是全國性的民間習俗之一。南方和北方每年的臘月二十三日晚間，要供奉灶王爺，焚香祀送。在古代，官民家中送灶的時間不同，士紳家二十三日送灶，百姓家二十四日送灶之別。

奉祀灶君多用糖元寶、炒米糖、花生糖、芝麻糖和糯米糰子之類，以冀塞住灶神之口，不講人間罪惡，世稱「上天言好事，下界保平安」。

丁令威是道教崇奉的古代仙人，據《逍遙墟經》卷一記載，其為遼東人，曾學道於靈墟山，成仙後化為仙鶴。

第二篇

道教八仙故事

鐵拐李
虎吞軀身的八仙之首

訣是道教術語之一，手指按照一定的方法，做出一定的盤結形狀，稱之為訣。手指盤結捏掐過程中，叫做掐訣。道教認為透過掐訣，可以避邪驅鬼。

神農時期，有個氏族部落頭領名叫「古神氏」，擅長修練神仙的方法。他身材魁偉，相貌堂堂，乘坐一輛飛車，由六頭獨角飛羊牽引。飛羊兩肋各有三個翅膀，奔行起來快如閃電。古神氏乘車巡行天下，每到一個地方，人們都遵從他的教化。

古神氏活了三百多歲，感覺自己修行停滯了，於是拜在老子門下，一心學道，後來更名為李凝陽。道成之後，在今安徽境內的碭山隱居。

這一天，李凝陽接到老子請帖，邀請他一起遊華山。李凝陽臨行前對新來的徒弟說：「我今天要施展元神出竅大法，和師父一同出遊。如果七天之內我的元神還沒有歸位，你就將我的屍殼焚化。」

在道家的修為中，元神出竅是一大法術。人體留在原地，魂離開人體。道家認為人的魂藏在肝臟裡面，魄藏在肺裡面。元神出殼的時候，魂飛走，魄要留下看守軀殼。超過七天元神不能歸到軀殼本位，軀殼就要腐敗，所以要燒掉，讓魄跟隨魂去。

交代完畢後，李凝陽的元神出竅，和老子快活自在地遊山玩水去了。新來的徒弟看守著師父的軀殼，一刻也不敢離開。到第二天的時候，徒弟的哥哥上山來尋徒弟，說母親病危，讓他趕快回家見上母親一面。在古時候，父母在臨終前，如果兒女們不能趕到身邊，被視為大不孝。徒弟十分為難，一方面是師

父的囑託，另一方面是即將離去的母親。他權衡再三，隨著哥哥下山去了。

徒弟的家就在山腳下，回去看了母親一眼後，顧不得再盡孝道，匆匆趕往山上。到了山上，徒弟大吃一驚，師父的軀殼被老虎吃了，只留下一堆殘骸。徒弟跪在地上，放聲痛哭，將師父的屍骨埋葬了。

第七天，李凝陽的元神遊玩回來，尋不見自己的軀殼。他凝神一算，知道了事情原委，嘆了一口氣，想起和老子臨別前他贈送的兩句話來「欲得舊形骸，正逢新面目」，不由讚嘆老子修行深厚。

元神沒有了軀殼，只能四處漂泊，飄零到一個山林，看見一具餓斃的屍體，元神從屍體透頂的窗門中鑽了進去，屍體立刻復活，也就是李凝陽的元神，依附在這個人身上了。李凝陽站立起來，發現那個餓斃的人，是個瘸子。他著急想知道自己變成了什麼樣子，來到溪水

道教八仙之鐵拐李

邊一照，看到水中的人污穢不堪，黑臉蓬頭，捲鬚巨眼，模樣醜陋。想想自己以前的相貌，李凝陽很不甘心。急忙拿出老子贈送的仙丹吞服下去，形體仍然沒有變化。情急之下想把元神跳出來。這時有人背後作歌：草脊茅簷，窗毀柱折，此室陋甚，何喜獲豐收寄寓！李凝陽回頭一看，原來是師父老子。老子說道：「修道之人講究的是內心，你又何必和一般的俗人一樣，過於注重外在的形象呢？」

李凝陽聽聞言之有理，元神待在軀殼中，不再有飛離之意了。老子贈給李

凝陽一支金箍和一根鐵拐。金箍束髮，鐵拐走路，後世人稱他為鐵拐李。

鐵拐李孤身一人，以乞丐形象四處遊歷。這一天他在市集上乞討，受盡幾個市井無賴的輕賤欺辱。鐵拐李意在教訓點化他們，雙手將鐵拐扔向高空，鐵拐化做一條巨龍，鐵拐李騎龍騰空而去。市井無賴瞠目結舌，心想人不可貌相，幸虧高人沒和他們一般見識。從此他們改邪歸正，與人為善。

鐵拐李是道教八仙之一，位列八仙之首，在八仙之中年代最久，資歷最深。鐵拐李的經典形象是身背一個藥葫蘆，他四處遊歷，浪跡江湖，行醫治病，廣做善事。升天後被玉皇大帝封為上仙。

在民間，道教有八位神仙廣為流傳。明朝以前關於八仙的人選說法不一，明朝以後，八仙被固定下來，指鐵拐李、漢鍾離（鍾離權）、呂洞賓、張果老、曹國舅、韓湘子、藍采和、何仙姑。

八仙是道教最重要的神仙代表，國內各地建有八仙宮加以供奉。因為八仙都是凡人得道，所以他們有著雄厚的民間基礎，最廣為人知、最容易被世人接受。他們分別代表男、女、老、少、富、貴、貧、賤；分別持有檀板、扇、拐、笛、劍、葫蘆、拂塵、花藍等八物，被後世奉為「八寶」。

關於鐵拐李的凡人原型，有人說他叫李洪水；魯迅先生的《中國小說史略》則說他姓李，名玄；趙翼的《陔餘叢考》中又說他姓劉。此外，還有人認為他叫李元中、李凝陽、李孔目。關於他出生的年代，有人說他是隋朝人，有說他是唐玄宗開元、代宗大曆之間人。

鍾離權
屢戰屢敗的漢朝將軍

濟世利物是道教修練生活中必不可少的環節，濟世即普濟世間，利物即利益萬物。道教認為濟世利物不僅幫助了他人，而且有利於自己仙道的修成。

漢朝有一員名將名叫鍾離章。這一年，他統兵北征侵犯邊境的胡人，凱旋而歸。皇帝念其戰功赫赫，封其為燕台侯。

這一天鍾離章上朝去了，夫人在家教兒子鍾離簡讀書識字。課業完畢後，鍾離簡到花園玩耍。鍾離夫人遣散僕人，走進臥室正要休息，有一個巨人走了進來。侯門帥府，竟然有陌生人隨意進來，而且還是夫人的臥房，這令鍾離夫人感到驚慌失措。巨人說道：「鍾離夫人切勿驚慌，我是上古時代的黃神氏，要托生於妳腹中。」說罷轉身不見了，臥室裡面剎那間出現了奇異的火光。

從此以後，鍾離夫人懷孕了。孩子降生後，就像三歲孩子那麼大小，長相富貴：額頭寬廣，頭頂渾圓；耳朵肥厚，眉毛修長；雙目深邃，鼻子高聳；臉頰龐大，氣色紅潤；雙唇如丹；雙臂過膝。一般孩子落地後要啼哭，而這個孩子出生後，非但當時沒哭，隨後的七天七夜，不哭不鬧、不吃不喝，令鍾離章夫婦著急萬分。召來京師名醫，誰也診斷不出到底是怎麼回事。七天過後，孩子突然說話了：「我到天上遊玩了一圈，看見一個府邸，上面寫著玉京兩個字。」孩子一番話剛剛落地，在座的人嚇得瞠目結舌，好久回不過神來。孩子降生七天就能開口說話，已經夠神奇的了，而說話的內容，更令他們驚訝。因為「玉京」是玉皇大帝的宮城。很快，全京師的人都知道大將軍鍾離章家裡有神童下凡了。

道教八仙之鍾離權

鍾離章給孩子取名為「權」，意思是希望他長大後能正確權衡利弊，度量世事，選擇正確的去向。鍾離權成人後，朝廷任命他為諫議大夫，後因言獲罪，被貶謫到南康任知軍。南康在今江西省南部的南康市，知軍的職責是暫時管理當地的軍隊和民政要務。這一年皇帝召他到京師，讓他帶兵征討北胡。剛剛安下營寨，當夜被胡人劫營，全軍覆沒，鍾離權騎馬倉皇逃走，回朝後再次遭到皇帝貶謫。

西晉時期，鍾離權被司馬氏重用為大將軍，奉旨出征吐蕃，大敗而歸。回想自己兩次敗績，鍾離權心灰意冷，隱遁山林。鍾離權很有仙緣，歸隱不久，東華帝君下凡，傳授給鍾離權赤符玉篆、金科靈文、大丹秘訣、周天火候和青龍劍法；最後又遇到了華陽真人，華陽真人傳授給他火符金丹，讓他通曉了神仙修練的玄妙之道；最後在崆峒山紫金四皓峰一洞中得軒轅黃帝所藏玉匣秘訣，遂成為真仙。

從此以後，鍾離權有時候下凡到世間，有時候在天上，或隱或現，隨時而化。東晉時期，由於貪戀凡間虛榮，而且對兩次戰敗耿耿於懷，又下凡到世間投身朝廷，做了邊關大將，結果屢次征戰，屢次敗北。從此他斷絕了爭取凡間功名的念頭，到終南山隱居去了。一直到唐朝，鍾離權才再度出山，渡化了呂洞賓。

鍾離權是道教尊奉的八仙一，也是道教北五祖之一，道教的全真教派尊稱他為「正陽祖師」、「正陽帝君」。 北五祖分別為王玄甫、鍾離權、呂洞賓、劉海蟾、王重陽。

鍾離權袒胸露腹，大眼睛，臉色紅潤，渾身喜氣。他經常手搖棕扇，頭上紮著兩個小髻，神態散淡清淨，豁達自在，給人感覺「天塌下來，干我何事」的感覺。鍾離權曾經題詩在長安酒肆的牆壁上，後世廣為流傳：

坐臥常携酒一壺，不教雙眼識皇都。

乾坤許大無名姓，疏散人間一丈夫。

這首詩和鍾離權的另外兩首詩，被收入《全唐詩》中。

在一般的印象中，鍾離權是漢朝人，但是根據正史記載，鍾離權的人物原型，大約出現在五代十國、宋朝初期。《宣和年譜》、《夷堅志》、《宋史》等書都有他事蹟的記載。只是後來訛為漢鍾離，才附會為漢朝人。

鍾離權姓鍾離，名權，字雲房，一字寂道，號正陽子，又號和穀子，漢咸陽人（也有人認為是五代、宋初人）。因為原型為東漢大將，故又被稱做漢鍾離。

呂洞賓
我不入洞房誰入洞房

禮拜是道教教徒的禮儀行為之一，俗稱「叩頭」、「作揖」，無論是道士，還是信眾，面對道教尊奉的神仙，都要虔誠叩頭，表示尊敬、崇拜。禮拜是初學道法的最根本禮儀，稱之為「過叩頭關」。其做法有四，即稽首、作禮、遵作和心禮。

呂洞賓善於經商，十分富有。他品行溫良，樂善好施，很受當地人尊敬。

一年冬天，呂洞賓外出，在路邊遇到了一個因為飢寒倒地的年輕人。呂洞賓命人將其抬回家裡，放到生著炭火的屋裡面。良久年輕人甦醒過來，呂洞賓又讓人給他端來稀飯。看到年輕人精神穩定後，向年輕人問話得知，年輕人名叫苟杳，是個讀書人，沒想到遭遇冤案，父母被打死，家業被沒收，自己只好孤零零飄蕩。

呂洞賓看這個年輕人文質彬彬，很喜歡。將他留在府中，管吃管住，供他讀書。苟杳感激涕零，跪拜在地。呂洞賓說道：「你不必如此。只要你專心讀書，高中榜首，將來有一個好前程，洗去你家冤屈，造福萬民，就是對我最大的回報了。」

苟杳在呂府安頓下來之後，不出房門，夙興夜寐，刻苦讀書，進步很快。

不知不覺一年過去了，還有兩個月就是大考。這一天呂洞賓密友林員外來訪，午飯席間見到了苟杳。林員外見苟杳相貌堂堂，舉止合體，一下子就喜歡上了他。正巧林員外有個妹妹待字閨中，林員外就向呂洞賓提親，有意將妹妹嫁給苟杳。

呂洞賓知道林員外的妹妹品貌兼有，早就有此意願。只是臨近大考，怕苟

杏成婚後貪戀床第之歡，耽擱了讀書，於是沉吟片刻，說出了自己的擔憂。林員外害怕兩個月內陡生變故，錯過了妹妹一世良緣，堅持讓呂洞賓當場答應，盡快成婚。呂洞賓無法再駁好友的面子，說要徵求苟杏的意見。他將苟杏從書房叫了出來，當著林員外的面詢問，苟杏視呂洞賓如長兄慈父，見呂洞賓提親，想也不想就答應了。呂洞賓原想讓苟杏做個擋箭牌，將林員外擋回去，沒想到弄巧成拙！

商定之後即刻成婚。成婚當天呂洞賓對苟杏說：「新婚頭三天，你不許進洞房，我要替你進洞房。」苟杏聽聞，心裡萬分不痛快，但礙於呂洞賓恩情，只好答應了。

新婚之夜，呂洞賓和新娘進入了洞房，苟杏按照呂洞賓的要求在書房讀書，可是他心亂如麻，又怎能讀得下呢？

就這樣三天過去了，苟杏迫不及待地進入洞房，奇怪的發現，新娘的頭巾還蓋在頭上。他揭開頭巾，看見新娘子容貌美麗，雙頰佈滿了淚痕。新娘見到了苟杏，輕聲細語地問道：「你既然娶了我，為什麼洞房花燭之夜讓我一個人待在這裡。而且這三天來只叫丫鬟來服侍我，你都不見我一面？」

苟杏這才知道這三天呂洞賓一直在書房讀書，並沒有碰新娘子。他明白了呂洞賓此舉用心良苦，意在告誡自己不要荒廢時日，功虧一簣。苟杏向新娘子解釋清楚後，深明大義的新娘子十分理解和支持苟杏。兩個月後，苟杏進京趕考，考取了狀元，被皇帝封為高官。

常言道：「十年河東，十年河西。」幾年後的一天，呂洞賓家中發生了一場大火，將呂府燒得片瓦未存。走投無路的呂洞賓想到了苟杏。他安頓好夫人後，到了相距數百里的苟府，見到了苟杏，說明了困境，請苟杏接濟度過難關。苟杏設宴盛情款待，閉口不談支援接濟的事情。呂洞賓三番兩次告辭，一則苟杏三番兩次挽留，二則心存僥倖苟杏能良心發現。就這樣幾個月過去了，呂洞賓懷念家中妻子，堅決告辭，一路之上，感嘆世事炎涼，人心難測。

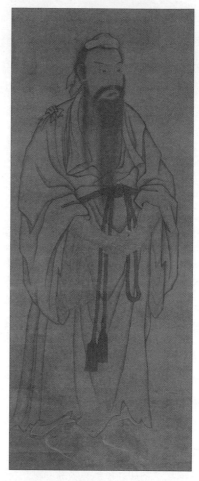

道教八仙之呂洞賓

呂洞賓回到家中，但見廢墟之上，新建了一座府邸，上寫呂府。他疑惑地走了進去，看到妻子守在一口棺材前面，哭得死去活來，見到呂洞賓走進來，驚問呂洞賓是人還是鬼。呂洞賓表明自己是人後，妻子說道：「你走後不久，就有匠人到我們家清理廢墟，拉來石土木料，給我們蓋房子。問他們怎麼回事，他們也不說。房屋建成後，苟杳差人送來一口棺材，說你死了，並且叮囑

我千萬別打開。」

　　呂洞賓聽罷，心裡明白了八、九分。他拿起斧頭劈開棺材，發現裡面套著一個小棺材；打開小棺材，看見小棺材裡面，裝滿了金銀珠寶！珠寶上面放著一個紙條，上寫「你叫我妻守空房，我叫你妻哭斷腸」。

　　原來，苟杳和呂洞賓開了一個玩笑。人們將「苟杳呂洞賓」配上「不識好人心」，原意是指呂洞賓沒看出苟杳的好心。因為苟杳和「狗咬」諧音，最後演變成了「狗咬呂洞賓，不識好人心」這句俗語。

　　在道教八仙中，呂洞賓的影響最大、傳聞最廣。在民間，呂洞賓無人不知，無人不曉。他和觀音菩薩、關公，佔盡人間香火，被尊稱為「三大神明」。

　　呂洞賓祖籍在河中府永樂鎮（今山西芮城縣，現芮城縣有紀念呂洞賓的道觀——永樂宮），出生於世代官宦之家，祖輩都做過隋唐官吏，呂洞賓自幼熟讀經史，有人說他曾在唐寶曆元年（公元825年）中了進士，當過地方官吏。

　　後來，呂洞賓厭倦了兵連禍結的亂世，他拋棄了人間富貴和功名，和妻子雙雙來到中條山上的雙峰山修行。到了雙峰山後，才改掉原來呂岩的名字，改稱呂洞賓。呂洞賓三字各有寓意：「呂」，指他們夫婦兩口，兩口為呂；「洞」，是居住的山洞；「賓」，即告訴人們自己是山洞裡的賓客。

> 呂洞賓姓呂名岩，字洞賓，號「妙通真人」、「純陽子」，全稱「純陽演政警化孚佑帝君」，後世稱呂純陽，道教全真道尊稱他為「呂祖」，是道教「北五祖」之一。

老虎、美女、點金術
呂洞賓的學道之心

齋醮：道教設壇祭禱的一種儀式，即供齋醮神，藉以求福免災。其法為清心潔身，築壇設供，書表章以禱神靈。齋者，戒潔行事，古人於祭祀之前必先齋，齋必有戒，故亦云齋戒。醮者、祭也，祈禱也。道教所建祈禳法事道場，皆曰建醮，又統稱為「齋醮」。

呂洞賓六十四歲的時候才中得進士。這一年他遊歷到長安，在一家酒肆遇到了下凡渡人的鍾離權。鍾離權看到呂洞賓，覺得此人甚有仙緣，便和他攀談

鍾離權渡呂洞賓

起來。呂洞賓是個有大智慧的人，和鍾離權一接觸，就知道這個人非同小可，一心拜在他門下，跟隨修行。鍾離權故意推託道：「你的志向還不堅定，仙骨還沒長全。要想學道，還得幾世輪迴。」

呂洞賓聽了這一番話，並沒有氣餒。從此他辭官歸田，專心修練。

有一次他和朋友結伴外出遊歷，走到山林野外，突然竄出了一隻猛虎。呂洞賓飛身上前，擋在眾人前面，要捨身飼

虎，救下同伴的性命。沒想到老虎看到呂洞賓，變得溫順平靜，繞過一行人，徑自走了。人們感到十分奇怪，同時也敬佩呂洞賓的義勇。

這一天，呂洞賓的僕人在後院挖土栽花，卻發現一個裝滿金銀的罈子，抱來見呂洞賓。呂洞賓對僕人說道：「不是我們自己的東西，不要起貪念。從哪裡挖出來的，還安放到哪裡去吧！」

還有一次呂洞賓帶著僕人去市集上買東西，被人誣為小偷，將呂洞賓身上的錢財索去，呂洞賓空手而歸。夫人見狀問道：「你買的東西哪裡去了？」呂洞賓說道：「半路上不小心丟了。」對於被誣陷冤枉的事，隻字不提。

一次夫人外出，夜裡來了一個美貌的單身女子借宿。呂洞賓將女子帶進客房，安頓好要離開，女子將呂洞賓攔住，百般挑逗。呂洞賓正言厲色，教訓了女子一番。

這四件事情，都是鍾離權在試驗呂洞賓。鍾離權讚嘆道：「身懷義勇，不談人過，不戀外財，不貪女色！可教也！」

呂洞賓透過了鍾離權的種種考驗，下凡顯身，對洞賓說道：「世間之人，塵心難滅，仙才難得。我尋求徒弟的迫切，更過於別人求我。我現在對你進行了多重考驗，你都承受得住了，可見你以後必定得道成仙，修成正果。不過你現在功德善行還尚未圓滿。我現在教給你點金之術，用來救濟世人，造福眾生。等你三千功德圓滿，八百善行具備後，我再渡你為仙，你看如何？」

呂洞賓俯首稱謝，問道：「用點金之術成就的黃金白銀，會永久不變嗎？」

鍾離權言道：「三千年後，會變成原來的樣子。」

呂洞賓再次跪拜：「如此看來，弟子不敢領受這個法術。三千年後，持有這種黃金白銀的人會變得兩手空空，富者嘆息，貧者愈貧。這不是在害他們嗎？」

鍾離權聽罷此言，連聲讚嘆：「就憑你這份慈悲心，三千功德、八百善行

都在裡面了！」

於是將呂洞賓收為徒弟，精心指點。呂洞賓勤勉修行，終成高仙。

歷史上的呂洞賓原型，是一個普通的人物，在歷史長河中再渺小不過了。但是隨著道教的發展，經過民間傳說的塑造，成為了一位名揚四海的傳奇人物。他不僅有廣泛的民間基礎，而且還有很高的「皇帝緣」，歷代皇帝對他屢加敕封。在宋朝，皇帝封他為「妙通真人」，元朝封為「純陽演政警化孚佑帝君」。

傳說呂洞賓修行之前，將家中的萬貫家產分散給了貧民。修行後遇到了鍾離權，拜其為師。他死後，家鄉人們為了紀念他的恩德，建起了「呂公祠」以示紀念。金朝以後，因為呂洞賓信奉道教，於是將「祠」改成了「觀」。

元朝初年，忽必烈派遣國師丘處機統領道教，將呂公祠改建成了「永樂宮」。永樂宮工程浩繁，歷時一百一十年才完工。除此之外，紀念呂洞賓的廟觀在全國還有很多。

每年農曆四月十四日，是呂洞賓的誕辰日。

九嶷真人姓韓，名偉遠。相傳在嵩山宋倫門下受業學道，後在九嶷山成仙，故名九嶷真人。

呂仙和農婦
農夫和金魚傳說的東方古代版本

誦經是道教徒日常功課之一，指誦唸經文。誦唸經文是道教教徒的
入門功課之一，誦時有一人獨誦，亦有眾人合誦；有一經誦一遍，
亦有一經誦多遍。道教認為誦經可以祈福消災。

唐朝的呂洞賓得道成仙後，在凡間四處遊歷。他施捨丹藥，懲治惡徒，四處行善，救濟世人。這一天，他來到太行山東南角下的一個小鎮，走到一個小店門前。小鎮地處偏僻，商客稀少，客棧生意冷清。女店主坐在客棧門前，百無聊賴地搓草繩。見呂洞賓走來，強打精神招徠顧客。呂洞賓見女店主衣著破舊，臉色菜黃，知道她生活貧苦，於是起了救濟之心。他對女店主說道：「我在妳店中住一個月，能讓妳發跡致富。」

女店主見呂洞賓風塵僕僕，錢囊乾癟，知道他是一個雲遊四方的術士，對他的話不以為然。但是女店主也是一個心地善良的人，一方面可憐呂洞賓，另一方面客人住店，或多或少總要支付店錢。於是農婦將呂洞賓安排了客房，一宿無話。

第二天呂洞賓出去了，黃昏時分才回來。就這樣，呂洞賓白天出去，夜間回來，一晃二十多天過去了。農婦倒也不奢望呂洞賓讓她發跡致富，只希望足額交了店錢。可是這二十多天中，呂洞賓絕口不提店錢的事。

這一天，農婦忍耐不住了，問呂洞賓店錢的事：「這位客官，你一連住了將近一個月了，帳上不見你分文，你還是把店錢交了吧！」

呂洞賓說道：「店錢沒有，但妙方有一個。」

農婦不解其意，以為呂洞賓想賴掉店錢，剛要發作，呂洞賓接著說道：

「我給妳一個妙方，妳按照方子抓藥，將藥投進妳後院的井水中，井水就會變成酒泉。」

農婦依照方法做了，果然井水變成了美酒。微風吹來，酒香四溢。她這才知道這位客官是一個非比尋常的高人。從此以後，農婦將客店改成了酒店，做起了無本買賣。

三年過去了，呂洞賓再次來到小鎮，看見農婦的酒店生意興隆，不僅自己致富了，還聘僱了不少酒保，按照現在的話來說，就是增加了就業機會。呂洞賓很高興，走到店中，變成了富裕老闆娘的農婦，一眼認出了呂洞賓。

三年之間，淳樸善良的農婦，變成了唯利是圖的老闆娘。她知道呂洞賓法力神通，藉機提出了好多要求，呂洞賓一一滿足了她。呂洞賓最後問道：「妳還有什麼請求，儘管說來。」

老闆娘毫不客氣地說道：「我現在家大業大，全憑您的功勞，您就幫人幫到底吧！我現在不僅經營酒店，還想養豬、養馬餵牛。養豬缺個豬圈，牛圈建好了還缺牛槽；馬棚裡面，馬料不夠用了。」

呂洞賓聽罷眉頭一皺，心想：我原想幫她脫離貧困，沒想到她脫離貧困，卻又陷入了更加可怕的貪欲之中。我如若再幫她，就是害她。呂洞賓讓老闆娘拿來紙筆，寫下了四句話：登了金鑾殿，還想上天橋。井水作酒賣，還說牛無槽。人心不足蛇吞象，無底的胃口填不飽。

寫罷揚長而去。這時候酒保喊道：「老闆娘不好啦，井裡面的酒，成了水啦！」她過去一看，果真如此！這才知道呂洞賓是在點化她。她幡然醒悟，可是為時已晚。

失去了酒井，她的生意一落千丈。幾年後她又變得貧困潦倒，重新坐在店前，搓草繩為生了。

有人認為呂洞賓原本姓李，是唐朝宗室。武周時期，武則天迫害唐朝宗室，呂洞賓攜帶妻子隱居山林，改姓為呂。因為經常居住在岩石洞穴中，故名

岩；後來改名呂洞賓（關於呂洞賓三個字的寓意，前面已經介紹過了）。也有人認為他是唐朝禮部侍郎呂渭之孫，生性散漫，感到仕途艱難，放棄世間繁華，轉而學道。

《宋史·陳摶傳》中，記載了呂岩的一些事蹟，把他描述成了一個有道高人：「關西逸

呂洞賓成仙圖

人，有劍術，年百餘歲。步履輕捷，頃刻數百里，數來摶齋中」，是位修道有術的高道。

呂洞賓劍術高明，喜飲酒，善作詩，有兩百多首詩歌被《全唐詩》收錄，後世稱他為「劍仙」、「酒仙」、「詩仙」。據傳，呂洞賓的劍術受教於火龍真人，名為天遁劍法，自稱「一斷貪嗔，二斷愛欲，三斷煩惱」，並發誓盡渡天下眾生。同時，他還留下了很多著作，比如《呂祖全書》、《九真上書》、《孚佑上帝文集》、《孚佑上帝天仙金丹心法》等。但後世研究者認為，這些大多是託名之作。

安期生又稱千歲翁，陶弘景《真靈位業圖》稱之為北極真人。他或居天庭，或遊山中，或飄海上，或隱地下，世人傳為海上之仙人。

邯鄲黃粱
流傳不衰的千古一夢

煉渡：是超渡亡魂中的一種科儀。道教認為透過符或內丹術可使亡魂受煉，消除罪業，重獲神形，獲得渡化，故稱煉渡。

唐朝時期，有個書生姓盧，鄉民稱之為盧生。盧生家境貧寒，他一心苦讀，以求日後榜上有名，取得功名利祿，享受富貴榮華。

這一年，盧生上京趕考，經過邯鄲城，看看天色已晚，尋了一家客棧投宿。放下行李後，吩咐店家打火做飯。同屋也住著一個客人，兩人一邊閒談，一邊等飯。盧生旅途疲乏，靠在床上雙眼沉沉。

當天晚上，盧生離開了客棧。數日後趕到了京師，參加考試，考取了狀元。皇帝親封給他高官，差人在京師給他建造了狀元府，並且將公主許配給了他。一年之後，生下了一個兒子。

這一年，皇帝命他帶兵平定北國叛亂，他帶領精兵五萬，將北國侵犯邊境的胡人掃蕩一空，凱旋而歸。京師聞到捷報，家家張燈，戶戶結彩；淨水潑街，黃土舖地，迎接他歸來。盧生胸帶大紅花，騎乘高頭大馬，走進長安城。長安城的街道，擠滿了歡呼迎接的人們。他們將鮮花投擲在盧生的駿馬前，一路花香瀰漫。盧生神采飛揚，意氣風發。

皇帝為了嘉獎盧生戰功，給盧生封田賜地。此後數年間，盧生官運亨通，當上了宰相，位極人臣，盡享榮華富貴。盧生和公主恩愛和睦，又生了好幾個孩子，子女雙全，其樂融融。

常言道：月盈則虧，水滿則溢。正當盧生春風得意之際，朝廷發生了政變，叛亂者囚禁了皇帝。身為前朝重臣，盧生受到了牽連，被沒收了家產，奴

黃粱一夢

婢子女被充軍。妻子因是前朝公主，被叛軍殺死。盧生一夜之間，從高官淪為平民。他流離失所，孤苦無依，只好沿街乞討。

　　冬天到來了，盧生衣衫單薄，獨自在風雪中瑟瑟發抖。他摸到一個門洞下，想蹲下暫避風雪，沒想到被守門的家奴一把推搡出來。此時的盧生，已經年邁蒼老，他跌跌撞撞，摔倒在雪地上。哎呀一聲，醒了過來。

　　盧生四顧，發現自己仍舊躺在客棧中，同房的旅客對著他會心微笑。原來剛才的經歷，是睡夢一場！這時候，店家的黃米飯還沒有蒸熟，同房旅客還在等候。他見盧生醒來，說道：「你剛才的夢，沉浮錯落，世相萬千，此所謂人生如夢。你又何必追求那些浮名虛華呢？人生的歸向，原本和你夢裡面的一樣呀！」

　　盧生聞言大驚：「你怎麼知道我剛才的夢呢？」

　　那人言道：「在下魯鈍，卻也懂得一些法術。人生如夢，你不如從我學

道，學得長生不老之術，才能長久受用。」

原來，這個人就是呂洞賓。他見盧生相貌清俊，骨骼奇異，大有仙緣，特來渡他。盧生經過了剛才一夢，大徹大悟，跟隨呂洞賓修道去了。

在中國文化史上，邯鄲一夢與莊周的蝴蝶夢、淳于棼的南柯夢（又稱槐安夢），並稱「三夢」。

盧生做夢的地方，就位於今天河北省邯鄲市以北十公里的黃粱鎮。黃粱鎮修有呂仙祠，裡面修有八仙閣，供奉著道教八仙，並且修有呂祖殿和盧生殿，單獨供奉呂洞賓和盧生。

盧生殿有一副楹聯，蘊含著很深的人生哲理：睡到二三更時凡功名皆成幻境，想到一百年後無少長俱為古人。

太素真人又稱「秦隴真人」，姓同，名亮，字太真。周靈王時，太子晉聞其道術精深，派人召見，賜贈九光七明芝。服食之後，能變幻其形體。威烈王十四年（前412年）時，已一百九十餘歲，玉皇大帝遣天官降臨其處，迎其成仙升天，遂授其為「秦隴真人」。

一粟一世界
僧道之間的爭鋒

內丹是相對於外丹而言的。所謂內丹，就是用人體替代鼎爐，用精氣替代汞鉛，以精神和意念，透過一定的方法，讓人體內的精、氣、神凝結成「聖胎」，以求長生不老，得道成仙。道教內丹修練者相信，人體內丹修練成功後，人、體可以分離，得道成仙。

古代有一個著名的和尚，名叫「黃龍誨機」。

這一天，黃龍誨機禪師動身拜會當時著名和尚岩頭禪師。兩人見面禮畢，黃龍禪師問道：「如何是祖師西來意？」

佛家有一個詞「機鋒」，又稱作「禪機」。簡單說，就是用寄寓深刻、無跡象可尋，乃至非邏輯性的言語來表現自己的境界，或者考驗對方的修為。黃龍禪師的問話，並不在於向岩頭禪師尋求「祖師西來意」的答案，而是和岩頭禪師較量鬥法。

岩頭禪師聽聞黃龍闡釋的問話暗含機鋒，反問道：「你手上有糌粑，懂得如何去除嗎？」糌粑是一種粘性很強的食品，人吃的時候往往沾滿雙手，用來暗喻黃龍內心浮躁，修為尚淺。黃龍慚愧地退了下去。

黃龍下山，遇見了岩頭禪師的弟子玄泉禪師，又起了逞強好勝之心，問道：「如何是祖師西來意？」

玄泉沒有回答黃龍的問話，拿起一個皂角，對黃龍晃動，黃龍不解其意。玄泉放下皂角，收扯衣襟，做出搓洗衣服的樣子。黃龍恍然大悟：原來還是要清洗內心的浮躁呀！這下他徹底服了，回去去除心火，專心修道，終於心境澄明，大徹大悟。

這一天，黃龍誨機禪師在黃龍山開壇講經，恰逢得道成仙的呂洞賓雲遊四海，經過黃龍山。他看見黃龍山上紫雲覆蓋，心想此地定有高人，入山尋找，來到黃龍禪師的講壇道場，正巧黃龍禪師擊鼓開壇。黃龍禪師一見呂洞賓，就知道此人非同凡響，產生了渡化呂洞賓、使他修為更進一步的想法。他高聲呼喝：「何人在座旁竊聽？」

呂洞賓知道黃龍是衝著自己來的，他向前邁上一步。黃龍問道：「你是什麼人？」

「雲水道人。」呂洞賓知道黃龍的問話中含有機鋒，從容回應。

黃龍步步緊逼：「雲盡水枯，該怎麼辦？」

呂洞賓暗自一驚，略作沉吟道：「早死和尚！」

黃龍見呂洞賓的回話有浮躁心火，說道：「雲盡水枯，黃龍出現。」

呂洞賓聽了黃龍的回答，暗自慚愧，自嘆弗如，但他表面上不肯認輸，還要硬撐下去。他再次發難：「一粒粟中藏世界，半升鐺內煮山川。且道此意如何？」這是呂洞賓故意刁難黃龍，看透如何將整個世界放進一粒米中，如何將天下的大江大河，無數四海裝進一個水壺裡面。

黃龍透過和呂洞賓的對話，知道他心火越來越旺盛，炫耀高深，故弄玄虛，沒有明白「大道至簡平易」的道理，於是避開呂洞賓的問話，高聲呼喝：「你這個守屍鬼！」意思是說呂洞賓修練長生不老之術，所以說他是守屍鬼。

呂洞賓反駁道：「我的囊中，有長生不老之丹藥。」意思是說他修練內丹、外丹，有了長生不老藥，有了成仙的能力，不需要這個肉身了，所以也不存在「守屍鬼」之說。

黃龍禪師說道：「饒經八萬劫，終是落空亡。」意思是說即便你多活八萬劫，最終歸於消亡，一切都是空。

呂洞賓知道黃龍的境界，比自己高出很多，他孤注一擲，祭起寶劍向黃龍砍去，最後一次試驗黃龍的法力。寶劍在距離黃龍臉頰半尺處停了下來，再也刺不進去了。呂洞賓見狀，當即向黃龍禪師認錯懺悔。

呂洞賓的修為原本很高了，只不過他可以追求玄妙，過猶不及了。經過這次較量，黃龍禪師將呂洞賓恢復了「平常心」，呂洞賓虛心向佛教學習精華，他的修為，又大大進步了。

呂洞賓和黃龍鬥法失敗後，向黃龍潛心學習，呂洞賓的身上，也就積澱了濃郁的佛教文化。在民間傳說中，呂洞賓有三個顯著的文化特點：第一是儒、道、佛三教交融。呂洞賓追求聖賢得道，這是道教出世的思想；成仙後呂洞賓在凡間行過種種神跡，「渡盡天下眾生」，這又是儒家的入世思想；而他那種善人善己、樂於施捨的行為，又是佛教思想的反映。從呂洞賓身上，我們可以看到儒、釋、道三教文化融合的印記。

呂洞賓的第二個特點是「神仙世俗化」，他不像道教的一些神仙一樣高高在上，而是經常出現於酒樓、茶館、飯舖等世俗繁華之地，吃喝玩樂，他放蕩形骸。民間傳說中的呂洞賓形象和道教形象略有出入，民間形象中的呂洞賓不拘小節，好酒能詩愛女色，所以素有「酒色財氣呂洞賓」的說法。

第三個特點是文人傳說的結合。呂洞賓修行之前，具有儒者的經歷。他賦詩飲酒、遊歷山林，十分符合中下層文人的口味。出走之前的儒者經歷，以及他飲酒、賦詩，追求山林的情趣，更適應了中下層文人口味。這也為他故事的廣為流傳，奠定了文化基礎。

剔紅雕漆呂洞賓如意

黃龍誨機禪師，中國古代著名的「商山四皓」之一的夏黃公。商山四皓指的是秦末漢初（公元前200年左右）的東園公唐秉、用（音ㄌㄨ、）裡先生周術、綺裡季吳實和夏黃公崔廣四位著名學者。他們不願意當官，長期隱藏在商山，出山時都八十有餘，眉皓髮白，故被稱為「商山四皓」。

張果老
唐鑒漢鹿的長壽神仙

進表是道教術語之一，指道士透過一定的道教儀式，將擬定好的表文上奏給天庭諸神。上表儀式完成後，道士會將表文焚燒，希望表文乘坐青煙到達天庭，被諸神看到。

張果老自稱是上古堯帝時代的人。因其長壽，誰也說不清他到底出生在哪個年代，來自哪裡，到底有多少歲了。

唐朝時期，張果老居住在恆州中條山上（今山西省南部）。當時，人們盛傳張果老有長生不老之法。熱衷長壽升仙的唐朝幾代皇帝屢次召見張果老，都被拒絕了。武周時期，武則天多次召見張果老，虔誠之至，方法使盡。張果老礙於情面，只好在妒女廟前裝死。武則天不相信，派人守候在張果老屍身旁邊。當時正值酷暑，張果老的屍身，不一會兒開始腐爛生蛆蟲。武則天聞報，只好作罷。可是後來又有人在恆州的山中見到了他。

唐玄宗開元二十三年，明皇差人到恆州請張果老入宮。唐明皇派遣的這個使者，特別能言善道。神仙也是人，也有喜怒哀樂，張果老被說動了，隨使者來到了京師。唐玄宗大喜過望，親自出城迎接，將他安置在集賢院，一日三顧，厚禮相待。

時日已久，張果老和唐明皇之間有了一定的感情，交往也隨意起來。這一天唐明皇問張果老：「先生是得道成仙之人，怎麼也和凡間俗人一樣，老態龍鍾，頭髮稀疏，牙齒衰落呢？」

張果老言道：「我現在年老體衰，已經沒什麼法術可以依仗了，所以才變成這個樣子，真是令人慚愧。假如我將頭髮拔光，牙齒敲掉，會不會顯得好一

些呢？」

隨後，張果老將滿頭的頭髮撕扯下來，拿起旁邊的茶杯，將滿口牙齒敲掉了，弄得鮮血淋漓。唐明皇很害怕，趕緊說道：「先生，我剛才的話唐突了，請您原諒。您休息一會兒，我們改日再談。」言罷告辭而去。

第二天，唐明皇見到張果老的時候，卻發現張果老的頭髮和牙齒全部長了出來。烏髮皓齒，十分年輕。

這一天，張果老在住處靜坐，兩位大臣來訪，向張果老請教學習。閒談間張果老突然說道：「如果娶了公主做老婆，那是很可怕的事情啊！」兩位大臣聽了張果老這句話，一頭霧水，誰也不敢搭腔。正尷尬間，唐明皇派來使者對張果老說：「玉真公主從小喜歡修道，皇上想將公主下嫁給先生。」兩位大臣這才知道，張果老早算計到了此事。

有一次張果老隨從唐明皇到咸陽狩獵，捕獲一頭梅花鹿，唐明皇下令將鹿殺了吃肉。張果老急忙阻攔：「千萬別殺，這是一頭仙鹿，至今已經一千多歲了。漢武帝元狩五年，我隨從他打獵，俘獲這頭鹿，後來將牠放生了。」

唐明皇認為張果老在故弄玄虛，說道：「如何辨別這頭鹿就是漢朝的鹿呢？」

張果老說：「放生此鹿的時候，漢武帝令人在鹿的左角，懸掛了一塊銅牌做為標記，銅牌上刻錄著放生的原因。」

明皇讓人查驗，果然有一塊半個手掌大小的銅牌，上面刻錄的文字，已經銹蝕斑斑，無法辨認了。後來唐明皇讓史官查看元狩年間到現在多少年了，史官告知有八百五十二年了。足見張果老高壽。

唐明皇身邊有一個道士名叫葉法善，道術很深。唐明皇向他詢問張果老的來歷，葉法善對唐明皇說道：「我不敢說，否則立即死掉。」過了一段時日，唐明皇按耐不住好奇心又問，葉法善無奈，只好告訴他，張果老是混沌初分時期的一個蝙蝠精。說完葉法善當即死掉了。在唐明皇的懇求下，張果老才把葉

道教八仙之張果老

法善救活過來。

後來張果老辭別京師，返回到恆州山中。天寶初年，唐明皇再次召見張果老，被張果老拒絕，後來不知所蹤。

在道教八仙中，張果老最為年邁，最為長壽。他原名張果，人們尊稱其張果老。

張果老在民間的形象是：身材消瘦臉部慈善，倒騎著一頭毛驢，手拿簡板。一邊行走，一邊說唱本，民間俗語「騎驢看唱本走著瞧」就是指此。據傳，張果老騎乘的毛驢，行走如電，日行萬里，不吃不喝。驢子是一張白紙折成的，不騎的時候裝起來，騎的時候往上面噴水，就會變成真驢。

張果老唸唱的唱本，被稱為「道情」。道情源於唐朝的道曲，以道教故事為題材，宣揚出世思想。

張果老留下了好多道家著作，被道教認為是宋元內丹學的先驅。

歷史上確有張果老這個人，但生卒年不詳。根據新舊《唐書》記載，張果老原本是唐朝年間的一個民間術士，他精通氣功，遊走江湖，閱歷豐富，後來被民間傳說塑造成了神仙。

曹國舅
勇擔不白之冤的皇家姻親

道教敬香有兩種，一是殿主燒香，此皆用線香，以三炷為準，插於大香爐內，炷與炷之間距，三炷平列以不過寸寬為合格，故有「燒香不過寸，過寸神不信」之諺。二是壇主拈香，此香以檀香為之，敬拈檀香，非常講究，每炷檀香長短粗細，長不過寸，粗不過分。壇主拈香時，初炷香熟入爐中間，二炷插於左，三炷插於右，三炷香平列併攏。香爐左盒盛香面，右盒盛檀香。

曹國舅是宋仁宗年間的大國舅，他有個弟弟，橫行暴斂，恣意妄為；欺男霸女，無惡不作。

這一年適逢京師大考，各地秀才齊聚京師。考試頭一天，二國舅在一群家丁的簇擁下，提籠架鳥，招搖過市。一個進京趕考的秀才，和陪同趕考的妻子迎面走來。小夫妻二人對明天的大考充滿信心，他們滿臉喜氣，神采飛揚，從二國舅面前走了過去，二國舅被秀才妻子的美貌吸引住了，呆立在那裡，口中喃喃自語：「天人下凡也！」

隨從的家丁個個都是察言觀色、溜鬚拍馬之輩。他們見曹國舅盯著遠去的秀才夫婦，久久回不過神來，已經明白了他的心思。他們追了過去，對秀才夫婦說道：「我家國舅爺請二位到府上一敘。」

秀才疑惑地問道：「小人不曾識得你家國舅爺，不知國舅爺遣小人何事？」

家人不耐煩地說道：「你不識得我家國舅爺，我家國舅爺卻識得你。他讓我們來請你，我們哪敢多問！」言罷不由分說，簇擁著夫婦二人來到國舅府

上。他們讓秀才在府門外等候，將秀才妻子帶進了府中。

秀才在國舅府外等候多時，不見妻子出來，情知不妙。他上去敲門，家人出來對他說：「你娘子今晚要陪我們國舅爺，你回去吧！」秀才哪裡肯依，硬往裡闖，要救妻子。國舅府家丁狐假虎威，橫行慣了，他們哪裡將這個無權無勢的文弱秀才放到眼裡，一頓亂棍，將他打死了！

再說秀才的妻子被國舅挾持到府中，意欲非禮，秀才妻子是一個品行剛烈的女子，寧死不從。國舅一怒之下令家人將秀才妻子投進了後花園的井中。

曹國舅家丁中有個人名叫王二，他自幼家貧，迫於生計在國舅府當差謀生。王二本性善良，眼看著秀才被打死，心想：可憐的人呀，十年寒窗，明天就是大考，卻天人永隔。而妻子又被殘害致死！他心生憐憫之情，趁人不備將秀才妻子從井中救了出來，趁夜逃出了國舅府，分頭各自逃命去了。

女子渾身水濕，蓬頭亂髮，衣衫不整。這時候曹國舅夜間從皇宮議事回家，家將手持燈籠前面引路。女子見狀，撲過去就要告狀。女子這樣的形象，又是在黑夜之中，曹國舅以為遇見了女鬼或者是女刺客，不等女子開口，急命家人將其拿下。家人看女子來的急，用棍棒擊打阻攔，女子昏死過去。曹國舅以為女子已死，命人拋屍偏僻小巷。

女子醒來之後，才知道遇見的人是二國舅的哥哥曹國舅，她還以為是曹國舅袒護弟弟，故意要將自己打死。女子下定決心要清洗不白之冤。她一路行乞來到開封府，向包拯狀告二國舅殺人害命，大國舅助紂為虐。

包拯受理了此案，佯裝有病。大國舅素來和包拯交好，前來探望，被包拯拿下。曹國舅不明所以，包拯以為曹國舅故意抵賴，冷笑一聲，讓女子顯身，曹國舅才知道當夜誤傷的就是這個女子。他聽完女子的陳詞後，沉默不語。

原來，這個曹國舅和二國舅雖然是一母所生，品行卻有天壤之別。曹國舅溫良敦厚，心地善良，對弟弟驕縱不法、恃勢妄為的行徑，深以為恥。他多次規勸弟弟：「積善者昌，積惡者亡，這是無法更改的自然規律，也是天理。我家之所以高官厚祿，是因為前世累積的功德；如今你如此作惡，雖然明面上國

家無法將你法辦，可是又怎能逃脫上天的制裁呢？有朝一日遭到懲罰，只有家破人亡的境地了。到時候別說金銀珠寶，就是想帶出一條黃狗也是不可能的了！」弟弟對他的忠告，置若罔聞，甚至形同陌路。

曹國舅對女子的指控毫不辯解。他認為，弟弟的罪責，是他這個當兄長放縱的結果，所有的後果，都應該由他來承擔。在包拯的要求下，他給弟弟寫了一封信，將弟弟誆到開封府，被包拯拿下。後來查明真相，釋放了曹國舅。儘管皇帝和曹娘娘求情，包拯還是下令將二國舅處斬。

經歷了此次風波，原本品行散淡、不熱衷於名利的曹國舅，對塵事更是起了倦怠之心。他散盡家財，周濟貧苦之人。然後辭別家人、朋友，入山修行去了。

道教八仙之曹國舅

這一天，鍾離權和呂洞賓遊歷到曹國舅的修道之地，問道：「道是什麼？」曹國舅不言不語，用手指天；二人又問道：「天又在哪裡呢？」曹國舅用手指心。二仙笑道：「心就是天，天就是道，你已經領略到道的真意了。」於是將《還真秘旨》傳授給他。數年後，二仙將曹國舅引入仙班。

曹國舅排在道教八仙之末，他出現的時間最晚，流傳於民間的故事也很少。曹國舅性格散淡，通曉音律，喜愛作詩，被奉為濟陽郡王。他在八仙中的形象比較特殊，和其他七位仙人形象迥然不同的是：他身穿紅袍朝服，頭戴烏紗帽，手持玉板，一副官員的模樣。

> 曹國舅在《宋史》記載中有記載：曹佾，字公伯，曹彬之孫，曹皇后的弟弟，宋仁宗年間人。

韓湘子
後巡酒、頃刻花的翩躚公子

道教行叩頭作揖禮，叩頭有三叩、九叩之別。以一揖三叩再一揖，為一禮。於上聖高真祝壽、慶賀道場畢要行三禮九叩。叩頭雖用拜墊，實際是五體投地，即雙足、雙手著地，頭磕下去時要頭著手。足站成八字形，雙膝與手同時著地，左手摟著右手，手心皆向下，成十字形，身為一，表示「八十一化」。

漢朝有一位丞相名叫安撫，女兒安靈靈才貌雙全，暗中和當朝皇姪交好。

安撫幾十年在官場摸爬滾打，深知宦海沉浮，尤其是帝王人家，福禍易變，他情願讓女兒嫁給一個普通人家。因此，皇姪多次託人到丞相府求婚，都被安撫拒絕了。

皇姪見求婚不成，請求皇帝下旨賜婚。沒想到安撫個性倔強，連皇帝的命令都婉拒了回去。安靈靈和皇姪的感情，已經發展到了水乳交融的境地了。見父親如此堅決，一病不起。此後不久，安撫因為抗旨，被罷職發配到偏遠荒涼之地。看著一步步遠離京師，再也無法見到意中人一面，安靈靈抑鬱寡歡，病死在途中。

安靈靈去世後，投生為一隻白鶴，在天地間孤苦飄零，遇見了成了仙的鍾離權和呂洞賓。兩位仙人感嘆白鶴的身世淒涼，點化牠投胎到了唐朝昌黎縣韓會夫人腹中，孩子生下來之後，取名韓湘子。

韓會是唐朝大文豪韓愈的哥哥。韓湘子出生後不久，韓會就去世了，韓夫人將兒子寄生在韓愈家中，韓湘子從此以後由叔父撫養。韓湘子相貌英俊，翩躚公子，一表人才，令韓愈十分喜歡。韓愈一心想讓姪子和自己一樣飽讀詩

書，在仕途和文學領域有所發展。可是韓湘子個性狂放，不愛讀書，專好飲酒。長大成人後，韓湘子表露出了出家學道的想法，韓愈堅決反對。

有一天，韓湘子突然不見了，韓愈遣人四處尋找，沒有發現他的蹤跡。

二十年過去了，韓湘子突然回到了家裡，韓湘子的母親和韓愈又喜又氣，問他這二十年到哪裡去了，做了些什麼，韓湘子閉口不答。此時韓湘子三十多歲，韓愈認為從現在讀書，為時不晚，於是將他送到學校讀書。但是韓湘子在學校既不讀書，也不說話，只喜歡喝酒、睡覺，還和別人賭博。喝醉了就露宿街頭，數日不歸，有時還在馬房睡覺。韓愈見姪兒如此放浪，很是擔心，對韓湘子說：「男兒立足於人世，要仰仗一技之長。你這樣虛度光陰，將來靠什麼安身立命呢？」

韓湘子說：「我也知道叔父的美意，但人各有志，叔父也就不要再難為我了。」隨後，他賦詩一首，表達了他的志向：

青山雲水窟，此地是吾家。

子夜餐瓊液，寅晨咀絳霞。

琴彈碧玉調，爐煉白朱砂。

寶鼎存金虎，芝田養白鴉。

一瓢藏造化，三尺斬妖邪。

解造逡巡酒，能開頃刻花。

有人能學我，同共看仙葩。

韓愈讀後，問道：「這詩中的逡巡酒和頃刻花，是什麼意思？」

韓湘子請韓愈前去後花園。時值寒冬臘月，屋外寒風凜冽，花園裡面草木枯萎，了無生機；泥土冰結堅實，硬如鋼鐵。韓湘子凝神做法，花園裡面枯萎的牡丹紛紛開放；地面上有嫩草破土而出。剎那間，花園裡面春意盎然。韓湘子對叔父說道：「既然牡丹盛開，我們飲酒賦詩，如何？」韓愈揮手讓僕人拿酒，韓湘子說道：「只帶酒杯即可。」酒杯拿來後，韓湘子和叔父坐在花園的

暖屋裡面，看著外面的牡丹花。韓愈舉起空杯，說道：「因何不讓家人拿酒來？」韓湘子微微一笑，說道：「只管喝就是了。」韓愈一看杯子，酒已經滿了！

此所謂「逡巡酒，頃刻花」。逡巡酒也就是瞬間釀成美酒；頃刻花是指眨眼間開花。逡巡和頃刻，都表示時間短的意思。

道教八仙之韓湘子

韓愈這才明白，姪兒身懷異術。他離家二十年來，跟著高人學道去了。韓愈見韓湘子心志堅決，而且頗有所成，從此也就隨他去了，不再催促他讀書學習了。

母親去世後，韓湘子隱居終南山學道，終成正果。

韓湘子是道教八仙之一。在民間形象中，他手持竹笛，風度翩躚，一副斯文公子的形象。

唐朝筆記小說《酉陽雜俎》中記載，韓湘子本名韓湘，為唐朝大文豪、刑部侍郎韓愈的姪子。長慶（821-825年）三年（823年），韓湘考中進士，官至大理丞。韓愈曾作《左遷至藍關示姪孫湘》等詩相贈。根據傳說，韓愈另有一個族姪，喜好神仙道術。韓愈曾經作詩相贈：「自雲有奇術，探妙知天工。」

在後世的民間傳說中，韓湘子的原型，是從韓愈叔姪身上轉化而來的。五代以後逐漸被神話。傳說師從呂洞賓，修成正果之後位列仙班。

天真皇人為道教信奉的前劫修真獲得極道的遠古仙人，體貌詭異奇偉，身長九尺，且黑毛披體。軒轅黃帝時，曾隱跡峨嵋山，以蒼玉築室居於絕壁之下，室內座具皆黃金做成，侍者為仙童玉女。

何仙姑
規諫武則天的平民女子

道教主要戒律有想爾九戒；五戒；十戒；碧玉真宮大戒規；孚佑帝
君十戒；智慧上品大戒；智慧閉塞六情上品戒；智慧渡生上品大
戒；三洞眾戒文；三壇大戒及崇百藥、說百病等等。這些戒律的內
容大同小異，只不過產生的時代不同。

在瀟湘二水匯合的地方，坐落著一個山清水秀、風景秀麗的風水寶地，名
叫零陵，又稱永州、芝山，隸屬現在的湖南省。上古時期的舜帝死後，就埋葬
在零陵的九嶷山。

唐朝時期，零陵被設立為郡。零陵郡南望巍巍五嶺，北靠南嶽衡山。在零
陵郡境內西部，有一座盛產五色雲母石的雲母山，山中一條清澈小溪，蜿蜒而
下，是為雲母溪。

雲母溪畔幾戶農家散亂而居，其中一家姓何。唐高宗開耀元年秋天的一天
下午，在農田勞作的人們看見何家的茅屋上空，籠罩了一層絢爛的紫氣，一群
仙鶴圍繞著草屋翩躚飛舞。一隻梅花鹿背馱一個頭紮羊角小辮、身穿紅肚兜的
女童子，直奔何家而去。當天下午，何家生了一個女孩兒，取名何瓊。

由於出生之前的種種異象，無論父母還是鄉民，對何瓊都高看一等，認為
她是神仙托世。何瓊降生後，和一般孩子沒有什麼兩樣，愛玩、愛哭、愛鬧。
隨著年齡增長，何瓊顯得比一般孩子聰明懂事，主動承擔家務，自幼就是父母
的好幫手。

喝著雲母溪水長大的何瓊，出落的亭亭玉立，清秀美麗。在十三歲那年，
她和同伴結夥到山中採茶，不幸走散了。何瓊一個人在深山迷了路，在山中待

171

道教八仙之何仙姑

了一天一夜。她又睏又餓，坐在石頭上大哭起來。這時候呂洞賓下凡，途經此地，贈給了何瓊一個仙桃，說道：「妳吃了它，日後能夠成仙飛升。」何瓊吃了仙桃，呂洞賓給她指點下山的路，說道：「妳有仙緣，以後要經常過來，我教妳修道。」說罷離開了。

何瓊按照呂洞賓的指點，下山回到家中。當天晚上，有神人在何瓊夢中出現，教她服食雲母粉的方法，並告知服用雲母粉，可以輕身飛騰。第二天，何瓊來到雲母山，依照方法服用了雲母粉，在一個僻靜無人之處試驗，果然像鳥兒一樣飛了起來，心裡無比歡喜。

從此，何瓊行動神秘，言語異常，經常在山頂之間飛來飛去。她早上出去，晚上歸來，有時候採集千里之外的新鮮果子給父母和鄉民吃；有時候到山中和呂洞賓學習道術；有時候採集草藥，給鄉親們看病。除此之外，她還能預測人事，被當地人尊稱為「何仙姑」。

何瓊得道成仙的消息傳播開了。當時正是武周時期，女皇武則天聽聞此事，派人前去拜望，並且賞賜給她一襲朝霞服。何仙姑身披朝霞服，身上霞光萬道，周圍百姓聞訊從四面八方趕來觀瞻，對她頂禮膜拜。何仙姑母親見狀卻十分憂慮：「這樣的女孩兒，誰家敢娶她做媳婦呀！」

母親的擔憂變成了現實，何仙姑十八歲的時候，同齡女子紛紛出閣嫁走，而何仙姑家卻等不來一個媒人。何仙姑從此以後發誓不嫁，整天在鄉野出沒，或修道，或治病，自得其樂。

這一年，武則天遣使邀請何仙姑前往皇宮，談論長生之道。何仙姑看到武

則天蓄養面首，生活淫亂；而且重用酷吏，作踐百姓，藉此進行規諫。她說道：「想要長生不老，首先要清心寡慾，摒棄聲色，這是本身而言的修為。外在的修為也很重要，要多行善事，積德修福。身為一國之君，更要以天下蒼生為己任，施行仁政，以民為本。遏制酷刑，任用賢能。」

那時何仙姑雖然會飛騰術，能預測未來，畢竟還是肉體凡胎，平民之女。她這樣直言規諫女皇，勇氣是難能可貴的。武則天也並非昏聵之人，她當然知道何仙姑一番話的含意。她懲治貪官酷吏，任用了狄仁傑等一般賢臣。至於名利和聲色，武則天已經沉溺其中，不能自拔了。不管怎樣，何仙姑的規勸，給萬民帶來了很大的福祉。

武則天為何仙姑在零陵的鳳凰臺建造了一座會仙館，表彰酬謝何仙姑的進諫之舉。後來何仙姑修行圓滿，在鳳凰臺上隨著前來渡化的李鐵拐飛騰升仙，是年二十六歲。

在八仙之中，何仙姑是唯一一名女仙。

關於何仙姑身世，一種說法認為，何仙姑原本姓趙，因為她手持荷花，取荷花諧音，後世稱之為何仙姑。另一種說法何仙姑本名何秀姑，廣東增城人。

關於何仙姑的出生，有人認為何仙姑出生於唐高宗開耀元年，也就是公元681年，中宗景龍元年，也就是公元707年飛升；也有人認為何仙姑生於唐武后（684—705年）某年農曆三月初七，中宗時（705—710年）某年八月初八飛升。

何仙姑吞服的雲母粉，是用雲母研磨而成的。雲母是鉀、鋁、鎂 、鐵 、鋰等層狀結構鋁矽酸鹽的總稱，晶體大，色彩艷麗。在古代，道家術士認為服用雲母粉可以長生不老，平地飛騰。

務成子是道教神仙之一，又稱「務成昭」、「巫成」。傳說為舜的老師，又傳說為古代房中家。其養生原則是順從天地陰陽四時變化的規律，以利於身體健康。

八仙過海
東海變火海的神仙大戰

道教認為仙有五等，分別為天仙、神仙、地仙、人仙、鬼仙。

這一年，王母娘娘遍撒神仙帖，邀請天下仙道到海外仙山共赴蟠桃盛會。

八仙平時各自遊歷，散居在人間天上，這次可以趁著趕赴蟠桃會，在一起相聚了。他們約定在蓬萊閣會合，共渡大海。這一天，八仙齊聚蓬萊閣，相互訴說各自的見識、經歷和修行。呂洞賓提議道：「騰雲駕霧過海不稀奇。我們不妨各顯神通，踏浪而行，以便讓道友觀瞻各位近年來的修行，各位意下如何？」

七仙都很贊同呂洞賓的提議。鐵拐李將鐵拐扔在海裡，飛身踏上鐵拐，漸行漸遠；藍采和將花籃投入海，踏籃而行；張果老將紙驢趕入海中（一說漁鼓），騎乘驢背；大海上飄著的荷花，上面端坐著何仙姑；韓湘子乘玉簫、漢鍾離驅寶扇、呂洞賓遣寶劍、曹國舅憑雲板。八位仙人乘波踏浪，作歌而行。

八仙過海，各顯神通

八仙過海，驚動了龍王太子。他從龍宮出來，看到藍采和的花籃十分好看，意欲搶奪。他興起颶風，一時間海面上巨浪滔天。龍太子趁亂將藍采和的花籃奪去了，還令蝦兵蟹將將藍采和一併拿去。

七仙見平地起風浪，頓感蹊蹺。風浪平靜之後，發現少

了藍采和。鍾離權說道：「藍采和一定是被龍宮的人拿去了，我們且去找龍王評理。」

說罷，七仙一同趕往龍宮。龍太子早有防備，在半路等候。狹路相逢，話不投機動起手來。龍太子哪是七仙的對手，大敗而歸。七仙趕到龍宮，找龍王評理。龍王非但不主持公道，反倒祖護龍太子。雙方又是一場惡戰。龍王派遣蝦兵蟹將將七仙團團圍住，鍾離權掄起芭蕉扇，狂風驟起，那些修行尚淺的蝦兵蟹將，如何抵擋得住，紛紛被颳得無影無蹤。龍王見狀逃遁而去，八仙尋不到龍王和被關押的藍采和，大怒。鐵拐李拔下腰間的葫蘆，對著東海噴出熊熊烈焰，東海霎時變成了一片火海。龍王無法躲藏，要去搬請天兵天將。這時南海觀音途經此地，一番調停，雙方罷戰，龍王放出了藍采和。八仙繼續前行，趕赴蟠桃盛會去了。

「八仙過海」是道教的典故之一，流傳甚廣，婦孺皆知。八仙過海的文字記載，最早見於唐朝的《太平廣記》等作品。八仙過海的傳說，為後世留下了一句廣為傳頌的俗語：八仙過海，各顯神通，比喻各自有一套辦法，或各自施展本領，互相競賽。

八仙過海故事的版本比較多，但大同小異。比如渡海原因，有故事說是王母娘娘邀請共赴蟠桃會，也有故事說是應蓬萊仙島白雲仙長的邀請，一起品賞盛開的牡丹，返回途中各顯神通踏浪渡海；至於海中爭鬥原因，有故事說是龍王的第七個兒子「花龍太子」垂涎何仙姑的美貌，攔路搶親引發爭戰；調和爭戰的和事老，一說是南海觀音，另一說是如來佛祖。無論哪一個，都很夠面子了。

東萊子是道教神仙之一，傳說為大禹的兒子。因建造祭台，為祭神鬼而殺生，遭太上老君嚴責。後懷惻隱之心樂善好施，不害物命，如此累積功行，歷三十年如一日，等昔日祭鬼神時所殺生靈俱托生為人，於是感動天地，終於得道成仙。

八仙過海的另類版本
渡海逃獄的沙門島囚犯

五戒是道教戒律之一，分別為第一戒殺，第二戒盜，第三戒淫，第四戒妄語，第五戒酒。

位於山東半島最北端的蓬萊，是一座盛名遠揚、風景優美的海濱城市，自古就有人間仙境之美譽。蓬萊的丹崖山臨海矗立，站在丹崖山上極目而望，透過浩渺煙波，可以看見散落在蒼茫大海上的廟島列島。廟島列島蒼翠如黛，環境優雅，被譽為「海上仙境」。

在古時候，廟島被稱為沙門島。那時候的沙門島荒蕪人煙，礫石沙礫堆積，雜草叢生，荊棘滿布。加之風凶波惡，渡海交通不便，屬於遠離人間的荒涼蠻夷之地。

東海蓬萊閣

北宋太祖趙匡胤立國後，從建隆元年，也就是公元960年，沙門島成了朝廷囚禁重犯的地方。第一年，朝廷往沙門島押送了三百名犯人，也是從當年開始，朝廷規定每年往沙門島撥發三百個人的口糧。後來，遣往沙門島上的囚犯越來越多，朝廷仍

舊撥給三百人的口糧。

撥發的口糧不夠吃，總不能一下子全都餓死。沙門島守兵將領李慶，不向朝廷要求增加糧食，反而想出了一個惡毒的辦法：每當犯人超過三百人的時候，就隨機將超額的人員選出來，捆住手腳扔進大海，用這樣的方法將島內的囚犯保持在三百人之內。就這樣，在短短兩年之內，李慶就處死了七百餘人。為了活命，犯人們經常跳海逃命，但絕大部分都被巨浪吞沒。

這一天，李慶宣讀了五十名即將被投入海中的囚犯名單。當天夜裡，李慶讓他們飽餐一頓，準備第二天投海。五十名囚犯聚在一起商議：與其手腳被捆綁投入海中，倒不如自己跳海，還有逃生的機會。

慶幸的是，當晚天氣晴朗，海面上風平浪靜。五十多名囚犯避開看守，抱著木塊、葫蘆等跳入海中，朝著蓬萊山方向游去。蓬萊山和沙門島相距三十里路之遙，好多犯人體力不支，葬身大海。其中的八名犯人，七男一女，體格強壯，身負武功，成功游到岸邊。

第二天，當地漁民在蓬萊山北部丹崖山下的獅子洞，發現了疲憊不堪的八個人。當得知他們是從沙門島泅水而來的時候，即便是久經風浪、長年累月在海中拼打的漁民們，也驚嘆不已，將他們視若天神下凡。

漁民們愛惜他們是英雄好漢，從此，八囚徒渡海逃生的故事，被傳頌開來。

八囚渡海的故事，在傳頌過程中逐漸被神話，人們尊他們為「八仙」，並且賦予了他們各自渡海的工具，也就演變成現在傳說中道教八仙各自持有的法器了。

冷謙，明初著名道士。生卒年不詳。字啟敬，或曰起敬，道號龍陽子。關於其祖籍有三種說法：一說為錢塘（今浙江杭州）人；二說為嘉興（今浙江嘉興市）人；三說為武陵（今湖南常德）人。冷謙擅長音律，是明初很有影響的音樂家。

第三篇

道教人物傳奇

老子
從肋而出的道教始祖

道士服飾自劉宋陸修靜始，有了規定。現在道裝有大褂，袖寬一尺四寸，袖長隨身；道袍或稱「得羅」，袖寬一尺八寸，袖長隨身；戒衣，袖寬二尺四寸，袖長隨身，黃色黑邊，受戒時穿；法衣，花衣，或稱「班衣」。大褂為日常服，法衣是做法事或宗教大典時高功和方丈穿的法服，花衣是經師上殿時穿的繡花衣。

春秋時期的楚國有一個小村莊名叫曲仁里，位於苦縣城東十里處。一條名叫賴鄉溝的小河，從曲仁里村邊環繞而過。賴鄉溝河水清澈碧綠，兩岸長著青青嫩草，河畔的李子樹，枝葉繁茂。

曲仁里有一位年方十八的李姑娘，長的很美。她賢淑能幹，知書識禮，很受爹娘的寵愛，爹娘把她看成掌上明珠。唯獨一點讓爹娘不放心，就是這閨女脾氣倔強，曾經發誓終身不嫁，一生守在爹娘身邊。任由爹娘講盡道理，任由媒婆踏破門檻，李姑娘就是不改初衷。

春末夏初，賴鄉溝河畔的李子熟透了，散發著淡淡的果香。一天午後，李姑娘到賴鄉溝洗衣服，遠遠看見從河面上飄來兩枚相連的李子，紫紅的果實，一半浸在清凌凌的河水中，一半浮在河水上面，就像幼兒的兩個耳朵，十分好看。看著李子漂到身邊，李姑娘伸手將李子撈起來，咬一口嚐嚐，又甜又酸。李姑娘櫻桃小口細品慢嚼，將李子吃下了。

剛剛吃完李子，李姑娘感到肚子疼痛，翻江倒海般的難受。她想吐，卻又吐不出來。她站起來又蹲下，反覆幾次。這時聽見肚子中有人說話：「母親大人，您暫且忍耐一時，孩兒剛剛到您肚子裡面，等孩兒坐正了，您就不痛

了。」

李姑娘聽了大吃一驚，心想我尚未婚嫁，怎麼肚子裡會有孩子呢？她紅著臉，小聲詢問：「你是誰，怎麼鑽到我肚裡了？」

「我就是您剛才吃下的李子。您吃了我，我就跑到您的肚子裡了。」

李姑娘飽讀詩書，知道這可能是上天賜予的神跡。她平靜了一下心情：「你既然是我的孩子，也會說話了，快出來吧！」

肚子裡的孩子說道：「現在還不是我出世的時候。我要在娘胎裡面潛心自思，認真自省。」

「那麼你什麼時候才能出世呢？」

「什麼時候天長嚴實了，有一天牽駱駝的人會路過這裡，我才能出去。」

就這樣一天天過去了，一個未婚的大姑娘懷了身孕，這要是傳出去，李姑娘一家可就沒法再在村裡面立足了。好在李姑娘的父母深明大義，相信女兒是清白的。他們讓李姑娘待在家裡，盡量少出門。李姑娘平時嫻靜慣了，足不出戶倒也不覺得煩悶，一晃十個月過去了，孩子還沒有出世的意思，李姑娘沉不住氣了，她小聲詢問：「兒啦，常言道：十月懷胎一朝分娩，這都十個月了，你還不出世嗎？」

肚裡面的孩子問：「天長嚴沒有？」

「還沒呢！」

「天沒長嚴，那麼牽駱駝的人也一定還沒有經過吧！我還不能出生呢！」

就這樣一年過去了，兩年過去了，李姑娘雙親先後去世，只留下了李姑娘一人孤苦伶仃，獨活於世。村裡面的人最初對李姑娘的大肚子感到十分驚奇，及至後來就習以為常了。畫夜替換四季輪迴，八十一年過去了。李姑娘由一個青春少女，變成了一個蒼顏老嫗。這一天，她感到在世的日子不多了，下定決心讓肚子裡的孩子出世。她問肚子裡的孩子：「我的兒啦，八十一年了，你還不出世嗎？為什麼非得等到天長嚴、牽駱駝的人來呢？」

「我的娘，讓您受累了。這是天機，萬萬不可洩露。反正時辰不到，我不能出世。」

李姑娘心想，也不能老這樣等著呀！眼看自己沒幾天陽壽了，難道把孩子帶到陰間嗎？她思前想後拿定了主意，對肚子裡的孩子說道：「孩子你可以出世了，天長嚴了，牽駱駝的也來了。」

老子

李姑娘話音剛落，感覺肋骨一陣疼痛，孩子頂斷李姑娘的右肋，走了出來。李姑娘顧不上疼痛，趕緊回身看孩子的模樣，原來是一個嬰兒大小的小老頭兒，鬚髮皆白，就連雙眉也是白的。

小孩兒看到李姑娘的右肋流血不止，也沒看到牽駱駝的人，知道是母親騙了他。他有點驚慌失措，跪在母親面前哭著說：「母親大人，沒有駱駝，我無法用駱駝皮縫補您的傷口呀，這可怎麼辦呢？」

李姑娘說：「我的兒，你別哭了，我怎麼能埋怨你呢？常言道：名正才能言順，為娘臨終前給你七個名字吧。我姓李，而且也是吃李子懷了你，李子長的像兩個耳朵，我就給你取名李耳吧！旁人懷孕十個月，我整整懷了你八十一年，所受的苦楚，一言難盡。娘但求你做個好人，也不辜負娘的一生艱辛了。」說罷，氣絕身亡。

老子是道家學派的創始人，也被奉為道教教祖。老子所留下的五千多字的《老子》（後稱《道德經》），是道教的經典，也是道家的開創之作。

漢朝之前，老子還是一個普通的「人」，一個思想家、哲學家。東漢時期的張陵（後來的張天師）創立了五斗米道，將老子奉為道教的始祖，用來對抗佛教。之後，老子就被神化為「太上老君」，位列「三清」的第三位，後來稱之為「太上道德天尊」。 在早期道教中，老子被奉為地位最高的神。魏晉之後，老子在道教尊神中地位下降，其至高無上的神位被元始天尊替代。

據傳，為了更好的和佛教對抗，道教教徒們還宣揚「老子化胡」的事蹟，說外來的佛教，曾經受過老子的點化和指教。

老子，姓李，名耳，諡曰聃，字伯陽，楚國苦縣（今鹿邑縣）人。約生活於公元前571年至471年之間。老子是中國人民熟知的一位古代偉大思想家，他所撰述的《道德經》開創了中國古代哲學思想的先河。

紫氣東來三萬里
函谷關道德經問世

道教凡是六戊不朝真，不燒香、誦經、不朝拜、不建齋設醮。六戊，即：戊子、戊寅、戊辰、戊午、戊申、戊戌日，這叫「明戊」。念皇經和拜靜斗的老修行，亦忌「暗戊」，口訣為：「正羊（未日），二犬（戌日），三在辰，四月期間不犯寅，五午六子七雞（酉日）位，八月周流又到申，九蛇（巳日），十豬（亥日），十一兔（卯日），十二牛頭（丑日）重千斤。」

老子在周朝做官，看到周朝日益衰敗，決定西出函谷關，到秦國遊歷。

周敬王四年，也就是公元前516年，周王室發生戰亂。老子騎著青牛，離開周朝洛邑，沿途看到村莊破敗，斷垣殘壁；阡陌阻斷，農田荒蕪。汲水的水井，有的井欄被折斷，有的因為長期無人打水，井臺之上荒草萋萋。曾經平整廣袤的沃野，看不到耕田種地的農民和牛馬，而官道之上，到處有士兵和戰馬經過。老子見狀，悲嘆不已。

鎮守函谷關的官員尹喜，從小對天文地理感興趣，他愛觀天文，喜好讀書，修養深厚。一天夜晚，尹喜獨登高樓，凝目仰望浩瀚的星空。忽然，他看見東方聚集了大量紫雲，長約三萬里，形狀就像飛騰的巨龍，從東方向西方奔騰而來。尹喜心想：「紫氣東來，綿延三萬餘里，莫非要有聖人途經於此？」從此，他存心留意，認真觀察過關的行人，絲毫不敢懈怠。

轉眼到了七月十二日，這天將近黃昏時分，夕陽西下，金色的光輝塗滿了關隘。突然之間，黯然下沉的夕陽，放射出燦爛的光華。這種景象引起了尹喜的注意，他在關上極目東望，但見關隘稀稀疏疏的過往行人中，有一個

倒騎青牛的老者。尹喜素聞老子大名，知道
這個人正是他要等的聖人老子。尹喜奔下關
隘，迎了上去。漸漸走近，尹喜看見老子皓
首如雪、雙眉垂鬢、大耳垂肩、長鬚如霜、
垂膝繞身。老子身穿素淡的青袍，一身簡潔
樸素。尹喜疾步走到老子面前跪拜在青牛前
面，欣喜而嘆道：「尹喜三生有幸，今天見
到了聖人！」

老子細看眼前跪拜之人，四方臉、厚嘴
唇、濃眉毛。他鼻樑端正，神情威嚴但沒有
冷酷的感覺；相貌慈悲，卻沒有一絲一毫的
媚態。老子看罷，知道此人不是一般的市井
小人，說道：「我是一個貧賤的老翁，何堪
受這麼大的禮，慚愧的很，老夫不敢承當，
不知有何見教？」

老子出關圖

尹喜說道：「老丈，您是天下聞名的聖人！尹喜不才，懇請先生宿留幾
日，給學生指點修行之迷途。」

老子聽罷，謙卑地說道：「我一個普通的老翁，何德何能，擔此重任呢！
關令大人的請求，讓老夫羞愧得很。」

尹喜再三懇求道：「學生從小喜好天文地理，也略為知道其中的奧秘。數
日前學生夜觀天象，看到紫氣三萬里滾滾而來，知道必定會有聖人經過此關；
紫氣浩蕩，奔騰如巨龍，所經過之聖人，非同一般的聖人，必定至聖至尊；三
萬里紫氣，有白雲在其首環繞，所來的聖人，必定皓首白髮；青牛星在紫氣前
端閃爍，所來的聖人，必定以青牛為乘。這個聖人，不是您又是誰呢？」

老子聽了尹喜的這番話，不由微微點頭：「可教也！」尹喜聽聞，大喜過

望，將老子引到館舍，請老子上坐，點燃香燭，對老子行弟子之禮。然後懇求道：「您是當世的大聖人，不能將自己的智慧竊為己有。請您以天下人為念，切莫隱居，背負不仁之名。果真如此，那些尋求大道的人，去哪裡結拜名師呢？請您將聖智紀錄下來寫成一本書，以便造福後人。」

老聃聽了尹喜這番話入情入理，答應了他的請求。他在函谷關小住了幾日。就這樣，流傳千古的名篇《道德經》誕生了。

老子在周朝是管理圖書的官吏，他主張無為，在《道德經》中也這樣說過「言者不如知者默」。那麼，他為什麼還要做出撰寫《道德經》這樣一個「有為」的舉動呢？這一直以來是一個難以圓說的難題。

一部不過五千字的《道德經》，涵蓋了太多的妙義，至今人們也無法將其解透。研究老子和他的《道德經》，成了世界性的公共課題。

老子乘坐青牛，在正史中並沒有記載，顯然是被神化了的行為。

有人疑問，老子出關為什麼不騎更為神駿的馬呢？道教專家的解釋是：牛的品行溫和、柔順服從，具有堅忍不拔和忍辱負重的特點。道家創始人老子，堅持「君子以厚德載物」的思想，而牛的形象，正和這種思想相契合。

也有人疑問，老子為什麼乘青牛，而不乘黃牛或者黑牛、白牛呢？在古代占星家看來，除了地球之外，還有水、木、金、火、土五星，五星分別象徵五個方位、五個仙帝。其中，木星是東方青帝所派出的使者。所以，青牛的「青」，象徵東方之意思，意寓老子來自東方，所以老子被後世稱為「東方聖人」。

尹喜，也叫關尹，為春秋時期天水人，字公度，道書中稱作關令尹喜，善天文秘緯，在周康王時為大夫，官至東宮賓友。為早期道家代表人物之一。關尹在道教中地位崇高，常配祀於老子側。

無為致禍
不會鳴叫的鵝

道士蓄留鬢髮，一是做為從道的標誌，二是為了順應自然規律，三是為了表示盡孝之意，鬍鬚鬢髮父母所授，不得輕易毀壞。四是為了養生保健，人蓄頭髮，必須要經常梳理，經常梳理頭髮有助於大腦血液循環。大腦為人身之主，大腦健康，人亦少病，因此，道士常蓄鬢髮。

莊子和學生們在樗樹下休息了一會兒後，一行人繼續往前走，天黑時來到縣城，在莊子的一個朋友家住宿。老朋友見到莊子，很高興，熱情款待，吩咐童僕備酒殺鵝。童僕問道：「我們家有兩隻鵝，一隻鵝會叫，一隻鵝不會叫，請問主人，殺哪隻呢？」

「將那隻不會叫的鵝殺掉吧！」主人吩咐童僕說。

第二天一早，莊子眾人告別了朋友啟程趕路。半路上，弟子滿腹疑惑地向莊了問道：「山裡的大樹，因為不成材而得以保全（詳見故事〈自然無為——山腳下的樗樹之喻〉）；而那隻不會鳴叫的鵝，卻因為不成材而被殺死。請問先生，到底是有用好，還是無用好呢？」

莊子笑著說道：「所謂有用和無用，都不是絕對的、一成不變的。無論我傾向於有用，還是無用，還是處於兩者之間以中庸的態度，都免除不了厄運和禍殃。如果順其自然，遵循道德行事，那麼我就可以逍遙自在了：既不會遭到毀滅侮辱，也不必承擔美譽和讚揚；我順應時節的變化，有時候做為飛龍馳騁高天，有時候做為爬蛇逶迤地下，順應時勢的變化，以適應自然為法則。我不會固執和固守，有時候上，有時候下。我們要逍遙自由，不能被外物所役使，

又怎麼能招致禍殃呢？這是神農和黃帝等神仙的處世之道。」

這時候，他們來到一個小溪邊，莊子口渴了，讓弟子用瓦罐盛水喝。弟子裝滿了一瓦罐水，遞給莊子，莊子喝了幾口，指著地下的水漬接著說道：「你看剛才的瓦罐，盛水過多，一路走來一路灑水。天地萬物，都和瓦罐裡的水一樣，成功了也就面臨著失敗，強大了也就面臨損毀；過於鋒利的刀刃容易缺損，地位到了最高的尊貴，只有下降的危險了；太直了容易彎曲，聚合之後就是離散；指揮過多容易受到人們嫉妒，但是過於愚鈍會令人看不起。所以，我們不可偏於哪一方做為生存的依仗。只有身處道德之鄉，才能免除這些損毀，快樂逍遙。」

弟子們聽了莊子的話，疑惑不解：「先生所說的道德之鄉，我們只可能神

莊周

遊其中；在當今兵荒馬亂的亂世，一個普通人，怎麼才能安穩生息呢？」

莊子道：「你們看，鷦鶹等鳥類的起居飲食，可以幫你們到達道德之鄉。」

弟子說：「先生，您剛才的話是不是這樣的意思：人如果像鳥類一樣，居無定所居無常居、隨遇而安；像鳥類一樣起居飲食，不擇粗細，不分肥瘦，吃飽即可滿足；像鳥兒一樣自在逍遙不留痕跡，無為一世呢？」

莊子微笑著點點頭：「你們終於明白了道德之鄉的含意了。」

莊子在「無用」的基礎上，又闡述了「順其自然」的哲學思想，成為後來道教重要的教義來源。這則故事也表現了莊子與世無爭、逍遙自在的處世態度。莊子認為，一切事物都是相對的，充滿變化的，不能固執和固守。

莊子所言的「道」和「德」，繼承了老子《道德經》裡面的思想精粹。所謂「道」，指的是世間萬物運動發展的基本規律；而「德」則指處世待物的基本方法。「道德」一詞，屬於古代哲學的範疇。莊子認為，一個人只要掌握了萬事萬物的基本規律，掌握了處世的基本方法，就會安然無恙，保全於世。

莊子是老子哲學思想的繼承者和發展者，是先秦莊子學派的創始人。他的學說涵蓋著當時社會生活的方方面面，但根本精神還是歸依於老子的哲學。後世將他與老子並稱為「老莊」，他們的哲學為「老莊哲學」。

莊子（約公元前369年─前286年），名周，字子休。宋國蒙（今河南商丘東北）人。曾任蒙漆園吏，《史記‧老子韓非列傳》謂與梁惠王、齊宣王同時。楚威王聞其賢，使厚幣迎之，許以為相，不就，終身不仕。

桐柏眞人
直言獲罪的東周太子

「三元五臘」：道教的三元節日是正月十五上元天官節，七月十五中元地官節，十月十五下元水官節。五臘節日是正月初一天臘，五月初五地臘，七月初七道德臘，十月初一民歲臘，十二月初八王侯臘。

東周時期，周靈王有個兒子名叫晋，字子喬，被立為太子，人稱太子晋。

太子晋相貌俊美，聞名天下。他擅長吹笙，聲音清悅優美，宛若鳳凰的鳴叫聲。

除了相貌英俊、擅長吹笙外，太子晋還是一個才華橫溢、思維敏捷、品德高尚、個性敦厚的人。他十五歲時，以太子身分參與國事，輔佐朝政，深受父王周靈王的賞識，各國諸侯也對太子晋推崇有加。

這一天，晋平公派遣晋國賢臣、盲智者師曠前來覲見太子晋。師曠問道：「聽聞太子才高賢德，懇請給老臣解難，何為君子之德？」

太子晋沉吟片刻，說道：「就拿舜來說，他的仁德符合天道，心懷天下，處處為他人著想。治下的每個人，都能受到他仁政的關愛，這就是君子的聖德；再比如大禹，有治水之偉業，而不居功自傲，一切以天下為本，取捨行為，都合乎正道，這也是君子之聖德；再比如說文王，從大的方面來講，他是仁義之人，從小的方面來講，他是恩惠之人。天下三分之二都在他的掌握之中，依然無比謙恭；那麼多的人民擁戴他，寧願被暴君商紂囚禁，也不願意大動干戈，這就叫仁，也是君子的聖德；最後拿武王而言，殺滅商紂暴君，滅掉一人，天下人得利，擺脫暴政的奴役，老百姓從此各得其所，安居樂業，這就

是義，也是君子的聖德。」

師曠聽聞太子晉一番高論之後，稱善不已。

這一年周國境內洪水氾濫，危及王宮。周靈王情急之下，下令軍民用土堵塞通往京師的河道。太子晉直言進諫：「萬萬不可！自古以來聖賢就有遺訓：不墮高山（不損毀高山，主要是不試圖將高山夷為成平地），不填湖澤（不要填平湖泊湖海，連同上一句，不移山填海），不洩水源（保護好水流的源頭）。世間萬物，都有其自然規律，我們不可以隨意更改。洪水沿著河道流淌，也是其自然規律的體現。最好的方法是和諧治水，將河道疏通，讓洪水順利通暢地排下去。如果用圍堵河道的方法，只會使得洪水氾濫，殃及更多百姓。」

太子晉直言不諱地說：「圍堵河道的方法，是只為保護自己、不顧人民死活、自私自利的方法。治國就像治水，疏通社會矛盾，同樣不能採用堵塞的方法。」太子晉歷數了因為「擁堵治水」危害天下的鯀，回顧了周厲王、周宣王、周幽王和周平王的亡國歷史，指出「擁堵乃亡國之道」。

周靈王被太子晉的直諫觸怒了，將太子晉廢為庶人，太子晉從此鬱鬱寡歡。這一天，師曠又來覲見太子晉，說道：「我感覺你氣息紊亂，恐怕不會長壽。」太子晉擅長預卜生死，聽了師曠的話微微一笑：「三年之後，我將飛升入天。」

果然，三年後，太子晉去世了。

根據史書記載：太子晉去世不久，周靈王駕崩，太子晉的弟弟即位，是為周景王。太子晉的兒子名宗敬，在周國官至司徒。看到周王室日漸衰微，告老還鄉，遷居到太原。當時人們稱他們為王家（周王家族的意思），他們就以「王」做為他們的姓氏，是為太原王姓之祖，後人習慣上將太子晉稱為王子喬。

後世人們將王子喬當作正義的象徵。屈原、李白等大詩人，都在詩中予以

白鶴觀，位於嵩山峻極峰東面，為紀念王子晉而修建的

讚頌。道教也將王子喬納入神仙信仰，並將其神化，將其奉為「桐柏真人」，全稱「右弼王領五嶽司侍帝晨」。

　　神話傳說中的王子喬四處遊歷，遇到了天臺山道士浮丘生。道士將王子喬引到嵩山上，傳授其道術。王子喬修練了二十年，得道成仙，在緱氏山頂峰身跨白鶴，白日飛天。

　　中嶽廟是道教在嵩山地區最早修建的廟宇，是王子喬的升仙之處。在嵩山和緱氏山上，還建有紀念王子喬的神祠。

　　王子喬（約公元前565年—前549年），東周人。王氏的始祖。王子喬是黃帝的四十二代後人，本名姬晉，字子喬，周靈王的太子，人稱太子晉。

涂福
為始皇求仙的日本先民

符籙是道教的重要法術之一。符是寫在黃紙或者帛上面的類似於象形文字的符號或圖形；籙也是畫在黃紙或帛上面的線條圖案，稱之為天書秘文。道教認為，符籙是道教徒和天上諸神用來交流的文字，傳達天神的旨意，用它來召神劾鬼，降妖鎮魔，治病除災。

春秋戰國時期，山東黃縣（現在的山東省煙臺市龍口）有一個著名的方士，名叫徐福。

秦始皇統一六國後，這一年到山東泰山封禪，途經黃縣。當地政府官員知道秦始皇熱衷尋仙求神，追求長生不老，對秦始皇進言道：「臣等治下有名叫徐福的方士，擅長神仙方術，陛下可否召他一見？」

平定天下後的秦始皇，四處派人尋找長生不老的仙藥，沒有一個成功的。他聽了地方官員對徐福的介紹，決定和徐福見面，求仙問藥。

按照現在的話來講，徐福在當地屬於社會名流。他靠著一些醫藥和心理學知識，藉助一些故弄玄虛的所謂法術，博得了眾人的敬仰。徐福聽聞始皇帝要召見他，連夜尋思，打好了腹稿。第二天，徐福應詔來見秦始皇，說道：「海上有三座仙山，分別是蓬萊、方丈和瀛洲。山上的禽鳥全是白色的，宮闕全部用黃金珠玉裝飾。仙山上面有長生不老之藥，凡人一旦進食，即可白日飛升，萬古不朽。尋常之人無法接近三座神山，臣下擅長神仙術，可以飛臨神山，為陛下求取不老仙藥。」

秦始皇聽了徐福的一番話，即刻將徐福奉為上賓。尋求長生不老仙藥的夙願，全部寄託在他的身上了。回到咸陽後，他立刻下詔，讓徐福出海，尋找不

老仙藥。

　　徐福帶人乘船到海上尋找仙山求取仙藥。沒隔多久，他返回了咸陽，對秦始皇說道，這次到了仙山，神仙嫌禮物少，所以沒有賜給仙藥。求見神仙，務必恭敬虔誠，需乘坐龍舟，携帶金銀珠寶和童男童女，做為獻禮。秦始皇一概應允。

　　就這樣，徐福乘坐龍舟，帶著五百童男童女和無數金銀珠寶，第二次動身來到海上。幾年過去了，耗費了巨大財物的徐福空手返回。他害怕始皇降罪，編造謊言對始皇帝說：「臣等乘船到了大海上，遇見了巨大的海魚，守護仙山，阻擋了行程。還望陛下派遣善於捕魚的能人異士，捕殺大魚，清除阻礙。」

　　急於求成的秦始皇，携帶大型捕魚工具，親自率領弓箭手，和第三次入海的徐福同行，來到海上。在海上航行了幾天後，終於看見了一條鯊魚。弓箭手們將鯊魚射殺後，秦始皇返回，徐福坐著裝滿了金銀珠寶和三千對童男童女的龍舟，繼續前行到仙山上求取仙藥。

　　看著始皇帝坐船返回，徐福心裡七上八下。他知道，仙藥是肯定求不來的，可是，誇下了這麼大的海口，動員了這麼大的人力，花費了如此之巨的資財，怎麼向秦始皇交代呢？

　　滿心歡喜的秦始皇在返回咸陽途中，行經河北省沙丘的時候病逝。但是，秦始皇手下為了篡位，密不發喪，徐福對始皇病逝的消息一無所

秦始皇遣徐福入海求仙群雕

知。他害怕空手而歸遭到始皇責問，在海上一直向東航行，到了東瀛諸島，安居下來，從此再也沒有回到中原。

司馬遷的《史記》中記載了徐福出海求仙的事件：公元前219年，秦始皇為徐福準備了三年的糧食、衣服、耕具、藥品和幾千名童男童女，派遣徐福入海求仙，幾年後，徐福假稱海中巨魚阻攔。公元前210年，秦始皇和徐福一道帶領弓箭手到海上捕殺了一頭鯊魚。徐福硬著頭皮往前走，到了「平原廣澤」（可能是日本九州），一則當地氣候溫暖、民風淳樸；二則害怕無法回去交代，於是就在那裡定居下來。徐福在日本國自立為王，教當地人耕田種地、打獵捕魚。

有研究者認為，徐福出海求仙是個藉口。他不滿秦始皇的暴政，但又無能為力，所以以下海求仙為名，帶著大量的生活用品和金銀珠寶，避禍移民。

還有研究者認為，徐福出海，是為了開發海外疆土。按照秦始皇的看法，凡是日月照耀的地方，都是他的疆土。他派遣徐福出海，實際上是為了開拓海外疆域，實現「疆土四至（北至大夏，南至北戶，西至三危，東至扶木）」的理想。

後世航海專家推測，根據《史記》中的記載，徐福攜帶的五穀、補給物資，需要攜帶航船七十艘到八十艘之多，隨行人員在五千人到六千人之間。

研究界一直認為，徐福帶去的童男童女，是日本國最早的先民。在日本，徐福是被當作農業、養蠶和水利方面的神來供奉的。日本史學界部分專家認為，徐福就是日本的第一代天皇──神武天皇。

徐福是春秋戰國時期的齊國人，名市（注意這個字不是市場的「市」字），字君房，秦時著名方士。

東方朔飲酒割肉
機智過人的「朝廷隱士」

羅天大醮係道教醮壇中禮儀最為隆重、規模最為宏大、祭期最長的祭天法儀，主要目的是祈福保民、邦國安泰。羅天大醮祭期長達四十九天，所耗費的人力和財力是一般醮典十倍以上，需要由皇帝來主祭。

湖南洞庭湖中，有一個小島，稱作洞庭君山，和聞名天下的洞庭湖相對而望。

東方朔

西漢時期，漢武帝聽聞君山上有一個仙人洞府，洞府裡面放置著美酒數斗，飲之可以長生不老。漢武帝一心想長生不老，他齋戒七天，派人帶領童男童女，從都城長安（今陝西西安）來到湖南，在君山上果然找到了仙酒，帶回了皇宮。

酷愛飲酒的東方朔得知此事後，在漢武帝還未喝之前，將長生不老酒偷偷喝光了。漢武帝聞之大怒，下令部下將東方朔處斬。東方朔辯解道：「神仙怎麼可能將不老酒放到凡間呢？這只不過是那些巫師方術的傳言罷了。假如陛下一定要殺死微臣，就用我的性命對您的長生不老酒做個見證吧！如果靈驗，您必定殺不死我；如果不靈驗，我就會

倒地身亡。假如真的不靈驗，陛下因為那些沒有用處的假酒處死我，對您又有什麼好處呢？難道陛下想背負殘害忠臣的千古罪名嗎？」

漢武帝聽聞此言，感覺很有道理，赦免了東方朔。

盛夏裡的一天，暑熱難當。漢武帝賜肉給大臣們，大臣們齊聚宮內偏殿的一間小屋子，等待分肉的官員。很長時間過去了，屋子內酷熱難當，人們坐立不安，汗濕如洗。

東方朔走出門口，左右看看見仍舊沒有人來，他抓起肉案上的刀子說道：「這麼熱的天，肉很容易腐爛。我看還是自己動手分割吧！」說完自己割了一塊，帶走了。

第二天，漢武帝怪罪下來，說道：「你好大的膽子！昨天賜肉，你不等分肉官，擅自將肉割回家！你該當何罪！」

東方朔見狀，匍匐在漢武帝面前說道：「東方朔呀東方朔，接受賞賜卻不等詔書下來，你怎麼能這樣無禮呢？你擅自拔刀割肉，是那樣的勇敢；割了很小的一塊，是那樣禮讓廉儉；你著急帶給妻子和家人，又是多麼仁愛！天下之人，人人臣服於陛下，正因為陛下是千古明君。您忍心降罪給一個勇敢、禮讓和仁愛的臣子嗎？」

漢武帝聽了，哈哈大笑。不但沒有降罪給東方朔，反倒賜予了他美酒一石，肉一百斤。

漢武帝的親外甥昭平君飛揚跋扈，酒醉殺人。漢武帝為了嚴明律法，含淚將其處死。左右大臣看著漢武帝悲痛的神情，誰也不敢多言語。這時候，東方朔手捧一杯美酒，對漢武帝說道：「美酒一杯，祝我皇壽比南山。我聽說聖明清廉的國君治理國家，賞罰嚴明，賞不避仇，罰不避親，俗話說的好：不偏不黨，浩浩蕩蕩。這是古代先賢聖哲所推崇的。就是古代的三皇五帝，也難以做到，而今陛下卻做到了，天下萬民的幸事呀！」

聽了東方朔的一番話，漢武帝沉默不言。傍晚時候漢武帝單獨召見東方

朔，說道：「聖賢教育人們禮節，說話看準時機，才能不惹人討厭。今天你給我祝壽，沒看見我心情正不悅嗎？」

東方朔急忙磕頭請罪道：「人的情緒和健康都是有規律的，過分快樂和過分哀傷都會有損陰陽平衡，陰陽變化失衡會導致精神分散，誘發邪氣入侵。今天皇上因為殺死了昭平君而悶悶不樂，我給皇帝用美酒祝壽，美酒可以澆去哀愁，而且言明皇上處事公平，是為您消除哀愁，調節您體內的陰陽呢！」

漢武帝聞言，由悲轉喜，對東方朔大加讚許，賞給了他一百匹帛。

在漢朝，道教興起不久，東方朔就把道教做為自己的信仰，成為早期道教信徒中的一員。東方朔是一個虔誠的道教信徒，道教文化，滲入到他的思想精神領域，從他的行為和思想中鮮明的反映出來。東方朔對漢武帝關於「情緒和健康」的一番話，十分符合道教「陰陽平衡」的養生觀念。道教十分注重養生。「貴己重生」是道家的重要教義，意思是要重視個體生命，珍愛健康。

文化視野中的東方朔，是一個機智詼諧的人。他博覽群書，是當時最博學、最聰慧的人。同時，東方朔還是一個典型的大隱隱於市的智者，他曾經說過，先哲們隱逸都選擇深山，而我卻在朝廷中避世隱逸。道教興起後將東方朔其列為西王母的侍臣，成了道教信奉的神仙之一。

東方朔是歷史上確有的人物，生於公元前154年，卒於公元前93年，字曼倩。出生於平原厭次（今山東惠民），是西漢時期的文學家，漢武帝時期任太中大夫。

劉安
一人得道雞犬升天的豆腐鼻祖

道教塑像有一定的儀軌，《造像品》中規定了造像的先後次序，質料、尺寸、儀相、輔神、衣冠、華座、冠帔等，要求皆依經典規定。在塑像時，也要進行敬神儀禮。首先，要選擇吉日良辰，舉行開工儀式，向神位或木料供奉，焚香、誦經、禮拜。「開臉」後神像頭部要用紅布或紅紙蒙上。還要將經典、五穀、銅鏡、朱砂、沉香、雄黃、五色線、金銀珠寶、靈符或香灰等放入神像體內。塑像造好後，還要進行開光點眼儀式，舉行祭祀慶祝活動。

劉安是西漢漢武帝時期的諸侯之一，受封淮南國，史稱淮南王。

和當時王公貴族習氣不一樣的是，淮南王劉安喜歡讀書，愛好鼓瑟，不喜歡遊獵騎馬、弓箭刀槍。淮南王一心治國安邦，他求賢若渴，禮賢下士，手下聚集了很多人才。

除此之外，他還喜歡道術，醉心於長生不老丹藥的煉製。於是，很多方士、巫師、儒生和郎中前來投靠他。

有一次，淮南王令人在煉丹爐裡面裝入磨好的黃豆汁，然後放入鹽鹵製成的丹藥，要煉製長生湯。熄火後打開煉丹爐，發現湯沒製成，黃豆汁凝結成了雪白的膏體。淮南王讓雞狗試吃，得知無毒後親口品嚐，但覺得清爽滑膩，味道鮮美。照著原樣又製作了一遍，還是如此。聰明的淮南王知道這應該是一種美食的製作方法，於是讓人大量製作，成為淮南府的一種貴重食品。漸漸地，這種食品流入民間，工藝不斷改進。後人將這種食品稱之為「豆腐」，人們便將淮南王奉做「豆腐鼻祖」。

這一天，有八個人來到淮南府，求見淮南王。八個人形狀奇特，形容枯槁。守門人說道：「我家王爺招攬各地人才，請問你們有什麼法術呢？」

八人之中的一人對門衛道：「你看我的相貌，有什麼特點？」

門衛說：「彎腰駝背，臉色黃黑，身形枯瘦。」

那人聽罷微微一笑，一邊轉身一邊說道：「你再看！」言罷變成了一個相貌清秀的童子。門衛見狀，知道是高人降臨，如實稟報給了淮南王，淮南王聽聞急忙出來迎接，厚禮相待，稱他們為「八公」。淮南王謙恭地對八公說道：「懇請上仙傳授弟子成仙得道之術。」

八公對淮南王言道：「我們八個人，各有神通。有的精通劍術，武藝超群；有的能使樹木長青，讓人長生不老；有人能呼風喚雨，使日月倒轉；有的人能役使鬼神，使河流逆流；有的人能水火不侵，變化多端。我們知你有慧根，品德高尚，是特地來教授你的。」

淮南王聽聞此言，喜不自勝，從此跟著八公專心學道。

淮南王的一個門客，暗中做了很多壞事。他害怕有一天淮南王知道後治罪於他，終日惶恐不安。那時候，各個諸侯國和中央的矛盾很激烈，好多諸侯都蓄意謀反。門客惡人先告狀，跑到漢武帝那裡，狀告淮南王意圖謀反。漢武帝聽了門客的密報，遣兵捉拿淮南王。大兵未到，獨具神通的八公對淮南王說道：「你的門客告發了你，如不盡快逃走，難免一死。」說罷，命人取來寶鼎，熬製丹藥，讓全家三百多人服用，一同飛升；後剩下的藥渣倒在地上，被雞犬吃了後，也隨著家人一同飛天。

淮南王得道升天

從此，「一人得道，雞犬升天」的說法便流傳開了。

歷史上確有淮南王劉安此人，他發明了豆腐的製作方法，是中國豆腐的創始人，被譽為「豆腐鼻祖」。

劉安死後，被後來興起的道教納入神系，和杜沖、徐來勒一同被尊奉為「太極真人」。

傳說中的八公，其實是劉安召集的最具才能的八個門客。正史中記載，淮南王和其他諸侯一樣，也在暗中蓄積力量，意圖謀反。八門客中的兩個門客，因為意見分歧，對淮南王心生不滿，於是向漢武帝告密，揭發劉安意圖謀反的事。淮南王有一個庶出的兒子劉不害，從小不受劉安

古籍《淮南鴻烈》

的寵愛，對劉安心懷怨恨。劉不害的兒子劉建為給父親出氣，也跑到漢武帝那裡揭發劉安意圖謀反。在公元前122年，漢武帝認定劉安「陰結賓客，拊循百姓，為叛逆事」，派遣酷吏張湯調查劉安案件，劉安被迫自殺。

劉安（公元前179年—公元前122年），是漢高祖劉邦的孫子，西漢知名的思想家、文學家。主持編寫了《鴻烈》（後稱該書為《淮南鴻烈》或《淮南子》）一書，該書包羅萬象，既有史料價值，又有文學價值。劉安是世界上最早嘗試熱氣球升空的實踐者，他將雞蛋去汁，以艾燃燒取熱氣，使蛋殼浮升。

魏伯陽
丹藥試徒的「丹經之祖」

外丹就是道教初期的煉丹術，又稱「仙丹術」、「金丹術」、「燒煉法」、「黃白術」，也就是用一個鼎爐，按照一定比例放進鉛、汞等，按照一定方法煉製之後形成丹藥，服用後以求長生不老，得道升仙。道教著名人物孫思邈、張果老和魏伯陽等，都是著名的煉丹家。隨著社會的進步和人們對自然科學認識的提高，宋朝以後外丹煉製逐漸式微。

魏伯陽是東漢時期一個豪門官宦人家的子弟，他個性散漫，無意於仕途，偏偏喜愛神仙方術。他四方遊歷，尋遍名山大川，拜會高人，學習道術，逐漸有了神通，尤其擅長煉丹術。他有三個最得意的徒弟，跟隨在他的身邊。

魏伯陽帶著三個徒弟，在深山鑄鼎建壇，冶煉神丹，日夜不休息。這天晚上，徒弟們都睡著了，魏伯陽一個人守護丹爐。忽然間丹爐四周金光環繞，香氣四散，幻化成龍形虎威之勢。魏伯陽見罷，大喜過望：神丹煉成了！於是，他焚香跪拜，將丹藥納入囊中。魏伯陽心想，這得之不易的丹藥，要是被沒有緣分和心不虔誠的人吃了飛升入天，豈不枉費了我多年的心血？歷來得道成仙之人，無不經歷諸多磨難和多重考驗。我的三個徒兒雖然一片忠心，但在緊要關頭，他們的品格到底怎樣呢？

魏伯陽覺得不能輕易將丹藥給徒弟們服用，他要驗證徒弟們的心到底誠不誠。

第二天，他將徒弟們叫到身邊，說道：「丹藥煉成了，先讓狗吃一顆，驗證一下吧！」說完將丹藥放入狗口中，狗吞食下去，不一會兒四肢酸軟，倒在

地上，渾身抽搐，死去了。徒弟們見罷，紛紛搖頭。魏伯陽說道：「這丹藥煉的不好，恐怕不合神明的意願，要是吃了，恐怕像這條狗一樣活不成呀，這該怎麼辦呢？我還是親口服用一顆，看看到底怎麼回事吧！」

說完，魏伯陽將一顆丹藥放入口中，不一會兒佯裝死去了。徒弟們見狀，十分難過。其中一個徒弟說道：「師父教誨我們多年，為了煉製丹藥耗費了無數心血，現在為試服丹藥而死。現在我也吃一顆，做一回實驗品吧！假如飛升了，不枉師父的一片心血；假如死去了，也能陪伴師父，盡到做徒弟的孝心。」說罷，他拿起一顆丹藥吃了下去，不一會兒也死去了。

另外兩個徒弟見狀，再也不敢吃金丹了。他們走下山去，尋找附近的木匠給死去的師徒二人打製棺木，準備厚葬。等他們下山後，魏伯陽睜開了眼睛，

煉丹圖

從地上站了起來，運用法術將死去的徒弟和狗復活過來，讓他們吃掉煉成的金丹，兩人連同狗全部飛升成仙。

下山尋棺材的兩個徒弟，找到棺材再次來到山上的時候，卻發現師徒二人和死去的狗都不見了。他們四處尋找，了無蹤跡，只好滿懷疑惑地下山去了。當天晚上，他們借宿在山下客棧，一個樵夫前來造訪，對他們說道：「一個自稱姓魏的道士讓我給二位帶個口信，感謝你們不辭辛苦為他尋找棺材，謝謝你們一片孝心。」兩名徒弟聽聞此言，才知道是怎麼回事，後悔不迭。

「長生成仙」是煉丹術存在的內在基礎。而注重養生、信奉神仙的道教，更是將煉丹術做為修養修練的一個重要手段，希望藉助服食丹藥，長生不老，得道升天。

魏伯陽所著的《周易參同契》，簡稱《參同契》，共有上、中、下三卷，是中國歷史上最早的一部煉丹著作。該書闡述的思想和實踐理論，對道教的煉丹術產生了重大影響，被歷代煉丹家奉為至寶，也是道教早期煉丹術的奠基之作。因此，魏伯陽被稱為世界留有著作最早的煉丹家，被尊稱為「丹經之祖」、「萬古丹經之王」。

據考證，中國的煉丹技術始於春秋戰國時期。到了漢朝，在帝王貴族和豪強名流的推動下，煉丹術有了更加雄厚的社會基礎，獲得了長足發展。從技術和實踐上，煉丹術為近代化學的發展，累積了很多經驗，成為近代化學的「先驅」。

魏伯陽（公元100年—公元170年），出生在一個世襲的官貴之家。魏伯陽又名雲牙子，會稽上虞人，是東漢時期著名的煉丹家，也被認為是古代著名的化學家。

張道陵
降蛇伏虎的道教始祖

五斗米道是早期道教的一個重要派別，由東漢時張道陵創立。要求入道的人要交五斗米，病人請醫生診治也要出五斗米，以符水為醫療手段。儀式主要有靜室思過；請禱儀式，即在紙上寫病人姓名，表示服罪的意思；祭神儀式，偶像是太上老君及九卅土地之神。主要教義思想是「道」為「一」，「一散形為氣，聚形為太上老君」，就是「道」的化身，五斗米道的尊神，到元朝演變為「正一道。

西漢名臣張良輔佐劉邦坐上龍庭寶座後，被分封沛國。此後，張良子孫世代居住於此。

將近兩百年過去了。東漢建武年間，張良的後世子孫已經繁衍到了第七代。這一天晚上，張府的張夫人夢見北斗七星的第七顆星星，從天空疾馳墜下，落到地上變成了一個人，身高一丈有餘，手裡面托著一顆如雞蛋大小的藥丸，藥丸香氣四射，充盈滿室。張夫人接住藥丸吃了下去。醒來之後，聞見屋子裡面香氣四溢，持續了一個多月方才散去。同時也感到肚子裡面灼熱，從此就懷孕了。

張夫人懷孕不久，張府決定到吳地的天目山小住一段時間。到了天目山後，很快十個月過去了。正月十五這一天半夜，張夫人的臥室忽然無燈自明，亮如白晝。絢爛的黃雲將居室覆蓋，飄渺的霧氣充滿了庭院。懷孕之前的那種香氣，再次飄散過來。當天夜裡，張夫人生下了一個男孩兒，取名「張道陵」。

　　張道陵七歲的時候，就顯現出了非凡的聰明才智，他將老子所著的《道德經》通讀了十餘遍，就窺透了裡面的精妙涵義。而當時的名流宿儒，窮其一生也參不透裡面的涵義。張道陵博覽群書，天文地理、五行八卦都十分精通。到了十二歲的時候，他奇異的形貌完全顯現出來：身高九尺二寸，額頭寬廣，眉毛粗黑，紅色的脖子，雙眼碧綠；鼻頭豐隆，下頜飽滿方正；腦後的玉枕穴高高蜂起，鬍鬚飄逸；雙臂修長下垂過膝，走路的姿態猶如龍行虎躍，儀態威嚴，令人心生敬畏。

　　因為張道陵博學多才，好多人都拜到他門下學習，人數越來越多，竟然達到了千餘人。天目山以南三十里，西北八十里，都設有講課的地方；臨安和餘杭的寺廟道觀，更是經常有他講學的身影。

　　朝廷聽聞他的高才美名，多次徵召他入朝做官，都被他婉言拒絕了，因為他志在修道，無意於仕途。他對前來徵召的使者說道：「請代我謝過天子。只有清淨寡慾，無為而治，天下自然太平興盛，又何必多啟用我這樣的臣子呢？人生短暫，飛電流光，稍縱即逝。即便高官厚祿，又能怎樣呢？還不如潛心修道，追求不老長生。」

　　從此以後，張道陵專心修練道家方術，欲求長生不老。他四處遊歷，見四川蜀地山嶺秀美，川溪浩蕩，於是隱居在深山秘修。

　　有一個叫王長的人，也一心向道，拜在張道陵門下，和張道陵訪名山，尋道友，拜名師，不辭辛苦。幾年過去了，張道陵具備了大神通。這一天他和王長途經一個道觀。閒談中道友對張道陵說：「西城有一個白虎出沒，久而成神。喜歡喝人血，當地人每年必須殺死一個人祭祀白虎，否則會招惹禍殃。」張道陵聽罷，顯出了悲憫的神色。他詢問了每年祭祀白虎神的日期，沉默不語。

　　張道陵在道觀一直住到祭拜的日期。他來到西城，果然看見鄉親們捆綁著一個人，敲鑼打鼓押往白虎神廟。張道陵走向前去詢問緣由，眾人解釋說：「每年殺死一人祭拜白虎神。要是哪一年缺了，白虎神就會發怒，興風作雨，

毀壞莊稼，殃及六畜。我們都很害怕，每年重金購買一個人殺掉，讓白虎神喝血。這種做法已經成為習慣了，官府也不禁止。」

張道陵說道：「你把這個人放回去，把我捆住獻給白虎神如何？」

鄉民說道：「這個人家貧，沒有依靠，情願捨身。他得了我們五十錢，埋葬了父親，嫁出了妹妹，已經花光了。他今天送死，也是分內的事情，你又何必白白送死呢？」

張道陵說道：「我不相信吃人的事情，我情願擔當此事。白虎吃了我，是我自作自受，和你們無關！」

眾人見張道陵如此堅決，將張道陵帶到白虎神廟。張道陵在廟內坐定，專等白虎神前來。

張道陵天師聖像

　　半夜時分，張道陵聽聞廟外一陣罡風，白虎神乘風而至，要吞食張道陵。張道陵口中、耳中和鼻中放出紅光，將白虎神罩住。白虎神大驚，詢問張道陵何許人也。張道陵言道：「我奉上天之命，管轄五嶽三山的神仙。你是何方孽畜，敢在此戕害生靈！你罪孽深重，難逃一死！」

　　白虎神意欲反抗，但見四周全是紅光護體的張道陵，刺得他雙目難睜，只好跪地哀求，許下重誓，再也不殘害鄉民。張道陵於是放走了白虎神。第二天，人們見張道陵安然無恙，大為驚奇，對其奉若神明。

　　後來，又有人告知在梓州，有一條大蛇盤踞山中。鳴叫起來山野震動，經常噴吐毒霧，行經此地的人們被毒霧侵襲，紛紛死亡。張道陵趕到梓州，降服了大蛇。

　　從此以後，張道陵更是盛名遠播。

　　張道陵初創道教的時候，在蜀漢境內設立二十四個教區，做為傳道機構。因為凡是最初入道者，必須繳納五斗米做為「會費」，所以又稱為「五斗米道」。

　　「天師」是張道陵的自稱，這一語詞最早來自於《莊子・徐無鬼》中「黃帝再拜稽首稱天師而退」，是一個表示尊敬的詞。所以五斗米道又稱為「天師道」。他們奉老子為道教教祖，《道德經》為最高經典。

張道陵（公元34年—公元156年），本名張陵，字輔漢，東漢時期沛國豐邑（今江蘇豐縣）人。按照道書上記載：為漢留侯子房八世孫。建武十年正月十五夜，生於天目山。他是道教創始人，也是道教的第一代天師，有「降魔護道天尊」，「高明大帝」、「正一真人」、「祖天師」等名號。

因緣際會
張天師喜得龍虎神丹

道教的極樂世界為東方長樂世界。道教重生，東方於五行屬木，配四時為春，主生，故道教的極樂世界在東方。

東漢時期，煉丹耗資甚巨。張道陵和王長四處遊歷，居無定所，沒有經濟來源。想要煉製丹藥，必須想辦法籌集資金。

數年前，他們在蜀地修道的時候，曾經學得符水治病的本領。知道蜀地民風淳樸，於是前往鶴鳴山中，修建了一個茅屋，自稱為「張真人」，開始用符水治病，渡化眾人。

開張第一天，張道陵草屋前聚攏了很多鄉民。張道陵用毛筆蘸取朱砂，在黃紙上畫些歪歪曲曲的東西，然後燒成灰燼，放進盛水的碗中，自稱能治百病。人們不信，圍觀了一會兒，紛紛散去了。

一連數日，沒有一個人來治病。幾天過去了，村裡一個身患頑疾多年的人，抱著試試看的心理，喝了一碗符水，沒想到頑疾痊癒了。這件事很快傳開了，人們這才信服，來看病的人也越來越多了。還有不少人拜張道陵為師，跟他學習符水治病的方法。

於是，張道陵在草屋前挖下一個大水池並訂下規矩：凡是前來治病的人，都要說出自己以前做過的壞事，一件也不許隱瞞。張道陵給他們書寫懺悔的文章，然後投入水池中，讓病人對著神明發誓今後一心向善，不再作惡。如果違背盟約，必遭死難之災。發誓完畢後，才允許病人喝下符水；等到病情痊癒後，他們支付五斗米，做為酬謝。

一開始張天師和王長兩人行醫治病。隨著拜在門下的徒弟越來越多，張道

陵挑選技藝精湛的門徒，行走到全國各地，造福百姓，同時籌集煉丹的費用。他們用此法來籌集錢糧，按照實際收入上報給神明，不敢有一絲一毫自私之心。幾年後，他們籌集到了足夠的錢財，開始四處採購藥物，為煉丹做準備。

幾年後，張天師和王長師徒來到了江西雲錦山，開始煉製丹藥。這一天，師徒二人在山中行走，迎面走來一個繡衣童子問道：「天色已經很晚了，兩位在此深山行走，要去哪裡呢？」張天師觀此童子，知道非同常人，說道：「我們尋訪高人，以求升仙之術。」童子言道：「世上之人修練道術，不得其法，捕風捉影。只有得到黃帝九鼎丹法的人，才能修練神丹，得道飛仙。」

師徒二人拜求方法，童子言道：「左有青龍右白虎，正居當中是天府。」言罷，倏忽不見。張天師反覆沉吟童子的兩句話，不得其解。

這一天，師徒二人登臨雲錦山頂峰。但覺龍風虎威氣勢逼人，張天師豁然開朗：左有青龍右白虎，不正指的是雲錦山嗎？天府，一定是神仙居住之處了。師徒二人合力尋找，在峰頂找到一處洞穴，洞中曲折蜿蜒，或明或暗。洞府的盡頭，是一道石門。師徒二人不敢造次，在石門外靜坐七天，石門大開，洞中石桌上，放著文書一卷，名為《皇帝九鼎太清丹經》，師徒二人再三跪拜，拿著書走了出去。

之後他們認真研讀經書。書中記載，首先要煉製龍虎神丹，具有大神通後，再煉製九鼎神丹，吞服九鼎神丹後，可白日升天。師徒二人按照書上記載的方法煉製龍虎神丹。一年後，爐鼎發出絢爛的紅光，將他們居住的洞穴充滿。第二年，爐鼎邊上出現了青龍、白虎，日夜守護丹爐。洞府裡夜間也亮如白晝，不用點燃燭火，從此以後，張天師將雲錦山改名為龍虎山。

三年後，龍虎神丹煉成了。張天師服用後，容貌瞬間變得年輕，六十多歲的人，看起來像三十多歲的樣子。

從此，張天師更是神通廣大，學會了分身之術。有時候，張天師乘著小舟在河中來往，而相同的時間內，人們卻發現他在洞府內朗誦經文。如果有道友來訪，閒談、飲酒、下棋同時進行，各不耽誤。人們一開始認為張天師故弄玄

虛，後來對張天師的神通深信不疑。

　　天師是五斗米道創立者張陵的名號，也是後代張陵衣鉢傳人的通稱。張陵創立道教後，自稱太上老君敕封他為天師，也因其自稱天師，後人稱其為張天師。所以他創立的道教，也被稱作「天師道」。

　　張陵在四川創立道教，以「治」為單位。治，也就是教區的意思，中央教區被稱為「陽平治」。所以，「陽平治都功印」和「三五斬邪雌雄劍」，被列為權威法器。天師是道教的最高領導者，規定「紹吾之位，非吾家宗親子孫不傳」。

　　第四代天師名叫張盛，由陝西漢中遷徙到江西龍虎山，世代相傳，他們尊奉張陵為第一代天師。

　　龍虎山原名雲錦山，在江西境內，道教四大名山之一。其餘三山分別為四川的鶴鳴山、湖北武當山和安徽齊雲山。

天師鎮宅圖

茅盈（公元前145年─？），西漢咸陽（今屬陝西）人，字叔申。隱於句曲山（今稱茅山，在江蘇西南部）。修練服氣、避穀術，並以醫術救治世人。後其弟茅固、茅衷從其修道，時人稱大、中、小茅君。後世稱茅氏三兄弟為「三茅真君」。

五百青龍駕素車
太上老君賜寶張天師

煉師是道教稱謂之一，起初多指修習上清法者，後泛稱修練丹法達到很高深境界的道士。

張天師服用了龍虎神丹之後，神通倍增；之後又煉成了九鼎神丹，不敢服用，對王長說道：「有修為的人，要多做對社會有益的事情，興利除害。這樣飛升入天，也就沒什麼遺憾了。如果只為一己之私利，不為天下生靈著想，也就違背了大道弘揚正義、濟世為民的宗旨。我看到蜀中毒蛇、厲鬼甚多，但人們卻並不知曉，不知不覺中遭受牠們的侵害，我心裡很是憐憫。」

張天師決定繼續修練神通，多做有益的事，為天下大道盡己所能，驅除蜀中鬼魔，讓百姓過上平安的生活。

於是，張天師離開龍虎山，趕往鶴鳴山清修。在順帝漢安元年（公元142年）正月十五日夜間，朗月當空，松濤陣陣，張天師修練辛苦，正在酣睡。

這時候，太上老君駕著飛雲綠軒，來到鶴鳴山，見張天師正在夢中，對隨從的眾仙說道：「道陵修行艱苦，我被他的志向感動了。今天特意下凡，傳授給他修練的秘訣和飛升長生的方法。現在他正休息，你們切勿驚醒他，讓他自然醒來，再做道理。」

話說張天師在夢中看見一個金甲天神，手拿金光寶幢，對張天師說道：「聖駕天降，只等你夢醒，莫讓聖駕久等了。」張天師受驚而醒，以為是外邪侵擾。良久，他聽聞仙樂隱隱傳來，鑾佩發出金聲玉質的叮噹之響；隨後花香四溢，但見絢爛的紫雲覆蓋了天空。張天師極目而望，紫雲上面有一乘素車，五百青龍駕馭，威勢凌人。二十四個天神，青袖、紅衣、金甲，手持大戟，站

立兩旁；隨後有兩名玉女，彩色衣服，鮮花製成的披肩，秀髮飄飄，每人拿著一幢，上面寫有金文「伏魔之幢」；再往後是兩名童子，次列二童，青衣垂髮，各自高舉靈幡，有青龍、白虎紋繡，金字寫著「召仙之旛」；再往後兩個人，金甲朱袖，各持旌旗，尚屬「三氣十絕旌」。素車左邊站著一人，手捧雌雄二神劍，名為「三五斬邪雌雄二神劍」，劍身上有星斗日月的圖案；素車右邊站著一人，身穿霞衣服，頭戴金冠，手捧玉印，是為「陽平治都功印」。其餘侍衛隨從不計其數。

太上老君

宿車上端坐一人，九色輕霞籠罩著他的全身，遠遠看去，是一種透澈澄明的景象。那人儀態尊貴，面容就像冰玉般素潔。他手裡拿著五明寶扇，脖子上帶著八景圓光，身高六丈有餘，光彩四射，逼人雙目，不能正視。

車前的侍從說道：「你不必害怕，這是太上老君。」

張天師聽聞，即刻拜服在地，俯首凝神，不敢仰視。老君說道：「而今蜀中妖魔惡鬼作亂紛紛，尤以豐都為最。人鬼混亂，不分晝夜，殘害眾生。你若能降妖除魔，讓其改邪歸正，人鬼各守其白晝黑夜，也算是造福生民，功德無量了。我已經在天庭仙國，將你的名字紀錄下了，所以委你重任。」

張天師叩頭稱謝，說道：「道陵天資魯鈍，受此重任，誠惶誠恐。必定謹慎奉行，不敢懈怠。」

太上老君於是將在天界負責值班的功曹召來。不一會兒，西方有五色絢爛彩霞蕩漾而來，兩名功曹騎跨龍虎，身長數丈，黑衣烏甲，佩戴長劍，一百二十人烏衣黑甲，手持長戟隨從其後。來到老君面前，兩功曹將《正一盟威秘錄》獻給太上老君，老君將秘錄送給張天師，又贈給兩把雌雄神劍，一枚都功印。

張天師接受寶物後，日夜修練，神通更是大增，達到了變化自由、隱遁隨意的境界。於是決定和魔鬼大戰。

太上老君賜寶給張天師的鶴鳴山，位於四川劍閣縣古城東邊。據傳，老子的後人李催隱居於此，以白鶴為伴，山下鄉民常常聽到白鶴鳴叫，故名鶴鳴山，道教史書記載，鶴鳴山也是張道陵的修練成仙之地。

鶴鳴山上古建築物很多，是中國道教四大名山之一。

歷代文人都喜歡到鶴鳴山登山覽勝，題詩嵌碑，刻石造像。鶴鳴山上有唐朝遺留下來的三個古蹟，被譽為「唐朝三絕」：一絕是李商隱撰寫的《劍州重陽亭銘》碑。二絕是名為《大唐中興頌》的摩崖石刻；三絕是摩崖道教造像。

摩崖道教造像，位於重陽亭右側石崖上，是世界美術史的重點介紹對象，也是中國保存最為完好、規模最大的道教摩崖造像。

除了劍閣的鶴鳴山外，在四川成都西部的大邑縣城北十二公里處，也有一座鶴鳴山，隸屬於岷山山脈。大邑縣的鶴鳴山，是劍南四大名山之一。根據史書記載，張道陵曾經在此傳道，創立五斗米道。所以，大邑縣的鶴鳴山，被公認為中國道教的發源地，也是世界道教教徒心中的勝地，具有「道國仙都」、「道教祖庭」之稱。

馬明生，道教人物之一，東漢時齊國臨淄（今屬山東）人。一作馬鳴生，本姓和，字君賢。少時為縣吏，捕賊受傷，遇太真王夫人，用仙藥治癒，乃棄職隨夫人執役。後受授太清金液神丹，服之後與其徒陰長生俱得仙而去。

降伏鬼魔
張天師威震青城山

師祖、宗師，道教稱謂之一。師祖是對各道派創始人的尊稱；而各派傳道的首領被尊稱為宗師。

當時在四川益州，有八名鬼帥，統領億萬鬼兵，橫行人間，殘害鄉民。八名鬼帥的名稱各異，在東方稱為魔王，西方稱為外道；北方稱為鬼王，南方稱為鬼帥；在中央稱為神鬼。八部鬼帥齊聚青城山，有鬼城鬼市。他們混雜在人間散佈病毒瘟疫。

張天師趕往青城山，要誅殺諸鬼。他在山上設立了一座琉璃法壇，左邊供奉元始天尊，右邊放置了三十六部真經，擺放著十絕靈台，法席（講解道經的坐席）周匝環繞法壇；龍虎神兵散佈四方。張天師令人燃起香燭，敲起鐘磬，高聲誦唸《道德經》。

張天師畫像

215

　　八部鬼帥令諸鬼手持刀弓來殺張天師，張天師用手一指，凌空出現了一朵大蓮花，擋住了眾鬼的劈砍射擊。數千名厲鬼手拿火炬湧上山來，張天師揮揮袍袖，火把反向厲鬼們燒去，不能前行。厲鬼對張天師說道：「你自有修道居住的場所，為什麼偏偏過來爭奪此地？你盡快下山，否則必定將你殺死！」

　　張天師說道：「你們殘害眾生，虐殺無辜，天神震怒。我奉太上老君之命，前來征討。你等如若知罪，速速遷往西方不毛之地，不要再作惡人間，可保你等平安無事；否則即刻誅殺，片甲不留。」

　　鬼帥聽聞此言，即刻聚攏厲鬼妖魔數千萬，渾身甲冑，攜帶兵器，將青城山團團圍住。弟子王長見狀，大為驚怖：「我們該怎樣對付他們呢？」

　　張天師說道：「這些小鬼微不足道，何以為懼！」令王長取來朱筆，張天師持筆畫符，圍山的厲鬼全部被道符鎮住殺死。八大鬼帥被道符困到八卦內，跪伏在地，用手擊打自己的臉頰，哀求饒恕性命。張天師思忖片刻，用朱筆又畫了一個道符，眾厲鬼全都復活了，對鬼帥言道：「你等即刻遠避，如若再危害人間，全部誅殺，一個不留。」

　　鬼帥言道：「天下子民原本屬於我統領管轄，你為什麼要全部奪去呢？我們一分為二，如何？」

　　張天師不應允。鬼帥糾集六大虎王，統領鬼兵百萬將青城山圍住。張天師朱筆凌空一劈，青城山一分為二，上達雲霄，下徹黃泉，眾鬼無法進退，大聲哀求。張天師將他們放逐到西方婆羅國。

　　八部鬼帥和六個虎王，面對凌霄天塹，無法越過，張天師令王長背著一個大青石，化做天橋，鬼帥得以來到張天師面前，恭恭敬敬，垂首肅立。從此以後，張天師威震青城山。遊歷的野鬼魔王一旦聽聞張天師大名，無不膽顫心驚。

　　張天師在青城山和眾魔鬼鬥法，數度給魔鬼改過自新的機會，這表明了道教所奉行的「寬容」理念。

　　寬容，是道教所崇尚的理念之一。五斗米道所信奉的道教教祖老子，就是一個崇尚寬容精神的人。老子認為，容（也就是寬容）是符合「道」的；「道」裡面包含著「容」的品格。

　　青城山是四川省都江堰市西南部的一座名山，全山林木蔥鬱，四季常青，形狀就像一個環繞的城郭，故名青城山，因其景色清幽，素有「青城天下幽」之美譽。青城之幽和劍門之險、峨嵋之秀、夔門之雄齊名。

　　青城山被譽為「道教名山」，是中國道教的發祥地之一，被道教列為「第五洞天」。全山建有數十座道觀，至今保存完好。

　　陰長生，道教仙人。傳說為新野人，於平都山白日飛升成仙。他先後在青城山、武當山學道，作黃金萬數，周遊天下，施濟貧窮之人。據傳在世一百七十年，著有《丹經》九篇。

許遜
智審三豬的道教天師

道教避穀是比較常見的養生術之一，方法很多。常採取的有避五穀法、避鹽油法、避食法、避水法等，皆稱為「避穀」。

許遜年少時，聰慧好學，文武兼修。他熟讀四書五經，又擅長騎馬射箭，舞刀弄槍。

這一天，許遜騎馬到野外打獵，射死了一頭小鹿。奔跑在前的母鹿突然停了下來，不顧危險走到小鹿身邊，神情悲哀，眼眶濕潤，溫柔地舔著小鹿身上的血跡，不住地哀鳴。許遜見狀，心中悲痛。當即毀掉弓箭，發誓不再殺生。

當時長安城裡，有一個姓吳的道士，修為很深，不吃五穀雜糧，具有長生不老之術。許遜不辭勞苦，步行幾千里前去拜師。他在吳道士門下修行了幾年後，道術圓滿。於是雲遊天下，遍訪天下名師高人，學得了道家武術、醫術，並且行醫看病，救濟貧苦百姓，受到百姓們的敬仰。

因為許遜在民間有很高的威望，朝廷舉賢，被晉武帝任命為西川長陽（也就是現在的四川德陽）縣縣令。

許真君射殺幼鹿，母鹿斷腸

　　德陽束山，有個人名叫王老二，為人忠厚老實，是個大孝子。這一天母親生病了，沒錢買藥。王老二帶著剛買回家沒幾天的小豬仔趕到市集，想賣掉豬仔給母親治病。

　　王老二到豬市後，在一個西壩人旁邊佔了一個攤點，等待買家光顧，西壩人的豬籠子裡面有兩隻小豬，他能言善道，吸引了好多人圍著觀看。王老二嘴笨，不會招徠顧客，沒人光顧他。這時候有人查看西壩人的豬仔，豬仔受驚嗷嗷亂叫，王老二的豬也跟著受驚似的叫起來。王老二打開籠子撫摸小豬，一則這豬是王老二新買的，還沒馴服；二則籠子裡面的小豬最怕人摸了。王老二的手剛挨到豬身上，小豬受驚猛竄，一下子跳進西壩人的豬籠子裡，圍觀的人都站著和西壩人討價還價，誰也沒看見。王老二下意識地將手伸進西壩人的豬籠子，要找自己那隻豬，恰巧被西壩人低頭看見了王老二，一下子按住了他的手，高聲叫喊要抓偷豬賊。王老二嚇懵了，結結巴巴說自己的豬籠翻了。圍觀的人不明真相，不由分說將王老二圍住，就要毆打。

　　這時候，許遜正巧從豬市經過，問明白了情況之後，心想，籠子裡面的三隻小豬大小一樣，根本無法辨認。西壩人說三隻豬都是自己的，王老二企圖偷豬；王老二說自己的豬翻了籠子，跑到西壩人的豬籠子了。這案子，可真不好斷呀！許遜一時拿不定主意，差人將王老二、西壩人連同三隻小豬一同帶到縣衙。

　　到了公堂之上，許遜若有所悟。他令人將三隻豬仔用繩子綁住，指著豬仔說道：「誰是你家主人，趕快相認。如有冒認，定打不饒。」三隻豬仔哪裡認得自己的主人，在大堂上團團亂轉。許遜命差役敲打豬仔，將三隻豬仔打得屎尿齊流。

　　許遜走下堂來，查驗片刻，手指西壩人道：「你為何誣賴王老二？」

　　說罷，命人將西壩人一頓棒打，將豬仔歸還給了王老二。

　　原來，許遜修練道術有大神通，一邊審理案子，一邊分身到王老二家和西

塥人家查驗豬食，然後根據豬屎推斷豬食，判定了案子。

此案傳開後，許遜在民間的名聲更加響亮。

許遜二十歲的時候，被舉薦為孝廉，朝廷多次徵召，多次推辭。到後來實在推辭不掉了，才就任旌陽（後改名德陽）縣令，時年四十二歲。

許遜在旌陽輕徭薄賦，減輕刑罰，倡導仁孝，去除貪弊。在他的治下，旌陽民風淳樸，政治清明。當時瘟疫四起，許遜用自己學到的醫術給人們治病，被人們視如父母。人們做民謠讚頌許遜：人無盜竊，吏無奸欺，我君活人，病無能為。意思是民間無盜賊，當官的處事清明；「我君」治病救人。鄰近縣的人們紛紛到旌陽落戶，旌陽人口大增，人們親切地稱他為「許旌陽」。

太熙元年（公元290年），許遜料定晉朝將有大戰亂，國事不可為也。於是辭官回鄉，送行的人綿延數里，遮蔽了田野。人們為他建造生祠、畫神像，終年祭祀。也有人不遠千里，尾隨他來到西山，和許遜相聚而居，都姓許，後人稱這裡為「許家營」。

後來許遜在南昌南郊梅仙祠隱居修道，創辦道院，名為太極觀，創立淨明道派，將「淨明忠孝」做為該教派的宗旨。東晉朝廷為了表彰許遜，將旌陽縣改名德陽縣。

許遜（公元239年—公元374年），字敬之，豫章南昌人，東晉道士，淨明道派的創始人，又稱許真人。許遜被稱作許天師，和張道陵張天師、薩守堅薩天師、葛玄葛天師，一併成為道教的四大天師。

左慈
人人皆欲殺之的三國名士

羽客是道教稱謂之一，亦稱「羽士」、「羽人」。以鳥羽比喻仙人可飛升上天，引申為神仙方士，進而專指道士。後世道士多取以自號。

左慈精通占星術，能從星象變化中預測未來。他預言漢朝國運衰落，氣數將盡，不久之後天下必定大亂。心想，亂世之中，金錢和富貴都沒有保障，倒不如修練道術，以求長生不老。

從此以後，左慈開始學道，幾年後具有了大神通，能驅使鬼神，分身變化。

左慈的名聲漸漸傳到了曹操耳朵中，曹操將左慈召來，大擺筵宴，厚禮相待。席間，曹操無意間表示想吃松江鱸魚，左慈說道：「松江鱸魚近在眼前。」

「此言怎講？」曹操疑惑地問道。

左慈請左右端來一銅盆清水，拿來一支釣竿，從盆中釣上來一條鱸魚，曹操見左慈如此神通，大喜過望。

曹操本性多疑，而且嫉妒心很強。和左慈相處久了，總覺得左慈神通太大，對他不利，一心要將左慈殺死。他將左慈關押在一個密閉的石屋裡面，派重兵看守，不給他飲食。三五天過去了，派人打開屋子，看到左慈形貌如舊；又過了半個月，還是如此。就這樣一年過去了，左慈還是原來的模樣。

一年不吃不喝竟然不死，曹操認定左慈是旁門左道之人，是妖人，更起了殺心。左慈對曹操的心思十分明瞭，對曹操說要回老家去。曹操假意挽留，左

慈歸意已決，曹操設宴為左慈餞行。期間左慈要求和曹操喝分杯酒。所謂分杯酒，也就是一杯酒兩人各喝一半，表示分別之意。

左慈手拿酒杯，用髮簪在酒杯外面輕輕一畫，一杯酒分成左右兩半，中間相隔數寸空間。喝完酒後將酒杯高空一拋，酒杯在房樑下面上下無所依靠，懸空不動，呈傾斜狀，猶如凌空側身的飛鳥。與此同時，左慈不見了。命人尋找，才知道左慈回到住處去了。

曹操知道這是左慈在故意炫耀法術，心中更加氣惱，命人擒拿左慈，投入大

道教的法器

牢。獄吏奉曹操之命要拷問左慈，卻發現屋裡屋外兩個左慈，無法分辨真假。曹操命人將左慈押赴刑場處死，左慈從刑場隱遁而去。

曹操大怒，命人緊閉城門，全城搜捕，尋找一隻眼瞎，身穿青色葛布衣，頭戴葛布巾的左慈。士兵們走到街上，卻發現全城的人都變成了「一隻眼瞎，身穿青色葛布衣，頭戴葛布巾」的形象。

要殺左慈的不僅僅是曹操，荊州刺史劉表聽聞左慈來到了轄地，認為左慈是個惑亂人心的妖道，下令抓住左慈處死。

這一天，密探告知左慈的行蹤，劉表帶領大軍，來抓左慈。左慈來到劉表

前面，說道：「我有禮物想要犒勞大軍。」劉表見左慈孤身一人，不以為然。只見左慈手拿一塊乾肉，一斗酒，請士兵們排隊到他面前領取酒肉，每個士兵一塊肉，三杯酒。分派完畢後，左慈手中的酒肉還是原來那麼多，而劉表的一萬多名大軍卻吃飽喝足了。劉表這才知道左慈神通非凡，進而打消了殺害左慈的念頭。

吳國君主孫策也想殺掉左慈。這一天，孫策手拿鋼刀，在左慈的必經之地等候，看到左慈走了過來，孫策尾隨上去。左慈手拿竹杖，腳穿木鞋，行動緩慢，但孫策卻總趕不上去。孫策知道左慈有真神通，再也不敢心生殺機了。

後來左慈到霍山（安徽省霍山縣）修練九轉神丹，丹成之後升仙而去。

左慈是魏晉時期道教丹鼎派的創始人。丹鼎派又稱為「金丹道教」，該教教徒以修練金丹求仙為主，早期以外丹為主，後來盛行修練內丹，大大推動了中國化學和氣功事業的發展。

《後漢書·左慈傳》和東晉干寶的《搜神記》，都記載了左慈的事蹟。根據清朝的《廬江縣志》等書記載在廬江，有不少關於左慈的古蹟，比如左慈的釣魚臺、左慈井、擲懷橋、升仙橋、白羊崗、羊山頭、玉虛觀等遺跡，但是保存到現在的只有一小部分了。

左慈（公元156年—公元289年），字元放，是東漢末年著名道士，廬江（今安徽廬江西南）人。左慈從小在天柱山居住，習煉丹藥，是道教四大天師之一葛玄的師父。

葛洪
發現「亞洲人參」的道教煉丹家

玉曆：與死籍相對而言，指紀錄生人名字。玉者，字也；曆者，記也。道經說：「元始結自然之精，於成八角垂芒之文。玄洞虛空，光照四方，二儀分判日月星宿，於是列明，眾聖所珍，號為玉曆。」記天地劫運，推曆度數，真人書記其事，撰集成經，故稱之為玉曆。

東晉升平年間（公元357──公元361年），葛洪帶領弟子仁山、樂水，來到江西三清山。三清山奇峰聳立，妙相森羅；古松遍野，形態各異；飛瀑流泉，聲色千姿。玉京、玉虛、玉華三峰巍峨挺拔，彷彿道教至尊三清「玉清、上清、太清」列坐此地，神光寶氣，縈繞不絕。

清・胡慥扇面畫──葛洪移居圖

224

　　葛洪看罷，讚嘆不已，稱這裡是無雙福地，江南第一仙峰。在三清山山巔，有一個凹下去的盆地，葛洪和弟子們在這裡結廬而居，開始修道煉丹。

　　葛洪和弟子們找來煉丹用的八種原料，分別是丹砂、雄黃、雌黃、雲母、硫磺、空青、戎鹽、硝石。這八種原料被古代煉丹家稱為「八瓊」。這些被現在稱為「化學品」的物質，在丹爐裡面烈焰焚燒，發出濃郁的有害氣體。兩個弟子修行尚淺，終日在煉丹爐邊守候，被毒火攻心，出現了牙痛口臭、全身紅疹和大便秘結的症狀。

　　葛洪見徒弟如此，心中憐惜。儘管他醫術高明，用盡各種方法，但徒弟的症狀仍未好轉。

　　這一天晚上，葛洪夢中出現了一個金甲天神，對葛洪言道：「三清使者告之：山中有蛟龍，龍涎治百病。得之不可獨享，謹記造福萬民。」

　　那時候葛洪還不具大神通，聽聞天神之言，俯首言道：「何處有蛟龍，但請明示。葛某一介凡夫，如何降伏蛟龍，得到龍涎呢？」

　　天神言道：「有緣者自得知！」

　　葛洪再拜：「醫人救命，耽擱不得。這三清山地域廣闊，我如何尋找蛟龍，但請神明點撥一二。」

　　「下山南行五、六十里，自有蛟龍出沒！」天神且言且遠，最後消失在雲霄之中了。

　　第二天，葛洪讓弟子安心靜養，自己帶著乾糧下山，按照昨夜天神指引的方向南行，傍晚時分，他來到一個溫潤潮濕的山坳，山坳一側是百丈懸崖，從懸崖上垂下了一條大腿粗細的長藤，長藤上細枝纏繞，虯曲交錯，菱盾形的綠葉，繁茂興盛。夕陽餘輝照射其上，巨藤神威凜凜。

　　這時候，一陣山風颳來，巨藤隨風而動，妖嬌盤旋，猶如青龍出海。葛洪茅塞頓開：天神所說的蛟龍，不就是這樣的青藤嗎？那麼龍涎也就是青藤的汁液了！

　　他興奮地往前走，但見山坳裡面，漫山遍野都是青藤。青藤互相纏繞，綠葉覆其上；藤擠藤，葉挨葉，遠遠望去，就像一片碧海。山風吹過，碧浪翻騰。

　　葛洪截取了幾段青藤，用石頭砸開，液汁流出。葛洪品嚐，感覺清爽中帶著甘甜。他將截下來的青藤在山間小溪清洗乾淨，不顧辛苦勞累，連夜趕回。他將青藤的液汁擠了出來，讓徒弟喝下。連服幾日後，徒弟的病果然痊癒了。

　　青藤汁液能消毒治病的消息，從此傳開了。人們發現，青藤除了藥用外，還能充飢。後人歸結青藤的藥理：清熱解毒，袪燥消疹，可以治療咽喉腫痛和大便乾結，是一種營養和藥用兼得的綠色之寶，歐洲人稱其為「亞洲人參」。

　　因為葛洪首先發現了青藤的藥用價值，後人將這種青藤稱之為「葛」，發現葛藤的地方，也被稱為「大葛村」和「小葛村」，當地高山被稱為「葛公山」，山上建起了「葛仙廟」以示紀念。

　　葛洪出身於江南士族家庭，十三歲的時候父親去世，家道中落。葛洪砍柴賣錢，換取紙筆，勤奮學習。

　　葛洪對早期道教發展做出了很大貢獻。他繼承了早期道教的神仙理論，並且加以改造。所著的《抱樸子》分為內篇和外篇。《抱樸子內篇》記述了煉製丹藥的化學知識，總結了魏晉以前的神仙方術，比如氣功修練、房中術等。

　　江西省境內的三清山是道教名山，緣起於葛洪在山上結廬修練。唐朝將道教奉為國教後，三清山香火日漸旺盛，到了明朝，三清山的道教活動達到了鼎盛，山上建起了很多精美的道教建築物。

> 葛洪是東晉道教著名煉丹家，字稚川，號抱樸子，丹陽句容（今江蘇句窖）人，生於晉武帝太康四年（283年）。他曾受封為關內侯，後隱居羅浮山煉丹。著有《抱樸子》、《肘後備急方》、《西京雜記》等書。相傳在晉哀帝興寧元年（363年）羽化成仙，世稱葛仙翁。

郭璞
料事如神的道教術數大師

道教各派的宮觀一般佈局如下：前面是山門、華表、幡杆。華表以外屬於俗界，華表以內屬仙界。山門之內正中是中庭，是宮觀的主要部分，庭內建有大殿，因規模不同，大殿數目不等。各殿堂供奉的神因地區不同和道派不同而有差異，一般以正殿供祀三清、四御等天神，兩側配殿供祀其他尊神。中庭兩側有東西道院，供奉一般神仙，並建有齋堂、寮房等。

東晉明帝時期，大將軍王敦擁兵自重，意圖謀反。王敦四處招賢納士，得知郭璞學問淵博，精通占卜，將其召到門下。

有密探將王敦意欲謀反的事情報告給了晉明帝，年僅十五歲的晉明帝召集群臣，商議對策。有精通預測的太史官對晉明帝說道：「陛下切勿擔心，王敦無緣得天下。」於是晉明帝單騎一人，悄悄進入王敦鎮守的蘇城。就在晉明帝入城的同一時間，王敦正在和郭璞一邊吃飯，一邊商議對策。王敦三番詢問，郭璞遲遲沒有應答。王敦疑惑不解，說道：「你怎麼不說話呢？」過了良久，郭璞說：「臣下剛才看到一個小孩兒騎馬進來了，日月星辰的精靈給他開路，山川湖海的神祇給他護衛。臣下見此，十分驚慌。一時沒有了主張，所以怠慢了將軍，將軍莫怪。」王敦派出手下到城門詢問，回來稟告一個小孩兒單人匹馬，從東城門進去，在街市玩耍了一會兒，又從東城門出去了。王敦知道那個人就是晉明帝，派人追趕，沒有尋見騎馬小孩兒的蹤跡。

郭璞從將軍府出來，遠遠看到一個身材粗壯、滿臉橫肉、虬髯捲曲的大漢迎面走來。郭璞迎上去，喊著那個人的名字打招呼，並且脫下衣袍交給他。那

人十分奇怪：「我們互不認識，你是怎麼知道我名字的？你交給我這些衣服是什麼意思呢？」郭璞說道：「你只管收下，過一段時間，你會明白怎麼回事的。」

這一天王敦又向郭璞請教：「我昨晚夢見自己在石頭城外的江水中，用犁在江水中，做耕地狀。請問這是什麼意思呢？」郭璞言道：「石頭城，小城也；犁地，翻土也。你在石頭城外江水中犁地，此夢預兆是『翻（反）小成』。也就是說造反必定不成功。」王敦為了造反，花費了大量心血，聽聞郭璞這麼說，不由得勃然大怒，但強忍了下去：「你再給我占卜一下，我的壽命有多長。」郭璞言道：「按兵不動，必有大壽；如若起兵，壽命不長。」王敦怒火再也壓不住了，問道：「你的年壽呢？」

郭璞早知道王敦起了殺心，他鎮定自若：「我命不過午。」

王敦言道：「那我就成全了你吧！」說完命士兵將郭璞押到城南砍頭。

到了刑場，行刑的劊子手正是郭璞前幾天遇到的那個大漢。大漢看到了郭璞，也想起了數前天的那件事，認為郭璞是奇異之人，對郭璞十分客氣。郭璞對劊子手言道：「我有一事相求，行刑時請用我自帶的刀劍。」說罷，尾隨其後的僕人，將郭璞的寶劍遞了上去。劊子手依法而行。行刑後第三天，有人在城外看到了郭璞。此事傳到了王敦耳中，王敦命人發墓揭棺，看到郭璞棺材裡面空空如也。

原來，郭璞的刀劍是用法術煉過的，被這樣的刀劍殺死，還能復活。這種道術被後世稱為「兵解」。

郭璞是道教術數大師和遊仙詩的祖師。他是一個飽學之士，精通易理，擅長占卜、風水術和預測，對《周易》、《山海經》、《穆天子傳》、《方言》和《楚辭》等古籍進行過註釋。他還潛心研究和註解了《爾雅》，前後花去了十八年的時間。他在註釋中，用通俗易懂的預言，解釋了書上晦澀難懂的專業術語和古老的動植物名稱。他還創立了動物圖和植物圖的分類圖示法，為唐朝

以後大型本草著作競相沿用。郭璞對《爾雅》的註釋，成為歷代研究本草的重要參考書。

　　所謂遊仙詩，是道教詩詞的一種體式，以歌詠仙人漫遊之情為內容的詩。

郭璞井，相傳此井係東晉堪輿大師郭璞所建

郭璞（公元276年─公元324年），字景純，河東聞喜縣人（今山西省聞喜縣），是東晉著名學者。

陶弘景
茅山道派的創始者

上清派是魏晉時期的道派之一，因其專門傳播習練《上清經》而得名。創始人是東晉天師道士楊羲、許謐、許遜，以存神服氣為修行方法，輔以育經、修功德。尊崇元始天王和太上大道君為最高尊神，並且將南嶽夫人魏華存奉為教派始祖、第一代宗師。

江蘇省南京市附近，有一座綿延幾十里的茅山。茅山原稱「句曲山」，相傳在漢朝的時候，有茅氏三兄弟在此成仙（茅盈、茅固、茅衷），所以後世稱之為茅山。

南北朝南朝梁武帝蕭衍時期，從梁朝都城南京通往茅山的官道上，經常有朝廷使者手拿皇帝書信，風塵僕僕往來奔忙，一年總有數次。遇到重大事件，使者往來更加頻繁，往往是前人拿著詔書、敕令剛剛出發，緊隨其後的催促者又啟程了。

和梁武帝書信往來的，是隱居在茅山的道教上清派道士陶弘景。梁武帝蕭衍每當遇到軍國大事，都要派遣使者趕往茅山，徵求這個隱逸道士的意見。陶弘景身在方外，遠離塵囂，卻對梁朝政治瞭如指掌，他的一些建議，成了朝廷決策的重要依據。

陶弘景是江蘇丹陽人（今江蘇省丹陽市，隸屬鎮江市），出生於一個官宦世家。從漢朝到南朝時期的宋朝、齊朝，陶弘景的祖父和父親，都先後為官。陶弘景自幼聰明善學，四歲開始獨立讀書，九歲便熟讀《禮記》、《尚書》、《周易》，這些書深奧難懂，陶弘景卻能一一領會。十一歲時，陶弘景被某王子聘為博士官；二十三歲時，在南齊巴陵王手下做了侍郎；此後，陶弘景又

被時人譽為「山中宰相」的陶弘景

做過一些沒有實權的文官閒職。儘管他胸有大志、才學過人，卻很不得志。三十六歲那年，他辭官來到茅山，隱居修道，自號為「華陽居士」。

蕭衍登基之前，和陶弘景是好朋友。蕭衍奪得大權，意欲立國之際，為朝代的名稱而大傷腦筋，向陶弘景請教。陶弘景查閱古籍，和當時社會上流傳的民謠相結合，建議蕭衍國號是「水刃木處」，也就是「梁」字。蕭衍採納了他的建議，定國號為梁。

此後，蕭衍經常就國事徵詢陶弘景的意見，同時也向他請教一些長生不老的養生方法，求一些丹藥。梁武帝和陶弘景的書信與問候從不斷絕，使者的車馬首尾相望，往來頻繁。

梁武帝愛惜陶弘景的才華，多次聘請他出山做官，都被陶弘景婉拒。梁武

帝一而再、再而三地下詔懇請，最後陶弘景實在情非得已，畫了兩頭牛交給使者帶給梁武帝。畫上一頭牛在水草間散漫而臥，一頭牛被金籠子關著，有人手拿皮鞭驅使。梁武帝觀後，徹底明白了陶弘景的志向，於是不再勉強他。但逢軍國大事，梁武帝仍舊要派人向陶弘景請教諮詢。

陶弘景是茅山道派的創始人，同時還是著名的道教醫學家。他隱居的茅山，成了道教上清派的中心。陶弘景承襲上清派的傳承，創立了茅山派，茅山也因此成了著名的道教勝地。

陶弘景除了在道教領域的作為外，對醫學發展的貢獻也很大。他對《神農本草經》做了系統地校訂整理，並且進行了創造性的發揮，成就了中國藥物學的另一部重要文獻《本草經集注》。

在整理過程中，陶弘景認真細緻，作風嚴謹的治學態度，成為中醫古籍整理領域的鏡子和榜樣。

陶弘景（公元456年—公元536年），字通明，號華陽居士，南朝梁時丹徒秣陵（今江蘇江寧縣）人。中國南朝齊、梁時期的道教思想家、醫藥家、煉丹家、文學家，晚號華陽隱居，卒謐貞白先生。

孫思邈
一針救兩命的神醫

道教的五嶽和四大名山：五嶽指東嶽泰山、南嶽衡山、西嶽華山、北嶽恆山和中嶽嵩山。四大名山指四川青城山、湖北武當山、江西龍虎山和三清山。

隋唐時期，京兆華原（即今陝西省耀縣）有一個聞名天下的醫生叫孫思邈。他醫德高尚，無論天氣多麼惡劣，只要有人請他看病，從不推辭。對於窮苦人家，他減免醫藥費用，甚至免費看病取藥；對於遠道而來的求醫者，他騰出房子讓他們居住。孫思邈也因此受到了人們的敬重。

這一年，孫思邈行醫到了五臺山，他發現山區人們生活困苦，好多人患有眼疾，白天視力正常，晚上就什麼也看不見了。得這種病的人都是生活艱難的窮人。他們整天繁重勞作，卻忍飢挨餓，難以溫飽，更別說什麼營養補給了。他知道，動物肝臟對人們眼睛有補益作用，素有「肝開竅於目」的說法。他組織當地人民到山上打獵，讓患有眼疾的人吃動物肝臟。一段時間後，這些人的眼疾紛紛痊癒。

因為這些眼疾患者都是在夜間看不清東西，孫思邈將這種疾病稱為「夜盲症」。孫思邈也就成了夜盲症的發現者，也是第一個治療此種疾病的醫生。

後來，孫思邈到了京師，不斷有人來找他醫治足疾，一些患有足疾的人都是富貴人家，具體表現為身上發腫，全身無力，肌肉疼痛。孫思邈判定此種病症為腳氣病，心想，為什麼窮人患夜盲症，而富人卻得腳氣病呢？這應該和飲食有關係吧！

孫思邈比較了窮人和富人的飲食，窮人多吃五穀粗糧，富人多吃精細米

麵。富人的精細米麵中，將粗糧中的米糠麩子去掉了。孫思邈認為，富人之所以得腳氣病，是因為身體缺乏米糠麩子等物質。於是，他試著讓患者多吃粗糧，然後用杏仁、吳茱萸等藥材外用治療，治癒了好幾例富人的腳氣病。

這一天，孫思邈在醫館中為病人看病，聽聞大街上人聲鼎沸，抬頭一看，有人出殯。孫思邈看到有血滴從棺材中滴出來，走出去詢問圍觀的人，才知道棺材中是一個難產而死的孕婦。孫思邈攔住事主，說道：「請不要著急，人可能還沒有死，暫緩出殯。」送葬隊伍聽了孫思邈的話，停了下來。死者丈夫說道：「我妻子難產，在家裡已經停屍兩天了，早就沒有了氣息。」

孫思邈說道：「能否開棺讓我瞧瞧？」

在民間習俗中，死者半路開棺是很不吉利的，死者丈夫拒絕了孫思邈的請求。周圍的人議論紛紛：「都說他醫術高明，可是歷來醫生只能治病，卻不見治命的。人都死了兩天了，他還怎樣治嗎？」

孫思邈不顧那些風言風語，對死者的家屬說道：「棺材中有鮮血滴下，產婦可能暫時昏厥沒有死。母子兩條命，不比那些古舊的規矩重要嗎？」

孫思邈的一番話說服了這些人，他們打開棺材，孫思邈看到產婦臉色清白，沒有一絲氣息。他仔細號脈後，取出銀針朝著產婦的肚子上扎了下去，產婦呻吟了一聲緩過氣來。不一會兒，嬰兒自然生下，棺材裡面傳出了孩子落地的哭聲。

產婦家屬一起跪拜，圍觀的人瞠目結舌，好久才回過神來。孫思邈將產婦家屬攙扶起來說道：「醫者治病，天經地義。趕緊回去照顧母子吧！」

從此以後，孫思邈一針救兩命的事蹟風傳開來，孫思邈感天動地的善事，傳遍了大江南北。

有朋友問孫思邈：「為何你一針扎下，產婦活命，嬰兒降生？」

孫思邈開玩笑地說道：「那孩子不願意脫離娘胎，手抓著母親的心不放，把他母親疼暈過去了，母親無法將孩子生下來。我一針扎下去，扎在孩子的手上，孩子一疼，鬆了手，母親醒了，孩子也降生了！」朋友聽了，會心地哈哈

大笑。

　　曾經有一個病人無法小便，憋得難受，好多醫生都束手無策。孫思邈心想，要是用中藥醫治，藥力還未起到作用，人恐怕早被憋死了。他看見一個孩子手拿蔥管在院子裡玩，心想：要是把管子插進尿道，會不會將尿導流出來呢？想到這裡立即動手，他找到一根粗細適中的蔥管，在火上略加燒烤，削去一頭，小心翼翼地插進病人尿道中，然後對著蔥管一吹，尿順著蔥管流了出來。病人的肚子癟了下去，病神奇地好了。

　　孫思邈是唐朝年間的著名道士，被道教奉為「藥王」、「真人」、「藥聖」。供奉孫思邈的藥王廟，遍佈全國各地。每年的三月十六，舉行藥王廟會。

　　孫思邈醫德高尚，尊重生命，認為人的生命高於一切，千金難買。他存世的兩本醫學著做為《千金要方》和《千金翼方》，是中國古代醫學典籍中的瑰寶。

龍山藥王殿

　　孫思邈（公元541或581年—公元682年），出生於京兆華原，也就是現在的陝西省耀縣，為五代隋唐時期的著名醫學家。孫思邈自幼聰穎過人，七歲開始讀書，過目成誦。因其小時候身患疾病，為了治病，耗盡了家產，所以立志學醫，終成大器。

神針無敵
孫思邈醫治渭水河龍王

「相」是道家道術之一，一般包括「印相、名相、人相、家相、墓相（風水）」等五種，透過對人、家宅、陰宅、名稱等方面的觀察判定，來推斷吉凶禍福。

一天，孫思邈和徒弟們遊歷到了長安城，看到唐王李世民張貼出了皇榜，召請天下名醫為娘娘治病。

徒弟心想，我師父醫術聞名天下，如果能把娘娘的病治好了，豈不名聲更盛嗎？這樣，更有利於師父研究和傳播醫學，濟世救人。想到這裡，他一把將皇榜揭了下來。孫思邈見狀，嗔怪道：「醫生救人治病，原本不分高低貴賤。可是皇家娘娘的身分，和一般人大不一樣。你真讓師父為難呀！」

揭了皇榜，就得給娘娘看病。在侍衛帶領下，孫思邈來到內宮，見到了躺在病榻上昏迷不醒的娘娘。一番詢問後，孫思邈查看了娘娘的氣色，然後開始切脈。孫思邈伸出了手，猶豫了一下又縮了回來，暗自思忖：娘娘的玉體，可是我等可以觸摸的嗎？即便現在病重，皇帝不在意，可是君王喜怒無常，說不定娘娘病癒後，會加罪於身。孫思邈想罷，向身旁的女侍者要了一根頭髮，一頭搭在娘娘的脈搏上，一頭搭在自己的手指上，用頭髮傳感娘娘的脈搏跳動情況。

良久，孫思邈摸清了脈象，收起了頭髮，對唐王言道：「娘娘的病情，並無大礙。娘娘有孕在身，是胎兒揪住了娘娘的心肝。」說完，找準穴位，隔著衣衫一針下去，娘娘哎呀一聲醒了過來。不一會兒太子降生，娘娘的病也痊癒了。

藥王孫思邈

唐王萬分高興，要厚賞孫思邈。無論是給金銀財寶，還是給官爵祿位，孫思邈都加以推辭。唐王納悶不解，半開玩笑地說道：「先生屢加推辭，難道想稱王不成？」孫思邈聽聞此言，即刻跪拜在地：「多謝皇上封賞！」就這樣，孫思邈被御封為「藥王」。

唐王極力挽留孫思邈留住長安。孫思邈說：「臣下散淡慣了，四處走走，也能到各地看病，這樣更多的人能接受我的醫治。」唐王對藥王孫思邈心懷天下萬民的品德，大加讚許。一番盛宴後，親自將孫思邈送出皇宮。

孫思邈和徒弟離開長安，沿著渭水河西行。半路上遇到一個白面書生，懇請孫思邈為他治病。孫思邈放下包袱，詢問了情況之後，為他切脈。雙指搭卜書生脈搏，片刻之間，孫思邈大為驚異：「這脈並非人脈。先生可是神龍化身？但請說出實情，我好為你看病。」書生說道：「先生好眼力，好本領。我乃渭水河龍神，昨日帶著龍子龍孫遊戲玩耍，遇到一股臭水，防備不及，一口嗆下去，頓感咽喉癢痛，胃口噁心。我害怕驚擾先生，所以才化做人形，請先生莫怪。」

孫思邈讓龍神化出原形，只見風雲突起，一條真龍出現在孫思邈面前。孫思邈手拈銀針，朝著神龍咽喉扎去。神龍頓覺咽喉一陣清爽，胃口也不感到肥膩噁心了。他再次化成書生，對孫思邈千恩萬謝。

但銀針扎入的時候，他感到一陣刺痛，下意識龍尾一擺，將擺放在地上的

藥攤弄亂了，所有的藥都混雜在一起。孫思邈將所有的藥都裝在一個包裹裡，告別了神龍，繼續上路了。

徒弟們見師父一日之間，治好了地上的娘娘，天上的神龍，奉承道：「師父的本領，真乃天下第一，享盡了歷代醫者的榮耀。」孫思邈看出了徒弟們虛榮驕矜的心態，正色說道：「那些默默無聞、造福貧弱百姓的醫者，難道就沒有榮耀了嗎？做醫生者一定要謹記：醫術有高低，病人無貴賤。這是行醫者立足於世的根本。」徒弟們聽了，都慚愧地低下了頭。

後來，孫思邈背著這個裝著各種草藥的包裹，走遍天下，治好了無數人的病痛。後來，他將這個包袱傳給徒弟，要他們記住「治病救人、造福天下」的宗旨。這個包袱被徒弟們世代傳了下去，後人做了改進，將一個包裹上面縫製了好多小口袋，這樣既能裝百草，也不至於混淆了，人們給這樣的包裹取了一個有趣的名字——浪雜子。

孫思邈從小通讀老子、莊子的經典著作，三十八歲的時候在太白山隱居學道，研究養生長壽之術。周靜帝即位後，楊堅輔佐朝政，召孫思邈朝中做官，被孫思邈稱病拒絕。後來隱居終南山。

隋朝滅亡後，李世民即位，召孫思邈進京，授予爵位，孫思邈固辭不受，進入峨嵋山，修練「太一神精丹」。後來唐朝皇帝又多次賜給孫思邈官爵利祿，都被他拒絕。孫思邈去世後，留下遺書，要求薄葬，不要在墓穴放置隨葬品。

宋徽宗崇寧二年（公元1103年），孫思邈被追封為妙應真人。

雷思齊（公元1231年—公元1303年），宋末元初道士、道教學者，字齊賢，臨川（今屬江西）人。幼年出家，居烏石觀。性好學，博聞強記，「於書無所不讀」。宋亡以後，獨居空山中，長期著書立說，時稱「空山先生」。

司馬承禎
一語道破終南捷逕

黃冠是道教稱謂之一，早期道教徒的衣冠鞋帽大都以黃色為主，所以黃冠也就成了道士的別稱。

唐朝時期，有一個名望很高的道士司馬承禎，他是上清派的傳人，在天臺山玉霄峰結廬而居，隱逸修道。司馬承禎自號白雲子，寓意自己像白雲一樣飄逸、自在和高潔。

唐睿宗登基後，改變了武則天崇尚佛教的政策，開始尊崇道教，道教的地位大大增加。唐睿宗撥款給司馬承禎在天臺山修建道觀，多次派人到天臺山請司馬承禎入宮，言辭誠懇，態度虔誠。司馬承禎推託不過，只好隨使者來到京師。

唐睿宗厚禮相待，向他請教治國之道：「修身治國，是不是具有相同的道理呢？按照無為的方法修身養性，人品可以變得清高；可是如何運用無為的方法，來治理國家呢？」

司馬承禎說道：「治理國家，要堅持順應天道，順應民意；選賢任能，遠離貪吏。做到順應萬物，沒有

司馬承禎

私利，天下就能治理得好。這就是無為的原則。」唐睿宗聽罷，感到受益匪淺，讚不絕口。他極力挽留司馬承禎留居在京師，入朝做官，司馬承禎極力拒絕，懇請皇帝放他回去。唐睿宗見他如此堅決，只好准其所求。

這一天，長安郊外，百官雲集，高士齊聚，為司馬承禎送行。

盧藏用是唐睿宗時期的大官，也是司馬承禎的好朋友，也在送行的隊伍中。他瞅準機會，手指終南山，悄悄地對司馬承禎說道：「這山中有很多好地方，而且距京師又很近，為什麼非得回天臺山呢？」

司馬承禎說道：「那裡很不錯，的確是當官的捷徑呀！」

盧藏用聽聞此言，不由露出了慚愧的神色。

原來，盧藏用早年仕途不順，求官不成，跑到終南山隱居。終南山靠近京師長安，盧藏用在終南山隱居，被傳為「世外高人」。唐朝皇帝聽聞了他的名聲，厚禮請他出山，入朝做了大官。他不明白司馬承禎的志向，以為他回天臺山，是求官問爵「以退為進」的方法。

武則天當政的時候，聽聞司馬承禎的大名，多次派人到天臺山徵召他進京，都被他婉言拒絕了。

後來，人們將這個故事歸納為一句成語「終南捷徑」，比喻求官的最近的門路，也比喻達到目的的便捷途徑。

司馬承禎（公元647或655年——公元735年）唐朝道士、道教學者、書畫家。字子微，法號道隱，自號白雲子，河內溫縣（今屬河南）人。

司馬承禎擅長書寫篆書和隸書，獨創「金剪刀書」，自成一體。在養生方面，他擅長避穀、導引和服餌之術。

張衡（？－公元179年），道教第二代天師，字靈真，漢永壽二年（公元156年）勝任天師。

雷海青
琴砸安祿山的音樂之神

「道不言壽」：修道之士，忌諱人們詢問其年齡，這是因為「道不言壽」的緣故。因為道教的思想基礎是悅生惡死，而追求長生成仙，所以道不言壽也。

唐朝的時候，有一女子蘇氏，年方二八，待字閨中。這一天，蘇氏和同伴一同到小溪邊洗衣服，忽然看見星辰在天空中顯現。她很驚奇，詢問同伴。同伴笑到：「現在大白天，怎麼會有星星呢？」

這時候，蘇氏看見一顆星星從天空滑落，順著自己的鼻尖跌落下來，落到溪流的水面上。蘇氏驚異萬分，用手將星星從溪水中捧出來，在眼前仔細端詳。她剛要呼喊同伴們過來看，星星突然一躍，跳到蘇氏口中，落進了肚子裡。蘇氏又驚又怕，洗完衣服回到家中，對父母也不敢提及此事。

數天後，蘇氏懷孕了。十月懷胎生下了一個兒子。蘇氏父親看到女兒未婚先孕，感覺辱沒了家風，不顧女兒苦苦哀求，將孩子扔到了荒郊野外。一個鰥夫途經此地，將孩子抱養到家中，取名雷海青。

幾年過去了，蘇氏父親無意間從鰥夫家門口經過，五歲的雷海青正在門口玩耍，見到蘇氏父親走了過來，怯生生地喊了一聲「外公」。蘇父十分驚奇，仔細詢問，才知道孩子正是五年前的棄嬰，不由得老淚縱橫。心想，孩子都沒見過我一面，卻知道我是他的外公，這不是上天的點化嗎？他和鰥夫商量後，將孩子帶到家中。

蘇家家境殷實，孩子接回來後，倍加疼愛。蘇父見雷海青生性聰穎，喜愛音律，給他請了當地著名的樂師教授音樂。雷海青雖然聰明，但口舌拙笨，

十八歲的時候，還不能說出一句完整流利的話。

這一年，唐玄宗設置了教坊，招收樂工，雷海青相貌英俊，擅長音樂歌舞，被唐玄宗召入宮廷，做了一名宮廷樂師，後來當上了梨園班頭。一天晚上玄宗做夢聽聞仙樂，醒來之後說給眾人聽，誰也不識得夢中仙樂。這時候雷海青開口說話了：「啟稟陛下，您夢中的曲子，正是月宮仙樂《霓裳羽衣曲》。」說罷，手拿琵琶演奏了一番，正和玄宗夢中聽到的一樣。玄宗大喜過望，賜給雷海青三杯御酒，不勝酒量的雷海青當即醉倒。

後人有詩描述當年的情形：十八年後開口笑，醉倒金階玉女扶。

是年，安祿山起兵叛亂，攻入長安，將皇家樂師和唱戲歌舞的梨園弟子全抓了起來。這一天，安祿山犒賞三軍，在皇宮的凝碧池舉行盛大宴會，命令樂

霓裳羽衣曲

師和梨園弟子們給他歌舞助興。雷海青裝病不起，不願為叛軍效勞。安祿山久聞雷海青大名，派人將他抓來。

眾樂師心懷故國，痛恨叛軍燒殺搶掠的野蠻行為。他們想到家園離散，山河破碎，心懷悲痛，暗自垂淚。他們曲子不成調，舞姿不成樣。安祿山見狀大怒，高聲呼喝：「凡有流淚悲戚者，拖出去殺了！」

早就怒火滿腔的雷海青走了出來，高舉琵琶向安祿山砸去。因為距離太遠，琵琶擊打在安祿山前面的桌子上，琵琶碎裂，桌上杯盤落地。雷海青跪拜在地，高聲痛哭。安祿山怒不可遏，在試馬殿將雷海青肢解（一說凌遲處死），時年六十歲。

雷海青是唐朝玄宗年間著名的宮廷樂師，他琴砸安祿山的舉動，贏得了歷代人們的敬仰。後來的唐肅宗追封其為「太常寺卿」；宋朝年間，宋高宗封雷海青為「大元帥」。 後來道教將雷海青神化，納入道教神仙體系，被奉為「音樂之神」。相傳雷海青在明朝年間三次顯靈，在空中打著寫有「田都」二字的旗幟，後人尊稱其為「三田都元帥」、「田都元帥」，也成了民間普遍敬仰、神力非凡的大神。

雷海青被捕的同時，唐朝大詩人王維也被叛軍俘獲。安祿山敬仰王維的名聲，請王維為其做事，委任了他一個官職。王維口服毒藥致病，抱病在家拒絕上任。安祿山派人將他押到洛陽，軟禁在菩提寺中。得知雷海青被安祿山殺害後，王維悲憤無比，含淚賦詩一首：

萬戶傷心野生煙，百僚何日更朝天。秋槐葉落空宮裡，凝碧池頭奏管弦。

後人感於雷海青的忠烈，多有褒揚之詩。

雷海青尤其受到梨園弟子的尊崇，尊其為「田公元帥」、「田相公」、「田公師父」，被歷代藝人尊奉為「戲神」。農曆六月二十四日是田公祖師的生日。

葉法善
出入月宮的羅浮眞人

　　張三豐創立的武當派，是明清時期最大的道教教派之一。武當派崇拜「真武大帝」為主神，並且創立了聞名天下的武當功夫。武當派主張三教合一，並且注重內丹的修練方法。

　　葉法善是唐朝著名的道士，從唐高宗到唐玄宗數代帝王，都對他禮遇有加。

　　唐高宗仰慕葉法善的大名，言辭懇切地徵召他入京，許給他高官厚祿，葉法善堅決不受，屢次要求歸隱山野。在高宗的苦苦挽留下，葉法善才留在內道場（皇宮內部設立的道教場所，供道士們講經、修練和進行學術研究），高宗對他的待遇十分優厚。

　　唐高宗十分崇拜長生不老之術，下令全國各地徵召具有法術的神仙方士，到宮內大舉煉丹，以求煉出長生不老之藥。葉法善見一些巧言令色的奸詐之徒混進來，妖言迷惑高宗，騙取功名利祿；而且朝廷供養這部分人，加上煉丹的費用，是一筆很大的開支。葉法善進諫高宗說：「長生不老的丹藥是很難煉成的，這樣沒有目的地煉製，徒然耗費資財，偏離了君王治理天下的正道，還請皇上明辨真偽。」高宗採納了葉法善的建議，停止了煉丹活動，遣散了九十多名術士。

　　唐玄宗時期，葉法善已經年邁蒼蒼了。這年元宵節，他陪伴唐玄宗到上陽宮觀燈。上陽宮內的彩燈，佈置得精妙非凡，獨具匠心，有龍、鳳、螭、豹等造型，簡直不像是凡間能有的東西。唐玄宗看罷十分高興，對身邊的葉法善言道：「天上的彩燈，也不過如此呀！」葉法善說：「燈景的營造，固然天下無

雙。但是西涼府的彩燈，和這裡相比也毫不遜色。」唐玄宗聽聞，心下詫異：「法師何以得知？」葉法善言道：「臣下剛剛到西涼府走了一圈，觀瞻了一下那裡的彩燈。」西涼府距長安城，數千里之遙，唐玄宗大不以為然，以為葉法善在故弄玄虛。葉法善微微一笑：「我現在就和陛下前去涼州一遊如何？」說完，他叮囑唐玄宗閉上眼睛，不要隨意睜開。然後帶著唐玄宗騰空而起，不一會兒唐玄宗感到腳落到了地面，葉法善讓他睜開眼睛。唐玄宗一看，這裡的燈火，比起長安的燈火來，又是一番情趣。

　　觀瞻良久，唐玄宗提議到一家酒樓飲酒休息，兩人都沒有帶銀錢，唐玄宗將自己隨身帶著的鎏金如意換了酒喝。第二天，唐玄宗派出使者到涼州去，一方面贖回自己的如意，另一方面驗證是否真的到過涼州。十幾天後，使者覆命，從涼州帶回了如意，唐玄宗這才深信不疑。

　　這一年的八月十五，葉法善攜唐玄宗一起到月宮遊玩，兩人在月宮漫步，

唐明皇遊月宮

聽到了一首好聽的曲子，詢問月宮的仙人，告知這是《紫雲曲》。一向精通音樂的玄宗，將音律記了下來。回來按照音律寫出了曲譜，取名《霓裳羽衣曲》。

葉法善攜唐玄宗從月宮回來的時候，經過滁州城上空。夜光下的滁州城內一片寧靜，所有的人都在沉睡中。唐玄宗意興大發，拿起隨身攜帶的玉笛子，吹奏了一曲《霓裳羽衣曲》。

第二天，唐玄宗不知道昨夜月宮的遊歷，是真有其事還是夢中所見。數天後，滁州使者來報：中秋節那天，滁州城上空仙樂飄飄，此乃我皇英明，天降祥瑞。唐玄宗這才知道，葉法善真的是法力無邊。從此以後對其更加信服、敬重。

葉法善出身於道教世家，上數五代，全都是道士，都具有法力神通。他廣行濟世之道，無論在民間還是在帝王貴族階層，都有很高的威望。

葉法善（公元616年—公元720年），唐朝道士，字道元，一字太素，人稱「葉天師」、「括蒼羅浮真人」。祖籍是南陽葉縣（今屬河南），東漢末年遷居處州括蒼（今浙江麗水）。

陳摶老祖
大覺三十六、小覺十八春的道教睡仙

透過修練飛升成仙是道家追求的理想，道教所說的仙包括真人和仙人。崇奉的真人、仙人多而龐雜，有的來自上古神話人物，有的是道教人物的仙化，還有的是其他歷史人物或民間傳說人物的仙化。

古往今來，無論凡人還是神仙，只要有所成就者，就會惜時如金。而在道教的著名人物中，卻有一個人愛睡、能睡，一睡數天甚至幾個月，正所謂「夢裡乾坤大，睡中日月長」，這個人就是道家著名的「睡仙」陳摶老祖。

陳摶出生於亳州真源（今安徽亳縣），一生下來就不會說話，被鄉親們稱為「啞孩兒」。五歲時的一天，他到村外小河邊玩耍嬉戲，一個身穿青色衣服的女子走了過來，告訴陳摶她叫「毛女」。說罷將陳摶抱了起來，騰空而起來到山中，在一個茅屋前面落下。毛女走進茅屋，拿出來一本書和一小瓶水，讓陳摶喝下，陳摶喝下之後，感覺清爽甘甜，心竅頓開。毛女給陳摶唸了一首詩：

藥苗不滿筐，又更上危巔。

回首歸去路，相將入翠烟。

然後將書放進陳摶懷裡，又抱起他來到小溪邊，將他放下後轉身不見了。

陳摶回到家中，對父母唸起了毛女教他的那首詩。陳父陳母見孩子一開口說話就出口成章，十分驚訝，連忙詢問詩是誰教的，陳摶據實告訴了父母，並且拿出那本書來讓父母看，父母請來村裡的秀才一看，原來是本《周易》。

從此陳摶無師自通，自己研讀起了《周易》，手不釋卷。幾年後，陳摶將《周易》研讀精熟，通曉了八卦大意，從此有了出世修練的志向。十八歲那

年，陳摶父母雙亡。他將家財拋散給窮人，隱居山中。

這天陳摶在夢裡又和毛女見面了，毛女教授給陳摶練形歸氣、練氣歸神、練神返虛的修行秘法，陳摶一一記下。從此更是勤學苦練不敢荒廢。隨著修行的日益高深，陳摶喜歡起了睡覺。那時候陳摶的名聲遠播，一些達官貴人來到山中，向陳摶尋求長生之術，陳摶卻側身而臥，不一會兒就睡著了，眾人只好嘆息而去。

那時正處在五代十國時期，後唐皇帝仰慕陳摶的名聲，派人去山中請他出山。陳摶雖然得道，但還是肉體凡胎，不敢違抗皇帝命令。陳摶來到洛陽拜見天子，卻不下跪，文武百官有怪罪之意。後唐皇帝明宗，也是一個通達之人，說道：「高人能士，不必用素常禮節來對待。」於是將陳摶接到禮賢館，厚禮

華山陳摶老祖手跡

相待，十分虔誠。

從此，明宗經常來禮賢館看望陳摶，而大多時候陳摶都在睡覺，明宗不好驚動他，只好回去。他知道陳摶是個異人，有心重用，多次給陳摶封賞，都被他婉拒。

轉眼冬天來到，陳摶在皇宮居住了好幾個月了，心生歸去之意。這一天天氣很冷，丞相馮道對明宗說道：「天寒地凍，陳先生在驛館夜間修練必定寒冷。陛下可派美女數人，手捧美酒伺候，佐酒暖體。如果陳先生享用了美酒婦人，他一定會接受官職；否則不可將他留在世上，免得為他人所用。」

明宗依計而行。使者帶著美女、美酒去了驛館，不一會兒回來稟告：「陳先生悉數收納，並請致謝皇上。」明宗聽了十分高興。

第二天，明宗親自去驛館拜見陳摶，只看見酒罐空了，美女還在房間，一問得知陳摶昨夜喝了美酒倒頭便睡，五更醒來，對我們說：妳們一夜辛苦，我無物相贈，題詩一首，請妳們代我轉交天子。說完就走了。明宗接過陳摶的題詩，才知道陳摶是真心不想當官：

雪為肌體玉為腮，多謝君王送得來。

處士不興巫峽夢，空煩神女下陽臺。

陳摶從京師離開後，一直走到湖北武當山，隱居下來。這一天，有五位鶴髮童顏的老叟前來拜訪，向陳摶請教周易八卦大義，陳摶傾囊而授。隨後，五叟傳授給了陳摶練氣導養之方，從此陳摶採取天地精氣，日月精華，斷絕了五穀雜糧，是為「避穀」。

避穀時候的陳摶，經常長睡不醒，一睡就是好幾個月。二十多年過去了，五叟再次來到武當山，對陳摶說道：「我們是日月池中的五條神龍，按照先生的教授，苦練了二十年，受益頗深。為答謝先生講誨之益，願送先生一個好地方。」說罷讓陳摶騎乘在身上，飛騰而起，轉眼間來到了西嶽華山，停留在九石岩上。從此，陳摶就在華山長住下來。

華山道士看見陳摶一不打坐，二沒有鼎爐，整天酣睡，感到十分奇怪。道士幾個月不見陳摶，以為他搬走了，卻發現他在茅屋裡面酣睡。就這樣，陳摶一睡三年，華山道士驚訝不已。

還有一個趣聞：有道士在山下割草，看見山坳中有一具屍骸，荊棘都穿破他的衣服長出來了，身上蛛絲纏繞，鳥巢累積。樵夫心中憐憫，要挖個坑把它埋起來。沒想到伸手拽他的時候，那人醒了，說道：「我正睡的快活，為什麼把我攪醒？」

道士一看是陳摶老祖，大笑不已。

陳摶在歷史上確有其人，他自幼愛讀書，有過目不忘、一見成誦之才。成年後屢試不第，遂放棄對世俗名利的追求，縱情山野。關於陳摶祖籍說法不一，一說是亳州真源（今安徽亳縣）人，一說是普州崇龕（在今潼南縣境）人；也有人認為他是陝西人、西洛人、四川夔州府人等等。專家認為，陳摶祖籍亳州真源，是較為科學的說法。

陳摶（公元871年—公元989年），為五代宋初著名道教學者。字圖南，自號「扶搖子」，賜號「希夷先生」。他繼承漢朝以來的象數學傳統（象數學是周易術語），並把黃老清靜無為思想，道教修練方術和儒家修養，佛教禪觀會歸一流，對宋朝理學有較大影響。

劉海蟾
雞蛋重疊蘊含的玄機

　　道教徒有兩種：一種是神職教徒，即道士（「身心順理，為道是從」故稱道士）。按地域可分為茅山道士、羅浮道士等。從師承可分為「正一」道士、「全真」道士等。按宮觀中教務可分為「當家」、「殿主」、「知客」等。另一種是一般教徒，人稱「居士」或「信徒」。

　　五代時期，燕國宰相名叫劉操。劉宰相是燕山人（今北京市），自號海蟾公。

　　劉操十六歲的時候，就考中了一甲進士。此後仕途順利，屢次升遷，一直位居人臣，坐到了宰相之位。劉操平時喜愛神仙方術和修養性命的方法，但是苦無名師指點，沒有掌握到其中的要領。

　　這一天，劉操在府中閒坐，守門人來報，有一個道士求見。劉操向來對道門中人心懷敬佩，親自到門外，看那個道士形貌奇異，道骨仙風，連忙將他迎進中堂。

　　落座奉茶之後，劉操詢問道士的姓名，道士自稱「正陽子」。劉操雖然喜愛神仙方術，但並非道門中人，並不知曉正陽子大名，以為他只是一個普通道人。

　　道人對劉操言道：「貧道今天來，是給宰相大人擺弄兩個小伎倆，還請大人切莫見笑。」說完，請劉操拿來十個雞蛋。道士將雞蛋放在桌子上，一個一個疊起來。那雞蛋就像寶塔一樣豎立起來。劉操看著目瞪口呆，心想，這雞蛋上疊雞蛋，兩頭都是圓滑尖頭，將一個豎在桌子上立定，已是不易，何況是十

劉海戲金蟾

個雞蛋疊加到一起！劉操看著十個雞蛋豎立在桌子上，搖搖欲墜，不由脫口而出：「咦，快要掉下來了。好危險啊！」

道士對劉操說道：「相爺現在身處的環境，比這豎立重疊的雞蛋還危險啊！」道士說罷，拂袖飄然而去。劉操聽聞此言，心中大驚。當即大徹大悟：適逢亂世，官場險惡，仕途艱難。既然如此艱難困苦，又何必在此中爭名奪利呢？

當天晚上，劉海蟾催促家人大擺夜宴，席間假裝喝得酩酊大醉。劉海蟾平素舉止文雅，彬彬有禮，從來沒有喝醉過。今天這種反常舉動，讓夫人和兒子萬分不解。他們過去攙扶勸解，劉海蟾反倒將杯盤扔在地上，用巴掌猛摑兒子臉頰，用很難聽的話辱罵夫人。兒子、夫人都十分生氣。

第二天，他辭去了官職，回到家裡。他裝瘋賣傻，手舞足蹈。身穿奇異的服裝，在街市上呼叫吆喝。幾天後，他離家出走，遠遊陝西，在華山上隱身修練。他後來才知道，那個自稱正陽子的道人，就是道家著名人物鍾離權。鍾離權知曉劉海蟾有修道之心，而且仙緣深厚，特地化做道士前去渡他。劉海蟾道心深厚，一下子就參透了道士疊雞蛋中的玄機。

劉海蟾最後到終南山，鍛鍊真氣，蓄養精神，終於修成了正果，得道成仙。後來，劉海蟾又傳授過南宗始祖張伯端《悟真篇》，點化過全真派創始人重陽子。所以，全真派奉劉海蟾為五祖之一。

據《歷世真仙體道通鑑》記載，劉海蟾經過鍾離權點化後，後來又遇到呂洞賓，呂祖傳授給劉海蟾清靜無為、養性修命及金液還丹諸法。劉海蟾是全真五祖之一，元朝武宗加封為「明悟弘道純佑帝君」。

劉海蟾是個悟後棄富的道士，本與財神無緣，後人又以「劉海戲金蟾」的傳說把他抬上了財神的寶座。

有趣的是：劉海蟾出家時已是五十多歲的人了，而在許多文學藝術作品中他卻總是個天真爛漫、活潑可愛的孩童形象。起源於清朝康熙年間的一則故事，說的是蘇州一貝姓財主家，一天，門前來了一位少年，自名曰「阿寶」，說是前來做僕人的。正月十五元宵夜，他抱小主人上街觀燈，過了大半夜才回來，急壞了主人。詢問後得知：阿寶嫌蘇州燈不好看，到福州去了一趟，主人不信，心想：兩三個時辰，數千里地怎可往返。但小主人說的地方和場景確實是福建，並且手裡拿的鮮荔枝也是福建所產。又過了幾個月阿寶從主人家水井中釣出一隻三足蟾，以彩繩拴了，肩負而去。大家始悟阿寶原來是仙人劉海蟾所化。於是少年阿寶便成了後世畫圖中的劉海蟾形象了。

劉海蟾，生卒年未詳，為五代道士。姓劉，名操，字宗成，又字昭元，號海蟾子，燕山（今北京市西南宛平）人，一說後梁燕地廣陵（今河南息縣）人。道教全真道尊為五祖之一。

張伯端
一魚殺婢女的南宗始祖

道教神霄派創始人為北宋末年江西南豐道士王文卿。徽宗時，林靈素藉助皇帝的力量推廣「神霄雷法」，使它風行一時。此後它傳承不絕，支派繁生。神霄雷法是一種據說能夠召雷喚雨的符籙法術。該派認為道士作法必須以內丹修練做為根基，「內練成丹，外用成法」，主張融合內丹與符籙。

張伯端出身於一個讀書人的家庭，他自幼聰慧好學，博覽群書，熟悉儒、釋、道三教經書，對於天文、地理、占卜、醫術和算術都有涉獵。

張伯端儘管滿腹詩書，一身才華，卻科舉不利，屢次落榜。無奈，只好在台州府（現在的浙江省臨海市）做了一個小吏。張伯端喜歡吃魚，每天中午必定要有一條魚佐餐，方可下嚥。張家雖不是什麼豪門富戶，也算殷實。張伯端的這個生活習慣，從小到大沒間斷過。

這天張伯端在府中當差，僕人將午飯送到了衙門，見張伯端正在伏案批閱，就放在外屋的桌子上回去了。張伯端做完事後，從裡屋走出來。時值盛夏，屋內悶熱不堪。張伯端提著食盒，來到園子一處大樹陰涼下。石桌、石凳旁邊，坐了好幾個同僚正在進餐。張伯端尋了一處空座坐定，打開食盒臉色就變了：食盒裡面竟然沒有魚！幾十年如一日的習慣，今天被改變了，這讓張伯端感到很不適應。他查看了一下食盒，裡面飯食整齊，不像被鼠貓動過的樣子，那魚怎麼會不翼而飛呢？

張伯端認定是送飯的奴婢，偷吃了他的魚。人在氣頭上，思維就會不周密。張伯端空有一身才華，卻不反過來想想，伺候了他數年的奴婢，天大的膽

于也不敢偷吃主人的魚呀！

張伯端沒吃午飯，在院中佯裝無事，和同僚們搭訕了幾句，轉身回屋去了。

傍晚張伯端回到家裡，叫來奴婢大聲責問，奴婢口稱冤枉，張伯端見奴婢抵賴，命人大加責打。奴婢蒙冤，當晚上吊自盡。張伯端悔恨萬分，心想因為一條魚，將一條人命逼死，實在太過分了。於是，他向府衙告了兩天假，將奴婢安葬後，差人給奴婢家裡送去一筆撫恤金。

兩天後，張伯端又去府衙值差。走進班房外屋，看見從房樑上掉下幾條蛆蟲，張伯端很奇怪，抬頭一望，嚇得面無人色：原來數日前丟失的那條魚，就在房樑上！天氣酷熱，腐爛生蛆了。他這才明白是同僚和他開玩笑，將魚放到上面去的。

張伯端呆立在原地，冤死奴婢的身影，在他面前晃來晃去。他雙手抽打自己臉頰，淚流滿面。稍微平靜之後，心裡想：自己枉讀了這麼多書，卻也是非難辨、黑白不分。這衙門案卷裡面，又有多少這樣的冤案。想到此，他將衙門的案卷放火燒毀，要焚盡天下是是非非。

張伯端因為焚燒官府卷宗，被貶到嶺南充軍。後幾經磨難沉浮，到了成都，遇見了異人劉海蟾，得金丹火候之秘；再後來，遇到了石泰，收其為徒，傳授給石泰金丹大法。

張伯端返回家鄉臨海後，在桐柏宮修練。傳到第四代真人白玉蟾的時候，形成了教團，後來發展成南宗紫陽道派。後世尊奉他為道教南宗紫陽派鼻祖，桐柏宮也被譽為「南宗祖庭」。清朝年間，雍正皇帝敕封張伯端為「大慈圓通禪仙紫陽真人」。

北宋元豐五年（公元1082年），張伯端壽滿百歲，在天臺山百步溪（今屬浙江省臨海市）去世。相傳火化後得到許多青翠有光、大如果實的結晶物，道經稱「舍利金姿」，是得道的一種瑞相。

張伯端對鍾離權、呂洞賓和劉海蟾的學說，進行了繼承和發揚，是內丹學的代表人物之一。他的《悟真篇》是有名的道教著作，和魏伯陽的《周易參同契》，一起被《四庫全書》譽為「丹經王」。

張伯端的修練宗旨是既強調精神的修練，也注重肉體的修練，道教術語稱之為「性命雙修」。張伯端力主三教合一，他的理論著作，汲取了很多佛禪教理。

道教南宗紫陽派的鼻祖張伯端

張伯端（公元983年—公元1082年），字平叔，號紫陽、紫陽仙人，後改名用成（或用誠）。人稱「悟真先生」，傳為「紫玄真人」，又尊為「紫陽真人」。 張伯端是道教金丹派南宗（因張伯端號「紫陽」，故南宗也稱為「紫陽派」）五祖之一，其他四祖分別為杏林翠玄真人石泰、道光紫玄真人薛式、泥丸翠虛真人陳楠、瓊管紫虛真人白玉蟾。

張繼先
妙解龍虎之問的少年天師

方丈是道教稱謂之一，對道教十方叢林最高領導者稱謂，亦可稱「住持」。方丈一般由修行高深、戒行精嚴、德高望重者擔任。

宋哲宗元佑七年，也就是公元1092年，江西龍虎山的蒙谷庵，出生了一個男孩兒。孩子姓張，取名繼先。

張繼先出生以後，一直不會開口說話。五歲這一天，張繼先隨龍虎山上的道士們在山上玩耍，突然聽見附近道觀中公雞啼鳴，張繼先失聲而笑，張口作詩一首：靈雞有五德，冠距不離身，五更張大口，喚醒夢中人。

道士們聽罷，大為驚異，心想這孩子五年不會說話，一說話就出口成章，將來必定不簡單。

道士們沒有看走眼。張繼先自從開口說話那天，就無師自通，開始讀書識字。他聰慧過人，善於題詩作對。當時掌管龍虎山的張天師，十分喜愛張繼先，讓他伴隨在身邊。張繼先九歲的時候，張天師將教位傳給了張繼先。

宋徽宗崇寧三年，張繼先年滿十二歲。宋徽宗聞知現任天師年少聰明，很想見一面，下旨召張繼先進宮。張繼先領命，來到京師，走進皇宮，步入金鑾殿。

時任宰相蔡京，和宋徽宗最寵愛的鄭惠蘭皇后，各自給小天師獻上一杯茶，表示敬仰之情。皇后和宰相親自奉茶，禮遇是很高的。但不只於此，當張天師左手、右手各拿一杯茶，正要品嚐時，宋徽宗緊接著也奉上了一杯茶。這裡面，既有最高的禮儀，也有試探。皇帝心想，看你這個統領數萬教眾的小天師，如何接我的茶？

江西龍虎山上清宮

　　皇帝，天下之君王。任由張天師在教中威望多高，接皇帝的奉茶，也要用雙手，否則有失禮儀。可是兩隻手都佔著，但見張天師運用氣功，將蔡京宰相和鄭皇后的兩杯茶懸在空中，騰出兩手恭恭敬敬地接過了皇帝的奉茶。在場的人目睹了張天師這一神功，驚嘆不已，宋徽宗更是失口稱讚：「先生的功名，果然名不虛傳！」

　　宋徽宗設宴款待張天師，一行人入座後，酒過三巡，宋徽宗問道：「先生久居龍虎山，可否見到過龍虎？」宋徽宗這一問，既包含著未知的好奇，也有意考驗張天師的應變。因為宋徽宗知道，龍乃是神話傳說中的神物，天地間是不可能存在的。

　　這個問題讓張天師陷入兩難中，回答見到龍，有悖實事；回答不見龍，無法表現龍虎山之名，雖然據實回答了，卻也顯得僵硬無趣。沒想到張天師回答道：「在山中，老虎倒是經常見到。至於龍，今天算是第一次目睹龍顏了。」

古代皇帝自稱真龍天子，張天師的回答，並不算諂媚，顯得機智、貼切，不亢不卑。他的睿智和通變，可見一斑。

宋徽宗欽佩張天師的聰明才智，先後四次召他入宮長談，並賜號「虛靖先生」、「正一靜應顯佑真君」，授予「陽平治都功印」。宋徽宗撥款大修龍虎山上的上清宮，追封他的祖父和父親官爵，賜給他哥哥官職。宋徽宗多次有意讓他進朝為官，張繼先志不在此，婉言拒絕。

宋欽宗靖康二年（公元1127年），張繼先應詔入宮，行至泗州的時候去世，當年三十六歲。至於死因不詳。

元朝皇帝武宗追封張繼先為「虛靖玄通弘悟真君」。

張繼先（公元1092年─公元1128年），字遵正（或說字嘉聞，又字道正），賜號虛靖先生，北宋年間著名的道士，是道教天師派（正一派）第三十代天師。

王重陽
活死人墓裡面的全真教主

宮觀是道家最主要的組織形式，是道士修道、祀神和舉行儀式的場所。同時，道教還另有一些經濟組織（如素食部、茶廠等）、教育組織（道學班、道教經學班等）、慈善組織（安老院、施診給藥部等）。

金朝時期，陝西咸陽有位名叫王中孚的武舉人，身材魁偉，相貌堂堂。王中孚四十七歲那年，突然心生感慨，超然自悟：「孔子四十而不惑，孟子到了四十歲，身心已經不被外物所影響了。而我現在都年近五十了，只知道終日飽食，身穿官服爭名奪利，實在是虛度光陰啊！」

於是，他辭去官職，告別妻兒，離開家鄉，到四方雲遊訪道去了。四十八歲那年，王中孚來到了甘河鎮（今陝西省戶縣甘河鎮）。一天，他尋了一家酒店，要來酒菜自斟自飲。這時，王中孚抬眼看見從南邊走來兩個道士，神態飄逸，道骨仙風。王中孚一看，知道兩位道士非比尋常，恭恭敬敬地將他們迎到店中。

落座之後一番寒暄，王中孚向兩位道士表達了自己尋師問道的意願，兩位道士和王中孚攀談起來，所說的都是一些神仙家的話題。王中孚越聽，心裡越明亮。隨後，道士又傳給了他修仙的秘訣，並且賜號重陽子。兩位道士用手遙指東方，問道：「你凝神觀看，告訴我們看到了什麼。」

王重陽順勢望去，看見七朵金蓮，光華四射，對道士說：「弟子看見了七朵金蓮。」兩位道士笑道：「非只七朵，還有千朵萬朵吐芬芳呢！」說完，起身離去。

　　和兩位道士有了一面之緣，王重陽感覺自己有道緣、仙緣。他仿效古時候那些名流前輩的做法，放浪形骸，混跡市井。平時身穿破爛的衣裳，手拿缺口飯瓢，到處行乞。

　　一年後的一天夜晚，王重陽在荒郊野外露宿，遇見了一個道士指點他說道：「活死人墓中，藏有仙真；丘劉潭中，駿馬得乘。」

　　王重陽明白，這是異人前來點化他。他日夜思忖這兩句話，對第一句話有了參悟。於是他尋了一處僻靜的地方，搭建了一個茅屋，茅屋前面豎了一塊木板，上寫「活死人墓」，表明了自己斷絕塵緣、一心修道的志向。

　　在修行過程中，王重陽遇到名道劉海蟾，劉海蟾指點了王重陽好多修練秘法。這一年，王重陽神通圓滿，離開了活死人墓，周遊到山東某地，先後收下

全真教祖師王重陽

了徒弟丘處機、劉處玄、譚處端和馬鈺。這就應了道士「活死人墓中，藏有仙真；丘劉潭中，駿馬得乘」的預言。

此後，王重陽又收了三個徒弟：王處一、郝大通及馬鈺原配夫人孫不二，連同前面的四個徒弟，並稱全真七子，也應了王重陽看到七朵金蓮的預言。

這樣，王重陽創立了北方的一個大教派「全真教」。元朝以後，經過幾代教主的經營發展，全真教傳播極廣，教徒遍佈天下，所謂「千朵萬朵吐芬芳」。

史書記載，王重陽祖籍陝西咸陽大魏村，出身於一個家境殷實的庶族地主家庭，後遷終南縣劉蔣村。

他自幼喜愛讀書，長大後中了進士，四十七歲不滿現實，辭官修道，棄家外遊，遇到了高人傳授給了他內練的秘訣；四十九歲時，在終南縣南時村（西安市周至縣）挖穴墓，取名「活死人墓」，住在裡面，潛心修道兩年。修道圓滿後到山東傳教，先後收取了七名弟子，是為全真七子。

王重陽歷來主張儒釋道三教合一，認為「三教從來一祖風」。在修練方法上，和一般道派不同的是，全真教不崇尚符籙，不依靠丹藥，不信白日飛升。全真教崇尚內丹修練，注重「清靜」二字。所以，他們認為修道者必須出家，才能除去情慾，達到內心的清淨。這種修練方式，客觀上很適合女真和蒙古統治者的需要。

王重陽（公元1112年—公元1170年），金朝道士，全真道創始人。原名中孚，字允卿。後改名世雄，字德威。

第四篇

道教經典教義

柔弱不爭
舌齒之喻和趙燕劫匪

道教的基本教義為：尊道貴德、仙道貴生（貴己重生）、三洞宗元、清靜寡慾、自然無為、柔弱不爭、反璞歸真、天道承負和內丹道派的性命雙修。

漢朝劉向在其所著的《說苑》中記載了這樣一個故事：

常摐是老子的恩師。常摐病重，老子前去看望。寒暄詢問之後說道：「老師，您病得這麼嚴重，有什麼話要對我說嗎？」老子的言外之意是想讓老師給後世留下自己的修行心得，以造福後人。

常摐說道：「即便你不主動問，我也會和你說的。我先問你幾個問題：遊子路過故鄉，要下車而行，你知道這是為什麼嗎？」

「這是提醒自己不要忘本。」

常摐對老子的回答很滿意，接著問道：「有道德的賢人，見到高大的樹木要向前致意，這是為什麼呢？」

「這是教育人們要尊敬老人。」

常摐面露喜悅之色，他張開嘴巴讓老子看，然後問道：「我蒼老多病，你看我的舌頭還在嗎？」

老子俯身上前，說道：「老師的舌頭還在！」

常摐繼續問：「那麼牙齒呢？」

老子說：「老師的牙齒掉光了。」

「這是為什麼呢？」常摐問道。

老子說：「舌頭柔軟，所以得以生存；牙齒掉光了，是因為牙齒太過堅硬

了。」

常摐聞言，會心而笑：「就是這個道理。天下的事情，都蘊含其中了。你已經完全領略，我也無話可說了。」

下面再看一則《列子》裡面的故事：

燕國有一個著名的學者，名叫牛缺。

這一天，牛缺從燕國前往趙國的首都邯鄲，走到趙國境內一個名叫耦沙的地方，遇到了一批劫匪，將他的車馬財物搶掠一空。劫匪見牛缺一介書生，沒有難為他，放他走了。

牛缺神情自若，不慌不忙繼續趕路。劫匪感到十分奇怪，追向前去問道：「你丟失了那麼多財物，為什麼看上去毫不在乎呢？」

牛缺說了一句自認為高明的話，卻引來了殺身之禍。他說道：「修行有為的君子，不會因為外物而過度誘發喜、怒、哀、樂等情緒，以免危害身體健康。」

劫匪們聽罷，都覺得他是個了不起的高人，認為這樣一個賢明豁達的人，到了趙國一定會被重用，反過來對付剿滅我們，不如殺了他以絕後患。於是劫匪將牛缺殺死了。

燕國有個賢者聽聞此事後，對學生們說道：「假若遇到強盜，切莫仿照牛缺的做法。」大家自認為領會了老師的意思。

這一天，一個學生動身去秦國，半路上遇見了一群劫匪。他想起了老師的教誨，奮力和劫匪爭鬥，爭鬥不過被劫匪搶去了財物。他又追上去，低聲下氣地哀求劫匪將財物歸還給他。劫匪看到他懦弱的樣子，說道：「我已經饒恕了你的性命了，你還要緊緊尾隨我們，這樣豈不是暴露了我們的形跡！我們既然是強盜，就不能心懷仁慈。」說完將他和隨行的四、五個同伴全殺死了。

常摐向老子提問題，是在測試老子的智慧和悟性，老子沒讓常摐失望，回答得體，令老師滿意。常摐前兩個問題，第一說明了為人不能忘本，第二指出

了做人要敬老。這兩點都是做人應有的品德，也表明了道家「崇尚道德」的理念。後來道教成立後，將這一理念吸納了進去。「尊道貴德」是道教的經典教義之一，這裡的「德」，就是品德修養的意思。道教認為，高尚的品德是修道成功的前提。

老子的「舌齒之喻」，形象地表明了老子與世無爭、以柔弱存世的思想。老子十分讚揚水的品質，他認為人的最高的素質，也就是水的品質。老子在《道德經》中指出「上善若水」，水滋潤萬物而不和萬物相爭，停留在最低矮的地方。因為不爭，所以沒有煩惱。由此總結出了以柔克剛、以弱勝強的辨證思想。後世道教汲取了老子這一思想的精粹，將「柔弱不爭」奉為道教的經典教義之一。道教認為「柔之勝剛，弱之勝強」，只有柔弱，才能長生長存。

元朝趙孟頫書法──《道德經》

列子記載的「趙燕劫匪」的故事，從反面闡釋了道家的這一思想：牛缺對劫匪的話，有意無意地暴露了自己的強大和鋒芒，招致了殺身之禍。而燕國那個賢士的學生，最後低聲下氣哀求劫匪，做到「柔弱」了，為什麼還被殺死了呢？

燕國賢士的學生所表現出來的柔弱，其實是軟弱。柔弱又不同於軟弱，所以老子在《道德經》中著重指出「人之生也柔弱，其死也堅強」。道教的柔弱，富含積極的人生哲理，柔弱的目的，是為了存在，為了長久，為了延續。

> 列子，名寇，又名御寇，又稱「圄寇（圄音ㄩˇ，囚禁、看守的意思）」、「國寇」，相傳是戰國前期的道家人物，鄭國人，著有《列子》一書，大多散失。《列子》又名《沖虛經》，是道家重要典籍。

尊道貴德
鼓盆而歌和混沌之死

外丹，指用丹爐或鼎燒煉鉛汞等礦石，製作人服後能「長生不死」的丹藥。唐以後漸被內丹術所代替。內丹，為行氣、導引、呼吸吐納之類的總稱，指用人體做爐鼎，使精、氣、神在體內凝結成丹而達到長生不死的目的。內丹之術自金元以後逐漸盛行，其淵源上溯至戰國時代，對於中國的醫學和養生學有過很大的影響。

《莊子·至樂》篇記載了莊子「鼓盆而歌」的故事：

施惠是莊子過從甚密的好友，聽聞莊子妻子去世了，前去弔唁安慰。

當施惠來到莊子家的時候，眼前的景象令他十分驚訝：只見莊子坐在地上，叉開雙腿，腿中間放著一個瓦罐，手持木棒敲擊，一邊敲一邊唱歌，表情平淡中略帶歡愉，絲毫沒有留戀亡妻的悲痛。

莊子看見了施惠，點頭致意，依舊敲盆、唱歌。施惠對莊子的行為很不滿，心想，亡妻屍骨未寒，丈夫卻自得其樂，這也太過分了。於是，施惠怒氣沖沖地對莊子說道：「妻子和你一同生活了幾十年，操持家務、養兒育女。如今她不幸去世了，你非但不傷心難過，反倒擊鼓作歌，也未免太絕情了吧！莊子！」

莊子聽了施惠的一番話，放下木棒，停止歌唱，緩緩站起身來。施惠這才注意到莊周的臉上籠罩著一層淡淡的悲傷，眼圈也紅腫著。施惠覺得自己剛才的話有些過分，轉而嘆息：這個莊周，處世的態度真讓人捉摸不透。臉上掛著悲切，卻在鼓盆而歌！

莊子說道：「施惠兄長遠道而來為亡妻弔唁，莊周十分感謝。我妻子剛剛

亡故的時候，我也悲痛萬分，痛哭流涕。可是後來一想，我妻子，以及天下萬民，起初都是沒有生命的，非但沒有生命，就連形體都沒有。後來她不僅有了形體，還有了氣息，最後成了生命降臨世間。而今，她失去了生命，埋葬在地下，日久年深又會變得形體消亡。她從何處來，又到何處去，就像春、夏、秋、冬四季輪迴一樣。包括我們在內的天下萬民，不也是這樣運行不止嗎？我又何必哭哭啼啼呢？這樣做，豈不是很不通達嗎？」

《莊子》中還記載著一個名為《混沌之死》的故事：

在很久很久以前，南海有一個帝王名叫「儵（音ㄕㄨˋ，同倏）」，北海有一個帝王名叫「忽」；天地南北中央，有一個帝王名叫「混沌」。

南海的儵帝和北海的忽帝，經常到帝王混沌那裡聚集，每次混沌都熱情款待。儵帝和忽帝心存感激，總想找機會表達他們的謝意。他們知道混沌統領天地萬物，任何形式的回報，都無法表達他們的情誼。

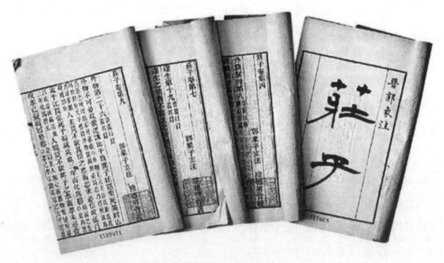

莊子所著的《莊子》一書，被道教尊稱為《南華真經》

這 天南海儵帝對北海忽帝說道：「混沌大帝富有萬物，唯獨沒有眼睛、耳朵等七竅，這多遺憾呀！不如我們施展法力，給混沌大帝鑿開口、鼻、耳、眼等七竅，以表我們對大帝的感激之情，你看如何？」

忽帝十分讚同儵帝的提議，他們即刻付諸行動，利用七天時間，給混沌大帝鑿開了七竅。等七竅鑿開後，混沌大帝倒地而亡。

道教的核心理念和基本信仰，來自於老子的「道德」之說。「道」包含著三方面的內容：自然之道、治國之道和修身之道。莊子認為，無論妻子去世，還是混沌沒有七竅，都是自身規律，是生命之道和自然之道。只有順應生命規律和自然規律，才是最高境界。

在莊子看來，生命的輪換，是不能改變的，因此莊子對亡妻的態度，由最初的悲痛轉為平淡。在這裡，莊子看透了生死利害、名譽是非對人的束縛、羈絆和奴役，達到了擺脫是非、不計較名利和逍遙自由的精神境界。

在第二個故事中，沒有七竅是混沌大地的本源面目，南海大帝和北海大帝卻要強行將混沌大帝的形象改變。違背了混沌大帝的生命之道，猶如揠苗助長，於是混沌大帝死去了。混沌大帝的狀態，是真樸的自然之道。

莊子在這兩個故事中表達了「遵循大道、順其自然」的道家思想。有學者認為，道家尊重和順從自然社會的固有規律，並且因勢利導加以運用，進而起到事半功倍的效果。所以，道家的無為，不能等同於消極。這些思想，被道教繼承和吸納，形成了「尊道貴得」的道教教義。而上述兩則故事，正是道家「尊道」的形象體現。

張角 （？─公元184年），東漢末太平道的創立者，巨鹿（今河北平鄉）人。熹平年間（公元172年─公元178年），創立太平道，自稱「大賢良師」。與其弟張寶、張梁同在河北一帶傳教，十餘年間，徒眾發展至數十萬，公元184年武裝起事，自稱「天公將軍」。因起事徒眾都以黃巾裹頭，故人稱為黃巾軍。

性命雙修
呆若木雞和瓊花爲記

籙牒：正一道徒受戒的憑證。道徒受了籙等於有了任命狀可以做法師，在神靈界既有了職務，又有了權力。「其受道之法，初授《五千文籙》，次授《三洞籙》，次授《洞玄籙》，次授《上清籙》。」進而行使遣神役鬼的權力。

《莊子》裡面有這樣一個故事：

春秋時期有一個著名的鬥雞訓練能手，名叫紀渻（音ㄕㄥˇ）子。他受齊宣王之命，為宮廷訓練鬥雞。

十天過去了，齊宣王問道：「鬥雞訓練的怎樣了？」

紀渻子說道：「這雞虛浮急躁，驕傲的心性還沒去除呢！」

又十天過去了，齊宣王再次詢問訓練的進展，紀渻子說到：「牠還不夠鎮靜，聽到聲音就叫，看到影子就跳。」

再十天過去了，齊宣王有點沉不住氣了，再次問紀渻子：「還沒訓練好嗎？」

紀渻子說：「還不行呢！牠鋒芒畢露，外在的氣焰太強盛了。」

又過了十天，紀渻子抱著鬥雞來面見齊宣王，說道：「鬥雞訓練好了，請王觀瞻。」說罷將鬥雞放了出來，齊宣王一看，那隻雞看起來既不矯健，也不靈敏，呆呆的就像木頭做成的一樣。然而，別的雞一看到牠，即刻逃跑，沒有一個敢迎戰的。

成語「呆若木雞」，就是出於這個故事。

道教金丹派（南宋時期形成的道教內丹派別）南宗奠基人張伯端，有一個

鬥雞圖

「瓊花為記」的故事：

　　張伯端經常遊歷四方，在成都遇到劉海蟾後，開始苦練內丹。那時候有一名修行很高的僧人，自以為道行上乘，入定後能元神出竅，數百里的路程頃刻間就能到達。

　　這天，張伯端和僧人相遇，兩人志趣相投，互相之間都很欽佩。於是在一間客房住下，學習對方的長處。這一天兩人在居室靜坐，兩人元神出竅，一起結伴到揚州遊歷。僧人的元神遊走的快，張伯端到達揚州時，僧人已經在揚州靜候了。當時揚州瓊花正盛，張伯端對僧人說：「我們今天一同到此遊玩，為何不各自折取一朵瓊花，做為日後的紀念呢？」僧人答應了。

　　兩人元神歸位收功時，張伯端從手拈瓊花和僧人一起玩賞，而僧人卻兩手空空，沒有折來瓊花。張伯端說道：「現在人們學習禪定之法和成仙的方術，

像你我二人這樣的水平，並不多見呀！」從此，兩人成為莫逆之交。

後來弟子們問起此事：「老師和禪師一同出遊，為何會有瓊花的區別呢？」

張伯端說道：「我堅持性命雙修，能做到聚散隨意，聚氣可以成為形體；散開形體可以化成氣。所以我的元神無論遊歷到何處，都能靠意念，讓我的形體顯現出來，這種意念叫做『陽神』。所以我能折得瓊花而歸；那位禪師，過於追求功效，只修練性功，不注重命功的修練。所以他元神出竅的時候，形體無法隨著意念顯現，稱之為『陰神』。形體無法顯現，也就不能折回瓊花了。」

訓練鬥雞的故事，從一定程度上表明了「不爭制勝」和「無為制勝」的道家思想。看起來呆傻，看起來沒有用，卻蘊藏著旺盛的生命力。這則故事也表露出來道家修練的內涵：只有加強內外的修為，內功和形體一起修練，內外兼備，才能達到一定的境界。

紀渻子訓練鬥雞的方法，是一種內外兼修、性命雙修的方法。鬥雞被紀渻子從精神和形體上雙重訓練，具備了強大的威懾力（修練層次）。

性命雙修，是道教的修練方法，也是內丹道派的經典教義。通俗而言，性指精神，命指形體，性命雙修，也就是精神和形體一起修練，互不偏廢。張伯端就是性命雙修的倡導者和實踐者。

有學者認為，呆若木雞這則寓言故事，表明了莊子的修練思想，也為後世的道教修練，提供了思想基礎。紀渻子訓練鬥雞的方法，是性命雙修的方法「前驅者」。

葛玄（公元164年—公元244年），三國時方士，字孝先，丹陽句容（今屬江蘇）人。曾在江西閣皂山修道，擅符咒諸法，奇術甚多。後世道教尊稱為「葛仙公」，又稱「太極左仙公」。

自然無為
山腳下的欅樹之喻

守一法術是道教的修練方式之一，也就是將意念專注於身體某處。

道教認為，堅持守一法術的修練，可以長生不老。

這一天，莊子和幾個學生途經一個山腳下。正值中午，烈日炎炎，他們就在一棵大欅樹下乘涼歇息。

這棵大樹挺拔俊美，樹幹粗大，數人無法合抱，高達百丈，直插雲霄；枝繁葉茂，綠蔭如蓋。莊子一行在綠蔭下暑氣漸消，感到解乏愜意。其中一個學生問道：「先生，您看這棵樹周邊的林木都被砍伐一盡了，怎麼唯獨將這棵樹留下了呢？這樣大好的木材，棄之不用，多可惜呀！」

這時候，旁邊的伐木工也來樹下休息，聽到莊子學生的問話，接過話頭說道：「這沒什麼值得驚奇的。這棵樹質地很差，不中用。假如用來造船，木質太重，在水上浮不起來；要是用來做棺材，入土之後很容易腐爛；用來做樑柱，容易受到蟲蟻的蛀蝕；用來做門窗，木材的脂液長久無法揮發，容易沾手。因為它沒什麼用處，所以才被保留下來。」

聽了伐木工人的話，莊子對弟子說：「這棵大樹，因為沒有用處而得以善終，其實是無用之中的大用，無為之中的大為。」弟子們恍然大悟。

莊子接著說：「樹如果沒有什麼用處，不求有所做為，可以免除斧頭的砍伐；額頭長有白毛的牛，身上長有痔瘡的人，在巫師們看來都是不祥之物，是沒有用處的。所以在祭司河神的時候，他們不會被投入河中。身患殘疾的人，不會被徵兵前去打仗。樹木不成材，可以免除災禍；人無用，可以保全自身。」

273

道教尊神——南華真人

　　莊子最後說道：「那些材質好的樹木，其實自己是自己的敵人；樹上的漆有大用處，所以經年遭受刀割；葡萄鮮美，所以經常被攀援折斷。人們都知道有材有為方是有用，卻不知道無為無用才是最大的用處呢！」

　　樗（音ㄕㄨ）樹，俗稱臭椿樹。樗樹氣味難聞，「嗅之甚臭，惡木者也（《成疏》）」。除此之外，它木質粗硬，不耐水濕，也無法製作家具，通常被當作粗柴燒飯用。樗樹恰恰是因為「無用」、「無為」才得以存活，這就像一個無用的人一樣，無所做為，也就招致不到人的嫉恨，做好自己的本職工作，可以自由自在地存活於人世。這鮮明地表現了道家、道教的「無為」理念。

　　莊子的「無用」思想，是老子「清靜無為」思想的傳承，後來演化成「自

然無為」的道教教義。

　　道教認為，自然是「道」的本性，是人在天地間的最高法則。想要達到「自然」的境界，就要遵循「無為」的處世方法。堅持自然無為的法則，對修身、精神和心情有益；用來治國，可以造福萬民。要達到自然無為的境界，除了遵循清淨寡慾的教義外，還要消滅貪慾、淡泊明志。從具體的行動上而言，第一，遠離小人，遠離嫌疑，經常反省；第二，要有一定的知識素養，通曉處世道理。

　　莊子是道教的代表人物之一，在道教中被神話為南華真人。南華真人這個稱號，是在唐玄宗時期追封的。宋真宗崇尚道教，將《莊子》一書尊稱為《沖虛至德真經》；宋徽宗時期，將莊子尊崇為「微妙無通真君」。

　　范長生（？─公元318年），十六國時成漢道士，涪陵丹興（今四川黔江）人。又名延九、重九，或名文（一作支），字元。他精通天文術數，博學多藝。

無為而治
武夫治國帶來的社會繁榮

黃老道是早起教派之一，興起於漢朝。漢文帝和漢景帝為了鞏固漢室江山，都採用黃老清靜之術治天下。

曹參是漢初大將，隨漢高祖劉邦四處征戰，經歷的戰事之多，難以詳舉。史載，曹參「身被七十創，攻城掠地，功最多，宜第一」、「凡下二國，縣一百二十二；得王二人，相三人，將軍六人，大莫敖、郡守、司馬、侯、御史各一人」。

儘管如此，因為曹參很少獨自作戰，大多都是隨著劉邦、韓信一起作戰。大多戰功依靠的是別人的謀略，所以劉邦戲稱曹參的戰績為「狗功」，話雖難聽，卻也貼切。

漢朝初定後，曹參被劉邦封為平陽侯，又拜他為諸侯國齊國的相國。齊國民風偽詐，多年戰爭之時齊國民生凋敝，社會很混亂。劉邦派遣曹參到齊國，是看好曹參的武力，便於鎮壓。沒想到曹參雖為一介武夫，卻深得道家「無為而治」的思想精粹，而且勤於實踐，將齊國治理得安定繁榮。

曹參剛到齊國，就召集名士賢達、長老儒生，徵求他們治理天下的良策。那些人誇誇其談，空發一些不著邊際的空泛論調。

那時候，齊國境內有一名擅長黃老之術的人名叫蓋公。曹參聽聞此人大賢，厚禮聘請，尋求治國方略。蓋公說：「治理國家和修道一樣，清靜自然，人民自然會安定。」曹參接納了蓋公的方法，用黃老之術治國。曹參在齊國任相九年，人民安定，經濟發展，人民稱其為「賢相」。

公元前193年，漢朝相國蕭何去世，曹參繼任，仍然按照治理齊國的方法

治理漢朝，對於蕭何制訂的政策，全部沿襲，無所變更。他任用德高望重、品行敦厚的人，對於那些華而不實、善於博取名聲的人概不錄用。對於小有過錯的官吏，曹參不予追究。他整天無所事事，日夜飲酒。同僚見狀，紛紛前來規勸，都被曹參灌醉了，沒有規勸的機會。

上有所好下必甚焉，在曹參的榜樣作用下，好多官吏飲酒成風，也有人對此反感。有一天曹參和眾位官員遊園賞景，有幾個官吏喝醉酒了，形骸放浪，狂呼亂叫。幾位官員趁機請求曹參治罪那些醉吏，曹參非但不採納意見，反而和那些醉吏一同坐飲歌唱。

當時漢惠帝剛剛繼位，以為曹參欺負他年輕，命曹參的兒子、時任中大夫的曹窋（音ㄓㄨ）規勸其父。沒想到曹參聽了兒子

曹參

的規勸大怒，命人責打了曹窋兩百大板。第二天上朝時，惠帝怒容滿面，責問曹參為什麼打曹窋。曹參跪拜認罪，說道：「微臣斗膽相問，您和先帝相比，誰更英武賢明呢？」惠帝讓曹參平身，說道：「我豈敢和先帝相提並論。」曹參又問：「臣下和蕭何相國相比，誰更加賢明呢？」漢惠帝說道：「你的才能比不上蕭何。」

曹參整理衣衫再次跪拜：「陛下說的是。高祖皇帝和蕭相國平定天下，制訂了完善的規章法令，我們遵照施行，這不是很好嗎？」漢惠帝這才明白曹參的意思，原來他並沒有荒廢政事，而是採取無為而治的方針。

曹參在漢朝做了三年相國，無為而治致使天下大治，人民安居，社會安

寧。

　　惠文帝之後，漢文帝、漢景帝也採取黃老無為而治的治國方針，出現了
「文景之治」的繁榮局面。

　　曹參被認為是黃老道家治國方略的代表人物。所謂黃老道家，就是在戰國
時期，一些道家學者在繼承和發展老莊學說的基礎上，吸收齊國相國管仲的法
學思想，所形成的新道家學派。他們假託黃帝和老子的名義，吸收諸子百家學
說之長，提出全新的治國思想，研究如何運用天道自然的思想，來治理國家。

　　黃老道家堅持無為而治的治國方針，反對繁瑣苛刻的法規，但不主張廢棄
法令；反對君主過於干涉人民生活，卻不主張廢除君主。他們認為，君主的職
責是把握政治綱要，掌握社會發展的大體方向。至於人民的生產活動，和臣下
的施政綱要，則不要過於干預。

　　有學者認為，黃老道家是道教主要的思想淵源之一。道教的政治管理之道
是黃老道家治身、治國傳統的繼續和發展。

　　曹參（？—公元前190年），是繼蕭何之後漢朝第二位相國。早年隨漢高祖劉邦起
兵。惠帝二年（公元前193年），蕭何臨終前向漢惠帝劉盈舉薦其為漢相。在位期
間，整天暢飲美酒，大塊吃肉，清靜無為，繼續執行蕭何留下的政策，不予改變，
史稱「蕭規曹隨」。

天道承負
懸在魔鬼頭頂上的磐石

道教法術繁多，歸納言之有五大類：山、醫、命、相、卜，「命」是道家道術之一，就是透過推理命運的方式來預測瞭解人生，進而改善人生、趨吉避凶的道家技術。

張天師降服了鬼部八帥，知道他們口中臣服，心懷怨恨，要和眾鬼帥魔王比試法力，讓他們徹底心服。張天師說道：「你們既然想要和我平分天下，就要使出全部的法力，取勝才是。」

元達等鬼帥說道：「但憑真人吩咐。」

張天師手拿朱筆，指著青城山上的一塊大石頭，對八鬼帥和六魔王說道：「你們當中只要有一人用筆將這塊大石頭畫破，我和你們平分天下；要是不破，你們要退居萬里之外。」

八部鬼帥之一的元達接過朱筆用力一畫，石頭紋絲不動；張天師手拿朱筆，凌空虛劈，石頭轟然開裂。隨後，張天師命人挑來一大堆乾柴，讓王長點火，剎那間烈焰紛飛。張天師跳入烈火之中，剎那間足生蓮花，天師足踏蓮花從火中飄然而出；六魔見狀，蠻不在乎地說道：「這有什麼難的！」說罷，兩個魔王跳進火中，鬚髮燒毀，身上

張天師聖像圖

279

也被燒傷，狼狽不堪。剩下的四個魔王見狀，誰也不敢進去了。

張天師縱身跳入山澗流水中，乘著黃龍飛騰而出，衣服都沒有濕；六個魔王說道：「剛才火勢太猛烈，這入水之術，哪個不會！」也跳了進去，卻沉入水底，差點溺水而亡。

張天師飛身向一塊壁立的岩石撞去，岩石開裂，張天師從岩石後面走了出來。六魔王自恃力大無窮，其中一個魔王飛身猛撞岩石，卻撞得五臟翻騰，眼冒金星。張天師唸唸有詞，魔王半身陷在岩石中動彈不得，祈求哀號；張天師祭起一道神符，左手手指一指，魔王斃命；右手手指一指，魔王復活。旁觀的鬼帥也效用張天師的方法，卻沒什麼效果。

八部鬼帥不服氣，化身變作八隻吊睛白額猛虎，張牙舞爪騰空撲向張天師，張天師搖身一變，化成兩頭威猛的獅子，將猛虎追得無處可逃；隨後鬼帥又變成了八條巨龍，要吞食獅子；張天師見狀化做大鵬金翅鳥，巨喙如鐵，去啄巨龍雙眼。鬼帥變作神人，張網要捕金翅鳥，張天師化做金剛，高七十二萬丈，腰圍五十二萬長，頭戴高冠，踏蓮花寶台，面容身形千變萬化，駭退神人。

鬼帥不服，繼續和張天師鬥法。鬼帥騰身一躍十二丈，即刻跌落在地上；張天師縱身一躍，高數百丈，上無所攀，下無所依，停留在半空。鬼帥變成五色雲霧，籠罩大地，天地霎時昏暗陰冷；張天師化做一輪紅日飛入雲霄，將雲霧驅散。

鬼帥和魔王法術使盡，張天師拾起身邊的一個小石片，右手中指、拇指輕彈，石片飛上半空，轉瞬間變成了一塊巨大無比的磐石，飛升到鬼營上空，用一根細線吊著，細線兩邊有兩隻老鼠嚙咬。鬼帥和魔王見無法逃避，拜服在張真人面前，聲稱願意到偏遠之地居住，再也不到中土侵擾百姓。

於是，張天師將六魔王遣往羅酆山，山上有六大鬼神主斷人間禍福，將六魔王永鎮此地；張天師將八名鬼帥遣往西域。

青城鬼營中，有厲鬼流連不已，不願離去。張天師畫了一道神符，飛向九

天雲霄。剎那間風雨、天仙、兵馬、刀劍齊奔鬼營，屬鬼們四散逃跑，前往西域去了。

張天師將魔鬼居住的幽冥地獄奪了過來，設立了二十四個福地，貫入二十八星宿之陽剛正氣。每個福地設立陰官一名、仙官一名，執掌世人的善惡罪福。良善積德之人，由仙官紀錄功德，奏鳴上官，增加那人的福壽；作惡凶險之人且不能改過者，由陰官紀錄在案，減其福壽，或者斷其子孫。

張天師在福地設立陰官、仙官，對世人進行善惡賞罰。這體現了道教「天道承負」的教義思想。

淨化人心，培養人樂善好施、濟世利人的行為和思想境界，是道教教化的目的之一。因而，道教形成了善惡報應的教義，稱之為「天道承負」。天道承負的意思是：天道有輪迴循環，善惡自有承載。先人積善積德，可以蔭庇子孫後代；反之必定讓無辜的人蒙受災禍，前輩和後輩相承負。

道教的這一教義提醒人們：天道的循環報應，是由於惡人作惡造成的，給子孫後代和自然界，以及社會帶來了巨大危害。所以要免除承負，就要遵循「道」，依照「道」的標準來行為處世，多做好事，積善行德。

在道教「天道承負」教義中，特別重視和相信「現世報」，以更加現實的善惡獎懲，鼓勵人們。道教用增減人們的福壽生命，鼓勵人們追求積極有益的生活方式，有利於社會道德的建立和社會風氣的精華，對良好社會秩序的建立，起到了推動作用。

吳猛，晉朝道士，字世雲，濮陽 （今河南濮陽縣）人。仕吳為西安令，著名道士許遜的師父。宋政和二年（公元1112年），徽宗封為真人。

長生無用
陳摶對君王的進諫

符文是道教的方術之一。道教認為，在鬼神世界，符文具有不可抗拒的法力，同時也具備非凡的預測能力。張道陵創立了五斗米道之後，符文又被賦予了具有驅邪治病的法力。

從後唐到宋朝，歷代帝王對陳摶禮遇有加，多次封賞徵召。

後周華陰縣（陝西省境內，華山南部）縣令王奎，仰慕陳摶盛名，到華山拜訪陳摶。看到陳摶居住的九石岩，並沒有自己想像中香火興盛、建築精妙的廟觀，而是光禿禿的一塊大石頭，驚訝地問：「先生在何處居住呢？」陳摶吟詩一首：

蓬山高處是吾宮，出即凌虛跨曉風。

因此不將金鎖閉，來時自有白雲封。

後周皇帝周世宗也仰慕陳摶，特地召他來，向他請教國運前途。陳摶再次吟詩：

好塊木頭，茂盛無賽。

若要長久，添重寶蓋。

周世宗姓柴，名榮，暗合木頭茂盛之意思；但是後面一個轉折，道出了即將被大宋取代的命運。「木」字上面添重寶蓋，就是「宋」字。

周世宗要給陳摶加官進爵，被陳摶婉拒。後來，陳摶和名聲更盛的呂洞賓結為好友，名聲更加遠播。

歷代皇帝中，對方外高人的禮遇、崇敬和虔誠，恐怕非北宋皇帝宋太宗趙光義莫屬了。趙光義迷戀長生不老之術，四次下詔，懇請陳摶老祖出山面聖，

其態度之虔誠，言辭之懇切，達到了一個帝王的極致，也就是說按照他皇帝的身分，誠懇卑微得已經沒有餘地了。陳摶老祖三次婉拒，第四次實在抹不開面了，而且宋太宗也表達出了「鑿山選玉」的意思，也就是說，如果陳摶不下山，他是要動硬的了。陳摶老祖一則感於太宗的誠心，二則擔心累及山岳，只好跟著使臣下山，來到京師。

　　陳摶見到了宋太宗，太宗對他萬分厚待，和陳摶談話，覺得所言入情入理，十分愛聽。

　　這一天，宰相宋琪來拜望陳摶，問道：「先生所學的修養之道，長生之術，可以教授外人嗎？」

　　陳摶知道這是宋太宗派來探試口風的，說道：「我是一個山野凡人，怎麼

宋太宗趙光義

知道神仙之理、吐納養生之道呢？並沒有什麼法術可以傳教的。即便白日飛天，又有什麼益處呢？我看當今聖上風骨奇俊，龍顏秀異，有天人之表。他博古通今，善於治理國家，是當今有道之君也。君臣同心協力，將天下治理得清平安寧，萬民生活穩定，不受侵擾。這樣的功業，豈不比那些飛升成仙更為值得弘揚嗎？」

宰相宋琪聽罷，連連稱是，隨後將這番話轉述給了宋太宗，宋太宗對陳摶更加敬重，敕封陳摶為「希夷先生」，並讓有司修葺華山雲台觀。後來，宋太宗向陳摶請教治國方略，陳摶給宋太宗寫了四個大字「遠近輕重」。宋太宗不明白，請陳摶解釋，陳摶言道：「遠近輕重，遠離小人，親近賢臣，輕徭薄賦，重賞三軍。」太宗聽罷，讚嘆不已。

陳摶在宮中住了幾個月，執意要走。宋太宗挽留不住，只好放他歸山。

陳摶回到九石岩後，他的一百多位徒弟聚集過來，在華山下面結廬築室，聆聽陳摶講授《周易》。這天晚上，陳摶入睡，毛女對他說了一句「將相入翠煙」，便不見了。

後來，陳摶命門人為他在岩石上鑿建石室，石室建成後，裡面雲煙如翠。陳摶驟然明白了毛女所說的「將相入翠煙」是什麼意思了。他遣散隨行前來的徒弟，盤膝坐地，閉目辭世。徒弟將他的屍首放入石頭造成的匣子中，安放在石室內。徒弟們剛剛走出石室，岩石即刻崩裂塌陷，變成了懸崖峭壁。五色祥雲將谷口籠罩，幾十天後才慢慢散去。後來人們把這個地方叫做希夷峽。

一向崇尚長生、升天的道教教徒，竟然力諫皇帝「升天無用」，這是否和道教思想相背離呢？

陳摶深受黃老思想的影響。黃老思想是戰國時期出現的、和老莊思想有區別的新的道家思想。黃老思想的重點就是如何運用天道自然的思想來治理國家，是有其入世、積極一面的。他們崇尚無為而治，並不是摒棄君主，而是認為君主治理國家，不要干預過多，要把握住主要方向，同時也不要貪欲，不要

干擾人民的生產活動。

　　明白了這一點，也就不難理解陳摶老祖為什麼規諫宋太宗「升天無用」的良苦用心了。結合前面的何仙姑規諫武則天，我們看出，道教教徒並沒有完全置身於社會和政治之外的。

　　在道教之外，陳摶老祖在多個領域享有盛譽，他是一位卓有成績的易學家和詩人，是宋明理學的先驅。陳摶的道家思想，對宋朝理學影響很大，他留下了很多著述，為古代文化做出了很大貢獻。陳摶創立了陰陽魚互抱的太極圖，成為道家文化的重要標誌，也成為了中國太極文化的創始人。

　　《高抬貴手》、《心相篇》是陳摶的重要著作，將道家的手相學和面相學，及玄學引導到了唯物論範疇。他認為，不努力，即便富貴相也沒有用處。一個人只要努力奮鬥，靠勞動和智慧換取生活財富，堅持良好的道德素質，就是富貴相。

魏華存（公元252年─公元334年），晉朝女道士，字賢安，任城（今山東濟寧市境）人。司徒魏舒之女，博覽百家，通儒學五經，尤耽好老、莊。

仙道貴生
黍米裡面的神仙世界

道教將仙道貴生做為自己的經典教義，強調了生命品質和生命期限的重要性：生命品質最高，生命期限最長。

這一天，一個令人歡欣鼓舞的消息，傳遍了十方三界，傳播到三界之外。這個振奮人心的消息，就是「元始天尊要登壇說法，開劫渡人」。

天和地每若干萬年毀滅一次，然後重新開始，稱之為劫。如此反覆輪迴，波劫不止。一劫過去之後，一劫就要重新開始。每劫初開的時候，元始天尊都要登壇說法，傳播仙經。有緣分的，就能得道升仙，成為大羅金仙。所以元始天尊登壇說法的消息，格外受人關注。

登壇說法的日子到了，元始天尊說經的地方，天空澄明淨潔，空氣中始終充盈著令人心曠神怡的仙樂。前來聽法的十方天神不計其數，從四面八方飛下。他們有的踩著雲霞，有的乘坐仙車，有的騎跨仙鶴虎豹，有的乘著百鳥羽毛裝飾的羅傘，翩然而至。七天七夜中，萬仙無休無止地降臨，圍繞在法壇周圍。日月星辰停止了轉動，暴烈的神風也靜默下來；天上的浮雲隱藏到了山海之中，所有的一切，變得平靜、清澈、溫潤。土地山川，林木低谷，都變得平坦，沒有了高下之分；那些石頭、黃土，也變成了沒有一點雜色的碧玉。

元始天尊看到眾神畢至，跨上了靜候在一旁的五色獅子，開始說法講經。

第一遍經文講完，旁聽的神聖仙真同聲讚嘆，聾子恢復了聽覺；第二遍經文講完，盲人的雙眼恢復了光明；第三遍經書講完，啞巴也能開口說話了；第四遍經書講完，瘸子們都能正常走路，健步如飛；第五遍經書講完，那些久病不治的頑疾患者，恢復了健康；第六遍經書講完，老年人白髮變黑髮，牙齒跌

《道教聖賢圖》局部

落的生出了牙齒；第七遍經書講完，年老的人們返老還童，年輕人的體格更加強壯；第八遍經書講完，那些不孕不育的婦女都有了身孕；第九遍經書講完，地下的寶藏都從地下湧了出來；第十遍經書講完，埋葬在地下的枯骨，重新長出了血肉，變成了活人。

天上的神仙仍舊不斷湧來，地下的死人不斷重生變活。但見天上地下，人潮洶湧，猶如細雨密霧，難以計數。天地無法承載這麼多人，眼看就要有天崩地裂的危險，如何遏制這個災難呢？

元始天尊拿出一粒黍米大小的寶珠，輕輕一拋，黍米停留在空中。元始天尊身跨五色獅子，緩緩進入黍米中，諸位天神尾隨而至，浩如煙海、無邊無際的天神，全都進入了黍米之中。地下的有緣人，不斷成仙飛升，升天後也進入黍米中。天地之間的危機化解了。

　　諸神進入黍米中，卻發現裡面廣袤無邊。他們各自坐下，繼續聽天尊講法。講法的內容，只有黍米中的神仙知道了。後來一位神仙將天尊的經法紀錄下來，傳播世間，渡化有緣之人。這本書名為《靈寶無量渡人上品妙經》，用來專門講解「仙道貴生，無量渡人」的精深道理。

　　《靈寶無量渡人上品妙經》又稱《渡人經》，其核心內容就是「仙道貴生，無量渡人」。「仙道貴生」是道教的經典教義之一，也是道教信仰的核心宗旨，體現了道教的鮮明特色。

　　所謂「仙道」，也就是成仙得道。追求長生不老，是道教的終極目標。所以，仙道就是這個目標的具體體現和努力方向。所謂「貴生」，就是對生命品質的珍視。道教教徒十分重視個體生命，追求個體的精神快樂和生命的永恆。

　　道教「仙道貴生」的思想來源，一是秦漢時期神仙方術的信仰。在《南華經》（莊子所著的《莊子》）中，就描寫了大量的神仙傳說。第二個來源是老子的《道德經》，裡面鮮明表述了對修真長生的追求。《南華經》和《道德經》都是道教的經典著作，這就奠定了「仙道貴生」的思想基礎。道教明確指出，修道的目的就是要「唯願長生」、「生生不息」。

　　在這個教義的指引下，道教累積了豐富的養生、修練經驗。「我命在我不屬天地」，道教堅信凡人透過修練，生命可以為無限延續，所謂「長生不老」。

　　除了「仙道貴生」外，道教還講究「渡己渡人」，這表明了道教積極向上、胸懷世人的價值觀。

朱權（公元1378年—公元1448年），明朝道教學者、戲曲理論家、劇作家。著作有《漢唐秘史》等書數十種，道教專著有《天皇至道太清玉冊》八卷。

濟世利人
險灘龍女的微言大義

十方三界：所謂十方，指東方、南方、西方、北方、東北方、東南方、西南方、西北方、上方、下方。三界有三種分類方法：按照時間劃分，分為無極界、太極界、現世界；按照修道的境界劃分，分為欲界、色界、無色界；按照空間來劃分，分為天界、地界、水界。

　雲安人有個名叫翟干佑的，自幼有稟賦，長大後跟著黃鶴山的道人學習道術，後被人尊稱為天師。翟干佑擅長吐納呼吸之法，能書寫籙符，具有降龍伏虎、入海殺蛟的大神通。他擅長預測，和人談論將來的事情，沒有一件不應驗的。他每次上山，身邊總有一群猛虎跟隨。

　雲安井是一個座落在長江附近的小鎮（也就是千年古鎮雲安鎮，隸屬於四川省雲陽縣。三峽大壩移民後，已經不復存在了）。雲安井有一個長達三十里的長江支流，靠近雲安的十五里河道，水流清澈平靜，來往船隻可以順利通行；而靠近長江的十五里河道，險灘遍佈，亂石叢立，是令行船人大為頭痛的地方。

　翟干佑早有平定險灘、給船隻客商一個平安暢通的河道。這一天他做起法來，將統領險灘的神龍召集了過來。十四處神龍變化成了老者的模樣，前來赴會。翟天師說道：「眾位統領下的河道，險灘叢生，波濤凶惡，過路船隻通行甚為不便。煩請各位龍神，將自己所轄的河段平整一下，以方便過往客商。」十四名神龍採納了翟干佑的建議，但聽得河道之上風雷震動，一夜之間，十四里的險灘的河道通暢，水流平緩起來。

　十五里河道十五處險灘，尚存一處沒有平靜下來，掌管那處的龍神也沒來

龍女

赴會。翟天師再次做法，將龍神召請過來。掌管第十五處險灘的，是一位龍女。翟天師問她為何不應召，龍女說道：「我不來赴會，自有道理，其實是在幫助天師廣濟民眾，修善積德。通行這條河道的，大多是富商大賈，他們財力豐厚；而受雇於拉縴搬運的，都是貧寒的窮苦之家。雲安窮人，大多靠江吃江，從長江口挑運貨物，養家糊口。你把這十五處險灘都平靜了，那些船隻暢快通行。地方上的貧民，失去了搬運挑貨的機會，他們靠什麼養家呢？我願意讓那些險灘湧波，給那些窮人製造搬運養家的機會，也不願意讓舟船暢通。」

翟天師聽聞此言，大為驚嘆：「龍女的慈悲之心，堪比日月，貧道慚愧弗如！」於是他再次召集十四名龍神，將河道恢復了舊貌。

龍女裡面的微言大義，是從濟世利人的角度出發的。這個故事，表達了道教濟世利人的價值觀。

道教向來注重對教眾品德的要求，認為修行不僅僅是身體的修行，還包括心理和道德的修行。高尚的道德，是一個人成道的基礎。道教教義中「尊道貴德」中的「貴德」，就是對人品道德的要求。

同時，道教還認為只有個人道德的完善，還遠遠不夠，他們同時講究「渡己渡人」、「濟世利人」等帶有積極色彩的價值觀。道教是鼓勵造福世人、利益國家的行為的，比如他們尊奉的關公、呂洞賓、孫思邈等，這些人身上都具有濟世利人、普渡眾生的道德素質。

寇謙之（公元365年—公元448年），北魏道士，字輔真，祖籍上谷昌平（今屬北京）。太延（公元435年—公元440年）末，太武帝聽從寇謙之的進言，改年號為「太平真君」，並親至道壇受籙，成為道士皇帝，封寇謙之為國師。

清淨寡慾
丘處機「一言止殺」的豐功偉績

龍門派是全真七子之一的丘處機所傳播的教派，也是王重陽開創的全真七派中發展最快、影響最大的教派，成為全真道的主要道派。

丘處機是全真教創始人王重陽的弟子，也是道家著名的「全真七子」之一，是全真教第五任掌門人。那時戰亂頻仍，人民生活困苦。為了在精神和心靈上尋找寄託，他們紛紛加入全真教。一時間，全真教在北方地區繁盛起來，名聲大振。

丘處機升任掌門的時候，已經七十歲了。他鶴髮童顏，形貌神異，被外界風傳具有長生不老之術和治理天下的方略。正在率領大軍西征的成吉思汗，聽聞到關於丘處機的傳言，十分嚮往丘處機的長生術。臣下看出了他的心思，進言道：「聽聞丘處機快要三百歲了，他肯定具有長生不老之術。這樣的神仙，陛下一定要請來，切勿錯過長生升天的良機。」

俗話說的好，當了皇帝還不滿足，還想得道升仙，可見道家「追求長生」的理念，對世人的影響有多麼大。雄霸天下、權力和財富，傲視古今的成吉思汗，聽了下臣的進諫，即刻寫了一封措辭誠懇的詔書，派遣使者邀請丘處機。

公元1219年秋冬之際，使者拿著元太祖成吉思汗的詔書，找到了丘處機。面對詔書，丘處機再三權衡。按照全真教清心寡慾、清靜無為的教規，丘處機不想在亂世之中，和政治有任何瓜葛。在此

長春真人——丘處機

之前，他就婉拒過金國和南宋皇帝的召請。但丘處機高瞻遠矚，他認識到蒙古必定統一天下。為了全真教的存亡發展，也想藉機為民請命，規諫成吉思汗在征戰中減少殺戮，他決定應詔。

這年臘月，在尹志平、李志常等十八名弟子跟隨下，丘處機從山東啟程西行。

公元1220年2月20日，丘處機一行到達燕京（也就是現在的北京），京城內高官貴族、平民百姓，齊聚盧溝橋熱情歡迎。他們紛紛向這位傳說中的大神仙索取墨寶，做為護身符，欲求躲過兵刀戰火的侵襲。

此時此刻，成吉思汗率領西征的大軍越走越遠。當時丘處機七十多歲了，他感覺年邁體衰，無法跋涉如此之遠的路程。使者劉仲祿以為丘處機藉故推託，竟然挑選了一些漂亮姑娘隨行，這個舉動大大激怒了丘處機。成吉思汗聽聞此事後，再次寫下言辭懇切的詔書，懇請丘處機西行。

公元1221年2月8日，丘處機帶領弟子們，開始了艱苦卓絕的西行之路。他們在旅途中，不時遭受沙塵暴和流沙的侵襲。流沙來臨的時候，車輪馬腿被流沙掩埋阻擋，人站在原地，寸步難移。期間的艱辛，一言難盡。

一年後的夏天，丘處機在今阿富汗境內的興都庫什山，找到了成吉思汗大軍。成吉思汗見到思慕已久的丘真人，那種興奮的心情，無法言表。豪爽成性的成吉思汗，開門見山向丘處機討要長生不老的法術和仙藥。早有心理準備的丘處機說道：「世界上養生之道是有的，卻沒有長生不老的仙丹。那些年壽短的人，大多不懂如何養生。」

成吉思汗向丘處機請教養生之道，丘處機說道：「如欲長壽，必要養生；如若養生，務須清心寡慾。所謂清心寡慾，一則清除雜念；二則減少私慾；三則保持心地寧靜。」

隨後，丘處機和成吉思汗相處了一年。有一次，成吉思汗在打獵的時候突然墜馬，前面奔跑的野豬卻沒有撲向成吉思汗。丘處機藉機規諫道：「陛下年事已高，不宜再多打獵殺生。墜馬正是上天的警告，野豬不敢靠近，乃是上天

在庇護陛下。所以，陛下萬萬不可挑逆了上天的意思。」他不斷規勸成吉思汗敬天愛民，體恤民間疾苦，愛護黎民百姓。

滅國無數的成吉思汗，自然不會完全認可丘處機的這些建議，但仍舊在很大程度上，減少了蒙古大軍對漢人的殺戮。康熙皇帝曾經稱讚丘處機「一言止殺」，具有「濟世奇功」。

一年後，丘處機思念家鄉，加之不適應高原氣候，決定東歸。公元1223年3月，成吉思汗和丘處機依依惜別，丘處機婉拒了成吉思汗贈送的金銀財寶。於是，成吉思汗免去天下全真教徒的賦稅，並且派出五千騎兵護衛他還鄉。後來，成吉思汗又賜給丘處機虎符璽書，尊奉他為蒙古國國師。憑藉特殊身分，丘處機解救了大批中原人士。

在這個事件中，我們可以清晰地看出道教清淨寡慾、濟世利人的信仰宗旨。

清淨寡慾，是道教教義之一。對道家的「道」而言，只有保持清淨的本性，才能養護萬物；而對人類社會而言，如果以「清淨」的思想來修身治國，將造福萬民，人們會得到休養生息，生命也會得到昇華。所以道教要求修道之人，首先要學會清淨，做到清心寡慾，才能實現修行得道的最終目標。《清淨經》對清淨的要旨，做了詳細闡述：「人能常清淨，天地悉皆歸。」可見清淨寡慾的教義，在道教信仰中具有重要地位。

丘處機用道家的這一教義，來規諫成吉思汗，讓其「清心寡慾」，減少殺戮之心。在神仙信仰和因果報應的威懾下，成吉思汗部分採納了丘處機的建議，一定程度上約束和收斂了蒙古統治者的殺戮行為。

丘處機（公元1148年—公元1227年），金、元之際全真道長，字通密，號長春子，登州棲霞人（今屬山東）人。金大定年間，學道於全真教祖師王重陽，與另外六弟子被稱為「七真」或「全真七子」。

第五篇
道教歷史故事和民間傳奇

盧生
引發焚書坑儒慘案的秦朝方士

方仙道是道教早起教派之一，興起於戰國末期，是指從事方術、方技等道術的人，時稱方士。方士們的技術包括天文、醫學、神仙、占卜、相術、堪輿等，他們宣揚透過服食、祭祀可以長生成仙。

秦滅燕國後，燕國方士盧生為躲避戰亂，逃往碣石山中，潛心修行。

盧生有兩個朋友叫羨門、高誓，都是戰國時代燕國的著名神仙方士。他們上通天文，下曉地理；扶危濟困，品德高尚，被燕人尊稱為聖賢。秦滅六國後，盧生的這兩個朋友去向不明。崇拜他們的人們，以為他們得道成仙了，於是修建起了廟宇，塑像供奉，從此香火日益鼎盛。人們最初將羨門、高誓奉做神仙，後來隨著善男信女的傳播，卻逐漸將羨門、高誓說成得到了長生不老之藥，永生不死存留在世上的人了。

「碣石山中出了長生不老的神仙了！」、「碣石山中藏有長生不老之藥！」……一時間，這樣的傳言越傳越廣，傳到了丞相李斯的耳中。李斯將此事稟報給了秦始皇，熱衷於長生不老的秦始皇，即刻親

碣石山

自帶人趕往碣石山，尋找羨門、高誓求仙問藥。

到了碣石山，秦始皇看到山勢高聳，山前的大海波瀾壯闊。詢問當地人，誰也無法說出羨門、高誓的具體住所。秦始皇派人四處打探，得知盧生是兩位高人的朋友，於是將盧生召來，逼迫盧生尋找羨門、高誓，求取長生不老之藥。

在威逼之下，盧生乘船出海，尋仙問藥。他當然找不到長生不老藥，回來之後編造謊言，說之所以沒有尋到長生不老藥，是因為有「惡鬼」為害。他建議秦始皇隱蔽行蹤，躲避惡鬼。秦始皇聽信了盧生的話，將咸陽之內的兩百里行宮，全部用甬道相連，裡面用帷帳遮蔽，放置著鐘鼓、美人。每次臨幸行宮，隨行者不許洩露行蹤，否則處死。這一天，秦始皇巡幸到了梁山宮，看見丞相李斯車馬眾多，十分不滿。隨從中有人告訴了李斯，李斯第二次出門時，有意減少車馬。秦始皇知道有人洩密了，拘捕了當日所有隨行人員。因為查不出誰是洩密者，下令將隨行人員全部殺死。從此，再也沒人知道秦始皇的行蹤了。

盧生儘管是當時著名的神仙方士，但也知道尋找羨門、高誓求取長生不老之藥比登天還難。他儘管得到了秦始皇的寵信，但他心裡明白，總有一天會事情敗露，招致殺身之禍。因為按照秦朝法律，方士進獻長生不老藥不靈驗的話，按律處斬，所以想藉機逃脫。但是秦始皇派出的守衛日夜監守，根本沒機會逃走。盧生無奈之下，只好裝神弄鬼，謊稱神仙托夢，曉諭自己轉告秦始皇「亡秦者胡也」。

胡人，也就是當時的匈奴人，是秦始皇的心腹大患，也是他的邊防心病。當時的匈奴人兵強馬壯，雄兵陳列邊境，對秦國虎視眈眈。秦始皇聽了盧生的話，顧不上尋找長生不老之藥，立刻動身到北方巡檢邊境，修築長城去了。他萬萬沒有想到，這個亡秦的「胡」，不是胡人匈奴，而是自己的兒子胡亥——這是後話了。

　　秦始皇親自監守長城的修建，逐漸放鬆了對盧生的看管，盧生瞅準時機，逃離了咸陽。幾經流離，來到了現在的湖南省隆回縣望雲山。盧生見這裡山清水秀，人傑地靈，實為龍氣聚集之地，於是修建了一間草屋，在這裡燒製丹藥。

　　盧生的逃跑激怒了秦始皇，他下令對所有在咸陽的方士審查詢問，但是仍舊沒有得到盧生的蹤跡。秦始皇大怒之下，將逮捕的四百多名儒生方士全部坑殺，釀成了歷史上著名的坑儒事件。

　　盧生和前面提到的徐福，都是春秋戰國時期神仙方士中的一員。對於盧生，史載的資料很少。當時為秦始皇出海尋找長生不老丹藥的，除了徐福和盧生之外，還有韓眾、侯生等方術神仙家。

　　所謂方士，就是持有方術的人士，一般簡稱為方士或者術士，後來稱為道士。方士緣起於春秋戰國時期臨海的齊國和燕國。戰國末期，齊國齊威王、齊宣王在位的時候，方士們已經形成了自己的傳授系統。在司馬遷的《史記》中，稱他們為「方仙道」，其中，宋無忌、正伯僑、充尚和羨門子高是其中的代表人物。

　　這些方士被稱為神仙家，是春秋戰國時期的諸子百家之一。他們之中多是迷信為生、巧舌如簧的三教九流式人物，但其中也有許多精通醫藥、占星術、煉丹術和航海術的有識之士。追求長生不老是神仙家們的終極追求，他們認為透過服食丹藥可以成為神仙。從戰國時期到漢初，為了迎合皇帝貴族長生不老的願望，這些神仙方士入海求仙成風。這些方術神仙家，成為道教創立的重要思想來源。

謝守灝 （公元1134年—公元1212年），南宋道士，永嘉瑞安（今浙江瑞安市）人，字懷英。年少聰慧明敏，博聞強識，善辭辯，十四歲即能聯詞屬文。勵精儒業，博覽群書，「自六經諸子百家，靡不精究」。

漢武帝求仙
牛肚子裡面的帛書

春秋戰國時期神仙家方術和民間巫術的鬼神信仰，是道教主要的思想來源之一。

漢武帝登基後，一心尋求長生不老之術，下詔在全國尋訪有道的異人。

這一天，從齊地來的李少君，覲見漢武帝，自稱能製造長生不老藥。按照現在的話來講，李少君屬於膽大心細的騙子。他利用了漢武帝醉心長生不老的心態，想在漢武帝身邊獲得寵信，求取榮華富貴。

李少君對漢武帝說道：「臣下有一個妙方，名為『祠灶穀道卻老方』。用祠灶煉製的丹砂，可以化成黃金丹藥。吃了這種黃金丹藥，可以長壽。只要長壽，就有機會到蓬萊山中面見仙人，求取長生不老的方法。」李少君又說：「臣下曾經在海上遊玩，見到了異人安期生，他經常吃一種大如瓜果的巨棗。安期生和蓬萊山上的仙人們關係都很好，經常往來。如果陛下虔誠，我可以引薦你和安期生見面。不過這個人行蹤不定，找他有點困難。」

可見，這個李少君十分擅長說大話騙人，最後一句「不過這個人行蹤不定，找他有點困難」給自己日後解脫埋下了伏筆。漢武帝這樣文韜武略的英主，卻偏偏被這個三教九流的李少君騙得團團轉。他聽信了李少君的話，給了李少君很多封賞，將其納到自己身邊做了親信，然後派遣了大量方士，入海尋找安期生。與此同時，漢武帝敕令李少君建造丹爐，煉製長壽黃金丹藥。

安期生沒有找到，丹藥也沒有煉成，自稱不死神仙的李少君竟一命嗚呼了。不過他死的也是時候，要不然弄上個三年、五年，安期生也找不到，丹藥也煉不成，他該怎樣收場！

漢武帝求仙

　　還好，李少君後繼有人。為了富貴榮華，天下可有膽子大的人冒天下之大不韙，在漢武帝面前大肆行騙。這個人名叫少翁，也是齊國人。在春秋戰國時期，齊國和燕國的神仙方士佔了很大比例。

　　這個少翁比起李少君來更能故弄玄虛。他自稱有一種「鬼神」方，能在夜裡將灶君和王夫人（漢武帝已故愛妃）的鬼魂召來，和漢武帝見面。也不知道少翁用了什麼方法，反正讓漢武帝見了王夫人的鬼魂，漢武帝對少翁佩服得是五體投地，拜他為文成將軍，賞賜的金銀珠寶不計其數。

　　少翁很快發跡了，但是他的結局要比李少君悲慘得多。一年多的時間過去了，少翁的鬼神方不見一點效果，長生不老藥也沒有絲毫蹤跡。漢武帝催逼得緊了，他想出了一個辦法。這天他在布帛上寫了幾句玄妙難懂的文字，然後將帛書放進牛草料中，吃進了牛肚子。第二天一早，少翁故作玄虛，說昨夜觀天象，皇宮有異。漢武帝詢問皇宮哪裡有異，少翁又是焚香掐訣，又是披頭散髮跳大神，折騰了一陣子後說道，牛肚子裡面，藏有天書。

　　漢武帝命人牽來牛，殺了一看，肚子裡面果然有帛書。漢武帝畢竟是一代

天驕，他慧眼一看，帛書的字跡是少翁的，這才知道少翁自始至終都在欺騙自己，一怒之下砍了少翁的腦袋。但是對外嚴加封鎖消息，免得被人笑話。

漢武帝的求仙勁頭，比起秦始皇來絲毫不遜色。李少君去世了，少翁被他殺死了，後來又有一個名叫欒大的人毛遂自薦，用小魔術騙取了漢武帝的信任，被漢武帝封為樂通侯，佩戴四枚將軍印，賜給他列侯宅邸，奴僕千人。可見漢武帝為了求仙問藥，不惜血本了。後來欒大的方術久不靈驗，步了少翁的後塵，也死在了漢武帝的刀下。

漢武帝在位幾十年，為了求仙問藥，耗費了巨大的財力、物力，建造了神祠無數，派出去到海上、到名山尋仙問藥的方士們成千上萬，但都一無所獲。所幸的是，漢武帝到了晚年厭倦了那些方士們的巧言怪語，臨死前終於明白了：天下哪有什麼仙人，只不過是神仙家們的妖言蠱惑罷了！

秦皇、漢武的求仙問藥儘管都以失敗告終，但是從客觀上刺激了秦漢時期神仙方術士們的迷信活動，為道教的創立，堅定了深厚的民間基礎。

蔣宗瑛（？一公元1281年），宋朝道士，茅山上清派第三十八代宗師。字大玉，號沖妙先生，毗陵（今江蘇常州市）人。幼習儒業，期於科舉入仕；而長則雲遊四方，寄情山水之勝。

宋真宗年間的「天書下降」事件

服氣避穀是道教的修練方式之一。簡而言之就是修練達到了一定境界之後，可以不吃五穀雜糧，單純靠呼氣吸氣維持生命活動。道教認為透過這種方法的修練可以達到長生不老的目的。

公元1007年正月的一天，宋真宗趙恆緊急召見了宰相王旦和王欽若等大臣。

眾大臣行禮完畢後，站立大殿兩旁，聽候真宗皇帝曉諭。但見真宗皇帝滿臉喜氣，說道：「天降祥瑞，我大宋有福了。昨天晚上，朕夢見有神人告知，將有天書下降。特召集眾臣，一起焚香等候。」王旦和王欽若等人聽聞此言，即刻跪拜在地，高聲歡呼萬歲，紛紛加以祝賀。

隨後，宋真宗和眾位大臣，一起來到承天門。承天門前的空地上，早就擺好了香爐，眾人一起焚香禱告，等候天書降臨。

中午時分，突然響起了陣陣仙樂，中間夾雜著仙鶴鳴叫的聲音。王旦對宋真宗言道：「有仙樂和鶴鳴，恐怕是天書降臨了。」於是命人四下尋找，終於在承天門屋頂上，尋到了黃帛包裹的天書。黃帛上面寫著二十一個大字：「趙受命，興於宋，付於恆，居其器，守於正，世七百，九九定。」

儘管是統領天下的皇帝，儘管是一人之下萬人之上的高官，但畢竟個個都是凡夫俗子，能有機會一睹天書，那種心情，那種表情，是無法用言語來形容的。總之，一行人等戰戰兢兢、恭恭敬敬將天書逢迎到大殿之內，焚香供奉了一會兒，然後解開天書外面的黃帛。一般而言，天書是很難懂的，但是這個天書，都是清清楚楚的漢字，中心意思是宋真宗才德過人，英明神武，統領大宋江山乃眾望所歸。天書曉諭宋真宗要為政清廉，以天下萬民為念，使大宋江山千秋萬代永續下去。

因為天書的封面寫的是《大中祥符》，末真宗即刻將公元1007年改為大中祥符元年，宣佈天下大赦。天書降臨皇宮的消息很快傳播開了，大宋臣民無不歡欣鼓舞。

好事還在後面。同年四月，皇宮內的功德閣，也有天書下降，天書的內容沒有史載。同年的六月八日，有人在泰山西南的林木上，發現了一個飄蕩的黃綢緞，摘下來一看是天書下降。急忙送到京師展讀，上面寫著八句話三十二個字：汝崇孝奉，育民廣福。錫爾嘉瑞，黎庶咸知。秘守斯言，善解吾意。國祚廷永，壽歷遐歲。

按照史書記載，讀完天書後，有百官奏稱：皇宮上空有五色雲彩，有黃色絢爛的雲霧，像風一樣飄來飄去。

接二連三發現天書，北宋臣民舉國歡騰。全國臣民以各種方式加以慶賀，表達對聖德皇帝的愛戴之情。在宰相王旦的率領下，文武百官、社會各界等兩萬多名代表上書宋真宗，要求進行封禪泰山的大典。

當時的宋真宗還算頭腦清醒。他認為大宋開國不久，國力、民心需要安定，不應該大肆鋪張，舉行封禪大典。宋真宗的這個姿態，使得百官萬民紛紛讚頌。官員們將歷年的國庫收支情況呈給了趙恆，表明大宋帝國完全有能力進行封禪。第二年，宋真宗到泰山進行了規模

古代帝王的封禪大典

浩大的封禪大典。

在此後的公元1012年，宋真宗又自稱夢見玉皇大帝和趙氏始祖，說玉皇大帝和趙氏始祖對自己寄予厚望云云。這裡的趙氏始祖，其實就是道教信奉的「九天司命天尊」。隨後，宋真宗將趙氏始祖定名為「趙玄朗」。

天書下降，是宋真宗利用道教進行的一項政治遮羞運動。

公元1004年，宋遼兩國訂立了澶淵之盟。大宋上下都將這個賠款協議當作奇恥大辱。為了挽回自己的面子，道教神明成了宋真宗利用的工具，他親手自演自導了這幾起「天書下降」的崇道鬧劇。同時，宋真宗利用玉皇大帝和道教祖宗趙玄朗的降神運動，來增加自己的政治光環。

在中國歷史上，北宋是繼唐朝之後的道教興盛時期。無論唐朝和宋朝，統治者都是利用道教的神秘色彩，來神化自己的統治，強化「君權神授」的至高地位和神聖權威。

宋真宗對道教的崇尚，可以說是歷屆帝王之最了。他不僅親自為自己導演了「天書下降」、「玉帝談話」的鬧劇，還制訂了多個和道教有關的節日，在崇尚道教上花費的錢財，多不勝數，成了大宋財政虧空、積貧積弱的重要根源。

薩守堅是北宋時西河（今山西汾陽縣）人，一說南華（今山東荷澤縣）人，自稱汾陽薩客，師事第三十一代天師張時修，授以秘要，是道教著名的四大天師之一。

葫蘆神仙

按摩術是道教修練方法之一，最初是做為導引術的輔助方法出現的，後來日漸豐富，單立了科目。

東漢時期，有一個四處流浪的賣藥老人，來到了汝南城（今河南省汝南縣）。老人的藥都裝在葫蘆裡，人們不知道老人的來歷和姓名，稱他「壺公」。

因為療效神奇，老人賣藥從來不討價還價，說多少錢，就是多少錢。漸漸地，老人的名聲傳遍了全城，好多人都來買他的藥，壺公收入可觀，每天竟然能有數萬錢的收入。

當地有一個小官吏，名叫費長房。他曾經從壺公那裡買過幾劑藥，他發現不管什麼病，老人給的藥都一樣。更讓費長房不解的是，老人每天只留很少的錢，剩下的藥錢全部施捨給窮人。費長房跟蹤老人，想找到他居住的地方，擇日拜訪，卻發現老人既不在客棧，也不在寺廟，更沒有購置田宅。每天傍晚，老人看看左右無人，就會跳入藥葫蘆裡面。

費長房知道這個老人非同一般，於是蓄意結交。每天一大早，他總要把老人擺攤賣藥的地方，打掃得乾乾淨淨，每天早上奉上早餐，午間奉上午餐。壺公受之泰然，也不稱謝。

很多天過去了，費長房一如既往，絲毫沒有倦怠之意，也不向壺公請求什麼。費長房的虔誠感動了壺公，他和費長房約定了地點，告訴費長房天黑的時候前去見他。

天黑的時候，費長房來到了約定地點，看見壺公背著葫蘆在等他了。壺公一見費長房就說：「我現在跳進壺中，你也跟著跳進來。別看葫蘆小，只管跳就是了。」說罷跳了進去。費長房看著放在腳下的葫蘆，擔心雙腳踩下去將葫

蘆踩爛。他屏氣凝神，雙腳跳起，對著壺嘴踩了下去，卻看見壺嘴一下子變得很大，費長房毫不費力地跳進去了。

進入壺中，費長房看到壺公正在等著他。壺公挽著他的手往裡面走，費長房看到葫蘆裡面是另外一個世界，日月朗照，微風吹拂。迎面看去，是一座仙宮。仙宮重重疊疊，雕樑畫棟，曲徑迴廊；樓臺館閣，一應俱全。仙宮外面，十幾個金甲天神侍立兩旁，不怒自威。

壺公說道：「我原本是上界神仙，因為瀆職被貶下了人間。你還算有仙緣，得以遇見我，看來你也是一個可以造就的人啊！」費長房一聽，急忙跪拜在地，連稱「師父」。

費長房拜師後，和壺公從葫蘆裡面走了出來。又過了幾天，壺公說道：「我要長久離開這裡了，你跟我走嗎？」長房說道：「我跟老師學道的決心，老師已經知道了。唯一值得牽掛的是我的家人。此去必將不返回，我怎麼向他們告別呢？」

壺公說道：「這很簡單。」於是遞給他一青竹手杖，告訴他回到家裡裝病躺下，手杖放在身邊。然後不要說話，直接走出來就行。費長房回到家中，依計而行，家人見費長房死了，嚎啕大哭，幾天後將屍體埋葬了。

費長房從家裡走出來後，和壺公一同來到一個陌生的地方。第一天壺公讓費長房和一大群老虎待在一起。老虎長著血盆大口對他張牙舞爪，費長房毫不畏懼；第二天，壺公讓費長房待在一間冰冷寒涼的石屋子，頭頂上用茅草繩吊著一個千斤重的巨石，石頭上群蛇亂舞，不停啃咬毛糙繩。費長房端坐在巨石下，一天一夜，一點也不害怕。

壺公十分滿意，對費長房微笑說道：「你真是可造之材！」他從褲袋裡拿出一顆珍珠，說道：「這顆珍珠價值連城。有了它，醇酒、婦人任你享用；榮華富貴，世代不絕。」費長房的眼睛裡透出了艷羨的神色。壺公嘆息一聲：「你終究定力太差，不算上好的材質，成不了神仙。但你也不是泛泛之輩，可以做地上鬼神的首領，享受幾百年的壽命。」

駕鶴仙人圖

　　費長房悔恨萬分，心想，千難萬險都經歷了，卻在最後一次試驗中失敗了。壺公交給他一根竹杖，讓他騎乘回家。費長房騎上竹杖，轉眼到了家中。家人見到他，都以為白日見鬼，費長房將前因後果向家裡人說了，家裡人半信半疑，挖開他的墳，將棺材打開，發現裡面只有一根青竹杖。

　　費長房功虧一簣，未能修成神仙。但壺公送給了他一卷符書，可以召喚鬼怪，役使神妖；治病救災，造福百姓。他還學成了縮地術，千里之外，一步之遙。也不枉費他的一番周折。

　　包括道教在內的諸多宗教，對信仰者的虔誠度，要求都是很高的。在這個故事中，費長房數十天如一日地為壺公打掃地攤，給壺公送飯，小心侍奉，目的是表達自己學道的虔誠之心。壺公對費長房的虔誠度有了一定瞭解之後，便答應收他為徒，教他道術。

　　在一些道教故事中，我們常常看到有道術的神仙高人，下凡化成骯髒的乞

丐，或者境遇艱難的落難之人，尋求世人的庇護和幫助。在這個過程中，來試探人們的善良之心和虔誠度，以此來尋找可以傳授的徒弟。

道教認為，只有虔誠的人，具備了很大的信心，堅持認真修練，必定能得道成仙。壺公最後用珍珠試探費長房，費長房露出了貪婪的意念。壺公於是很惋惜地說「你終究定力太差，不算上好的材質，成不了神仙」。道教除了要求信仰者有足夠的虔誠之心外，還要有摒棄世間榮華、清淨修道的決心。費長房虔誠度夠了，但是內心還是不夠清淨，所以失去了成為神仙的機會。

陸修靜（公元406年一公元477年），南朝劉宋道士，字元德，吳興東遷（今浙江吳興東）人，三國時東吳名丞相陸凱的後裔。他將長期收集到的大量道經加以校刊整理，辨別真偽，泰始七年（公元471年）編定《三洞經書目錄》，是道教史上最早道經總目。

賣米者的長生術

咒語是道教方術之一，是法師口中常年的三言或四言短語，少則數字，多則百字。道教認為咒語是天上神靈的預言，具有無窮法力。

李玨是廣陵江陰人（廣陵也就是現在的江蘇省揚州市），祖居於此，世代以販米為業。

李玨為人寬厚樸實，品行端正。和一般商人不同的是，他把生意上的利潤，看得很淡。李玨十五歲的時候，開始接觸生意，跟父親販米。父親不在家的時候，他就單獨掌管買賣。有人來糴米，他就讓客人自己拿升斗自己量，從來不計較升斗的深淺和價格的貴賤，只要每升能賺兩文錢，就很知足了。這個利潤，在當地的販米行業是很微薄的。

儘管利潤微薄，但李玨卻能用來周轉資金、贍養家小；幾年過去了，家財累積的十分豐厚，這讓父親覺得奇怪，便問他緣由。李玨如實向父親講述了自己的「生意經」。父親聽完，感慨萬分：「我們販米同行，沒有一個不是大斗、小斗兩套量器。他們大斗進，小斗出，利潤豐厚。儘管官府在春秋兩季進行量器檢測，卻無法制止這種現象。我很早就覺得這樣做生意太坑害顧客了，是傷天害理的行為，於是只用一套升斗，量出、量入都用它。幾十年來，一直這樣做，沒覺得有什麼偏頗不公。而你現在竟然讓顧客自己量米，實際上比我的善心更進了一步。你這樣做，雖然利潤微薄，但我們家財卻如此豐裕，這難道不是上天在眷顧嗎？」

李玨的雙親去世後，他仍舊做販米生意，一直到八十歲。

淮南節度使李玨，是一位外放的相爺。因為和相爺同名同姓，賣米的李玨為了規避名諱，改名為李寬。

這一天，節度使李玨夢到自己到了一個山洞。山洞正值鮮花盛開，景色優

美。百鳥齊飛，婉轉啼鳴；天上彩雲飄飄，瑞色籠罩；洞內亭臺樓閣，連成一片。李玨見狀，滿心歡喜。他隨意漫步，看到一處石壁十分光滑，上面寫著嵌金大字，都是人的姓名。他仔細一看，中間還有「李玨」兩個字。李玨見此，十分高興，心想，應該是我做宰相的時候，做了很多澤及萬民的政事。上天嘉許我的行為，現在在石壁上鑿刻我的姓名，把我錄用為神仙了。

李玨越想越高興，這時候石壁左右有兩個仙童向他走來。李玨問道：「這是什麼地方？」仙童說這是華陽洞天。李玨再問：「這石壁上的『李玨』，可是我的名字？」仙童答道：「這是江陰的賣米李玨，並非相爺。」

李玨一大早醒來，夢中的事情歷歷在目。他越想越覺得奇怪，去詢問法術高明的道士，道士並不知道江陰李玨這人。江陰屬於李玨的治下，他召來江陰官吏，江陰官吏認真查訪後，並沒有打聽到有販米商人叫李玨的。好奇心越來越重的李玨，責令江陰官吏用心查找。幾天後才尋訪到，世代賣米的李寬，原名就叫李玨。

節度使李玨派遣車馬，將李寬接到府中，好生相待。李玨沐浴更衣，尊敬地稱李寬為道兄。李寬在六十歲的時候，有道士傳給他避穀之法、胎息之術，他很早就不吃五穀雜糧了。所以李寬道骨仙風，長鬚純白可愛，這使李玨全家

升仙圖

從內心敬仰，早晚行參拜之禮。一個月過去了，李玨向李寬講述了自己夢中奇遇，向他請教道法仙術。李寬再三表白，自己並不會什麼仙術。只說自己以販米為生。李玨再三詢問，才知道李寬經商看輕利潤、優厚顧客。他嘆息道：「先生的做法，常人是很難做到的。您累積了陰功，所以得到了升仙的嘉獎。所以，世上富貴之人，為富不仁就會招致損傷；世上貧賤之人，德行高尚就能登上仙籍。您的做為，是塵世中人的最好榜樣呀！」

　　李寬一百歲的時候，身輕體健，沒有一點衰老的跡象。這天他突然對子孫們說道：「我在世上這麼多年，雖然不吃五穀雜糧，可是對你們也沒什麼益處。」說罷，當晚就去世了。三天後家人準備將李寬下葬，棺木突然裂開，人們發現，李寬的衣服還在，人卻不見了，就像蟬蛻皮一樣。原來，李寬已經升仙而去了。

　　道教對教徒的品德要求是很嚴格的，它提倡教徒要有慈悲善心，廣積陰功，要求「積功累德，慈心於物」，反對放縱自己。

　　所謂陰功，就是陰德。指暗中做好事。道教認為，人生在世，無論你做什麼，天上的神明都知道。那些暗中做好事的人，陰間都會有神明紀錄，這個人或者他的後代就會得到善報，反之就會得到惡報。道教認為「禍福無門，唯人自召。善惡之報，如影隨形」。

　　賣米的李玨（李寬），就是一個廣積陰功的人。他打破了糶米行業「大斗進、小斗出」的害人陳規，將升斗統一，而且讓買米的人自己量。這對那些貧寒人家而言，是最好的救濟和善德。李玨的陰功感動了神明，他得到了現世善報，飛升入天成了神仙。

　　道教提倡的積陰功、行善事，是具有辨證關係的。它並不提倡行善者無窮無盡的施捨、支出，反之，它講究行善者利人利己。只有利人利己前提下的行善，才具有完滿的人格，才有行善乃至修練的動力。

　　道教這種提倡「廣積陰功」的理念，對道教教徒的品德起到了很好的約束作用，對社會秩序而言，也是很有積極意義的。

朱自英（公元976年—公元1029年），宋朝道士，字隱芝，句曲朱陽里（今江蘇省句容縣東南）人。幼年即習道，師從玉晨觀道士朱文吉。十一歲時，得渡為道士，後為茅山上清派第二十三代宗師。

入水出火後的澈悟

　　道教認為，男女性交是天地陰陽交感之道的自然生理現象，禁慾或者縱慾，都會危害身體。

　　在浙江省湖州境內，有一座道教名山金蓋山，道教全真龍門派曾經將金蓋山做為在江南傳教的重要據點。胡剛剛，是傳說中的道教女仙之一，曾經擔任金蓋山的護法仙子。

　　胡剛剛祖籍松江府青浦（今上海市青浦縣），原名滿月。胡剛剛年幼時，聰慧異常。這一天她獨自在門外玩耍，遇到了一個異人，傳授給了她煉丹秘訣。到了九歲的時候，胡剛剛功夫已經很深厚了；十二歲的時候，胡剛剛入定端坐的時候，陽神出竅。家人見胡剛剛坐著不動，伸手一探，氣息全無，還以為女兒死去了，於是將她下葬。胡剛剛陽神歸來，尋不見原身，悲哀嗚咽，經

金蓋山古梅花觀

常日夜顯形。家人明知女兒已死，卻看到女兒出現，以為是鬼魅作怪，都十分驚慌。從此以後，胡家難得安寧。

這一天，龍門派一位名叫輕雲的道士夜宿胡家，胡家並未將家中鬧鬼的事情說給道士聽。半夜時分，輕雲道士聽見有人呼叫：「還我居室。」那聲音飄渺無狀，越來越近。輕雲道士頗具法力，定神一看，但見胡剛剛的魂形向自己飄來。道士看她不像一般的鬼形，斷定她不是一般的妖魅鬼怪，和她攀談，才知道事情的因果。

輕雲道長知道胡剛剛軀體損壞，很同情她。但是現在不方便超渡她，只好勸說她回去，不要再顯形駭人。胡剛剛雙眼含淚，不勝悲切，流連不已，不願離去。輕雲道長將胡剛剛招到身邊，給她誦唸道教為鬼神制訂的戒律《女青鬼律》。胡剛剛雙膝跪倒，認真聆聽。

胡剛剛聆聽道長誦唸完畢，對道長懇求道：「道長如若讓我重得軀殼，讓元神得以歸位，他日我得道後，必定報答道長恩情。」道長不言不語，點燃一盆炭火，又拿來一盆清水，對胡剛剛言道：「這盆水裡面有妳的軀殼，妳進去試著尋找吧。」胡剛剛聞言大喜，走進水盆，好久才出來，失望地說：「沒有尋見。」輕雲道長又說道：「那妳的軀殼，很可能在這炭火裡面。妳進入再找找。」胡剛剛進入炭火中，過了很久才出來，雙目垂淚說道：「炭火裡面也沒有我的軀殼，看來我難以歸位，無法修道了。」

聽了胡剛剛的嗟嘆，輕雲道長叱喝一聲：「妳這個痴女子！即便妳得到軀殼修成正果，也不過像現在這樣，入水不濕，入火無恙。神仙的玄妙，也就是如此。妳現在自由出入水火，沒有一點障礙，不是已經達到了修道的境界了嗎？軀體只不過是外在的形骸，妳又何必留戀不止呢！從今以後，妳要摒棄雜念，聚斂精神，堅定信念，認真修練。無論隱形顯身，都要遵循正道，不要再驚嚇世人。只要妳積德行善，圓滿三千功德，八百善行，妳受封仙職也就指日可待了。」

　　胡剛剛聽聞此言，茅塞頓開。她對著輕雲道士拜了九拜，連稱「師父」。輕雲道士傳授給胡剛剛幾句偈語，叮囑她道：「今後無論什麼時候，只要有人誦唸偈語，妳一定要應召而至；如果違約不來，就無法修成正道了。」

　　胡剛剛將偈語牢記在心，向輕雲道長再次跪拜。天亮後，輕雲道長離開胡家，雲遊四方去了。而胡剛剛牢記道長叮囑，潛心修練。輕雲道士將偈語傳給嗣法道長，嗣法道長只要誦唸偈語，胡剛剛便飛臨而至，領取法旨。後來胡剛剛修成正果，被玉皇大帝冊封為「太虛玉女」獲得仙職，永為金蓋山護法仙子。

　　鬼神信仰是道教信仰的核心內容。鬼神，常常被認為是凡人肉體的靈魂。凡人去世後，做為鬼神的靈魂也就開始在天上、地下遊歷了。

　　道教的修練，也就是要將凡人修練成具備鬼神一樣的「特異功能」：能升天入地、水火不侵、長生不老。故事中的胡剛剛已經達到了這種修練境界，所以，輕雲道長勸她摒棄無用的軀體，不要再留戀塵世俗事。道教講究清淨專一的修練。只有拋棄世俗雜念，包括對外在形骸的留戀，才能達到忘我境界，進而得道修仙。

　　道教認為，形神是相互依存的（形是指形體肉體；神指的是魂魄），而神又是主宰。具有特殊的功用。胡剛剛的故事中，我們看出了神的妙用：肉體雖然消亡了，但是神（魂魄）做為一個獨立的存在，依然可以在世間游離出入，表達胡剛剛的意志和思想，這正是道教所追求的修練效果。

劉混康（公元1035年—公元1108年），宋朝道士，上清派第二十五代宗師。字志通，晉陵（今江蘇常州市）人。

壽比南山

道家施用的法術，稱之為道術，也叫「方術」、「方技」、「仙術」。道教所從事的道術很多，如占卜、符籙、祈禳、禁咒、內丹、外丹、爐火黃白、避穀、房中、仙藥、服氣等等。

在古代，青州（今山東省青州市，古代九州之一）有一位衡王，這天慶祝五十大壽，前來祝壽的賓客絡繹不絕。

衡王是個貪官，平時刮盡民脂民膏。這次更是藉助壽辰，大肆收受禮品。將近中午的時候，衡王府來了一位衣衫襤褸的乞丐。門前守衛知道衡王平時結交甚廣，身邊經常有能人異士。看這個乞丐從容不迫走進大門，以為是衡王的朋友，沒敢阻攔。

乞丐的出現讓衡王大為不悅，但當著眾多賓客的面，加之今天原本喜慶，不便發作。他看到乞丐端坐在一旁，絲毫沒有祝壽的表示。他暗示管家向乞丐索要禮品。乞丐撕下一片衣襟，蘸著桌子上的酒，朝南山凌空虛畫了幾筆，說道：「草民給衡王拜壽了，請衡王走出門外，收納草民的祝壽賀禮。」

衡王和眾位賓客一起走出衡王府，往南山一望，但見山頂上出現了一個金光閃閃的巨大壽字。眾賓客見此，齊聲歡呼諂媚：「衡王大人，您這是壽比南山呀！」衡王見乞丐送這樣一個大禮，滿心歡喜，對乞丐不滿和厭惡的情緒一掃而光，知道他是一個異人。剛要過去施禮拜見，卻發現乞丐不知什麼時候不見了。

客人中有一位才高的文士，忽然說道：「剛才那個人，就是八仙中的呂洞賓呂師祖呀！」賓客們疑惑不解：「何以見得他就是呂洞賓？」文士言道：「禮品在山上，這不是『嵒（岩字繁體）』字嗎？呂洞賓名嵒，自號純陽子。那個乞丐就是他，錯不了的。」

呂祖畫像

　　這時人們發現那個壽字少了一點，有人議論紛紛：這不是說衡王年壽缺一點嗎？衡王聽了賓客的議論，心煩意亂，喜慶自得的心情，全給破壞了，當下命人趕緊將剛剛走到大街上的呂洞賓追了回來，懇請呂洞賓給壽字加點。呂洞賓瞑目做法，只聽一聲脆響，人們再看時，壽字上面的一點，添加上去了。

　　衡王對呂洞賓千恩萬謝，然後招呼賓客們回府入席，歡宴暢飲。衡王入座後，發現客廳少了不少東西，又不便詢問。壽宴即將結束的時候，管家匆匆跑來，神色驚慌，到了衡王身邊俯首耳語了幾句，衡王臉色大變。原來，管家發現剛剛登記好存放在庫房的賀壽禮品，全都不見了！

　　這時候，夫人的丫鬟也跑了過來，說夫人的金銀首飾，也全不見了。衡王顧不得在座的親朋好友，起身離座，到內院查看。不光是親朋好友的賀禮和夫

人的金銀首飾，就連府內金庫的金銀珠寶，也都不翼而飛！也就是說，衡王現在除了官爵和家宅之外，一無所有了！

貪財生性的衡王見狀，一口氣上不來，氣絕倒地，壽宴變成了喪宴。

原來，南山壽字上的那一點，是呂洞賓用衡王的全部家產點上去的，以表懲戒。沒想到衡王享受完最後一點壽，一命嗚呼。

從此，呂洞賓用神仙之術寫的壽字，就流傳開了。而壽比南山也逐漸演變成了一句吉祥喜慶的祝壽語，流傳了下來。

道教產生於東漢末年，當時兵連禍結，政治腐敗。生活在困苦和動亂之中的道教信徒，一開始就是以對抗統治階級的姿態出現的。他們厭惡現實社會的動亂和腐敗，建立了屬於自己的天地神靈系統，希望過上不受現實政治困擾的清明生活。

所以，道教對貪官是十分痛恨的。歷來的道教傳說中，不乏有神仙高人下凡懲治貪官的故事。在上面的這個故事中，呂洞賓扮演了一個審判官的角色。他以神靈的姿態出現，對貪官衡王進行了縮減壽命的懲戒。這樣的懲戒，是和前面神靈對賣米者李珏的褒獎相呼應的。也就是說無論善惡，總會有相對的獎懲。這就是道教教義「天道承負」所表達出來的內容。

單從「壽比南山」這個語詞而言，就蘊含著道教對長壽孜孜不倦的追求。壽比南山做為一句祝福語，蘊含著世人對長壽追求的美好願望。

王文卿（公元1093年—公元1153年），宋朝道士，一名俊，字述道，號沖和子，建昌南豐（今江西省南豐縣）人。生而神異，長即聰穎，性慕清虛，不貪求名利。

玄女神降伏青牛怪

「山」是道家道術之一，就是透過打坐、修練、武術、食療、符咒等方法，進行精神和肉體的修練。

太上老君的坐騎是一頭青牛。這一天太上老君外出講道，眾位弟子在家中留守。

大弟子鐵拐李提議：「老師外出，不知道什麼時候才能回來。老師的青牛奔騰如電，我們今天趁老師不在，仙遊一番，諸位師弟意下如何？」見眾師弟沒人反對，鐵拐李將青牛牽了出來。青牛凡心正盛，掙脫了鐵拐李，奔出雲霄，瞬間不見了。

青牛一路騰雲駕霧，來到西方。在雲層中忽然聽聞鼓樂喧天，笙歌入耳。牠止住腳步凝神下望，但見下面的凡間人煙稠密，建築繁多，風華興盛。青牛思量：我不妨在這裡居住，享受人間樂趣，也不枉走這一回。

青牛使出神通，闖入皇宮，將國王背到二十里外的山岩上。然後搖身一變，變成了國王，進入了皇宮。話說宮中的人見國王突然不見了，頓時大亂。皇后命令宮內侍衛四處尋找。這時候，化成國王的青牛走了進來，皇宮這才平靜下來。

青牛化成的國王，在皇宮盡興歡樂，放浪形骸。他淫亂宮廷，肆意享受，引起了皇后的察覺。她感到這個國王和以前的國王舉止言談有很大不同。於是，她私下找到朝中掌管觀察天象的官員，官員說道：「微臣夜觀天象，看到妖星跌落宮內。」皇后這才知道，現在的國王是妖精變化的。她召集百官商議，百官一時沒有良策。只好四處遣人，尋訪真國王的下落。

這一天，一個樵夫來到皇宮報告，說在距皇城二十里的荒郊山峰上，看到一人身穿龍袍，頭戴皇冠，呼叫群臣前來救援。皇后大喜，重賞了樵夫，讓樵

夫帶領文武百官去尋找國王。青牛化成的國王
聽聞皇后在尋找真國王，一怒之下將皇后打入
了冷宮。

　　群臣將國王迎接回來後，商討如何對付宮
內的假國王。國王召集御林軍，趁夜入宮要將
怪物斬首。眾人剛到宮門，具有神通的怪獸就
知道了，大吼一聲，噴出一股烈火，將前來的
御林軍燒得東奔西跑，死傷無數。

　　國王見凡間的兵丁，無法奈何怪獸。於是
帶領文武百官，到距皇宮百里外的玄女廟，祈
求神助。玄女受了國王一行人的香火，登雲朝
著王宮張望，知道乃是太上老君青牛下凡做
禍。玄女自語道：青牛私自下凡，擾亂皇宮，
理應斬殺，這個老君，奈何如此大意！當晚托
夢國王，叮囑他明天只管點兵遣將，捉拿怪
獸，她自會相助。

　　得到了玄女神的夢諭，國王第二天親領精
兵百萬，將皇宮團團圍住。怪獸正在宮中享
樂，聽聞兵丁圍了皇宮，做起神通，噴出一口

玄女神

大水，化做烈焰要火燒兵丁。玄女神在空中，手拿淨水瓶灑下淨水，澆滅了火
焰。然後將寶劍一指，青牛現出了原形，向東方逃去。

　　且說太上老君講法回來，見沒了青牛，正在訓斥眾位弟子。玄女神派遣的
使者來見，向太上老君講述了青牛禍亂凡間的事。太上老君聽聞大怒，派出護
法將軍，帶上畫符鎖具，跟隨玄女神使者前往捉拿青牛。

　　護法將軍降臨凡間，適逢青牛和玄女神正在大戰。護法神一聲吼喝，將畫

符投在牛背上，祭起鎖具，將青牛的鼻子牽了，直奔太上老君居住的清虛宮而去。聽聞護法將軍的稟告，太上老君手指青牛斷喝：「你私自下凡，做亂宮廷，全然沒有修仙得道者的德行。按律本應將你斬首，奈何本教戒殺。現將你貶於凡間山巒之上，讓人們在你背上永世踩踏。」

護法將軍將青牛牽出宮外，往牛背上貼了一道神符。但聽轟隆一聲巨響，青牛下到凡間，化成了牛背狀的山峰。遼寧省鳳凰山上的奇峰「老牛背」，遠遠看去狀如青牛，就是老君的青牛化成的。

這個故事，表明了道教教眾對世俗皇權的對抗。在道教教眾看來，世俗皇權充滿了腐敗和壓迫，而道教所信服的神明，則是他們的解救者。你不是唯我獨尊天下第一嗎？你不是高高在上統領天下嗎？好了，我給你編造一個故事，一頭神仙的青牛就能將你的皇宮弄個底朝天，而你還束手無策，只能求助天上神仙。

這個故事的另一層隱喻是：道教教徒在修練過程中，必須摒棄塵世雜念，摒棄聲色富貴的誘惑，方能修成正果。

位於遼寧省丹東地區鳳城東南3公里處的鳳凰山，是國家級風景區。鳳凰山奇險崢嶸、秀麗幽靜，是著名的旅遊景點，和千山、醫巫閭山、藥山合稱為遼寧「四大名山」。

老牛背是鳳凰山的一處旅遊景點，是根據老君青牛傳說命名的。老牛背奇險無比，是一個孤立的山尖，形狀就像老牛聳起的背，前後左右都是萬丈深淵，煙雲瀰漫，奇險無比。

陳楠（？－公元1213年），宋朝道士，道教內丹派南宗五祖之一。字南木，號翠虛。惠州博羅縣（今廣東惠陽東）白水巖人。平時以盤櫳箍桶為生，悟性超人。

張天師驅蚊

「醫」是道家道術之一，指是利用方劑、針灸、靈治（精神療法、心理治療）等方法，以達保持健康、治療疾病的一種修練方法。

元明時期，道教的天師地位顯赫，深受帝王尊崇。朝廷撥巨款在龍虎山興建天師府，並且御賜「相國仙府」。

某年夏天的一個夜晚，張天師晚飯後，陪著老母親，連同家人、道童，在夜色微風之下，坐在天師府內真武池旁的涼亭中納涼消遣。一行人坐在涼亭內的椅子上，桌子上擺放著茶水、果品。一邊品茶，一邊閒談，笑聲不絕。幾個道童圍在張母身邊，給她講述歷代天師捉鬼的故事，張母聽得是津津有味，讚不絕口。

龍虎山天師府

321

　　這時候風停了，涼亭中變得悶熱不堪，張母的額頭上滲出了汗水。道童們拿來蒲扇，給張母扇風取涼。月下突然響起了「嗡嗡嗡」的噪聲，一隻，兩隻，飛來的蚊子越來越多。騷擾得人們苦不堪言。一隻蚊子向張母襲來，一下子叮在張母臉頰上。張母用手一拍，蚊子被拍死了。這時幾隻蚊子又叮咬在張母的胳膊上、小腿上。張母嗔怪道：「這討厭的蚊子，留在世上何用！還不如絕了種呢！」

　　張母見兒子張天師閉目養神，說道：「我兒，你整天降妖伏魔，怎麼不治理治理這討厭的蚊子呀！」張天師見平時溫和的母親埋怨自己，從道童手中接過扇子，一邊給母親驅蚊，一邊愧疚地說道：「娘，我回房一下，定會讓這討厭的蚊子滅絕無影。」

　　張天師將扇子交給道童，起身回到房中。不一會兒，張天師拿著一把扇子走了過來。拿的扇子和一般的紙扇不同，是用黃表紙做成的，形狀不是半扇，而是半圓，有盤子大小，一面是太上老君的畫像；另一面是先天八卦太極圖。

　　張天師讓道童焚香侍立，然後在香爐前面跪拜作法。張天師面向東南方向，掐訣畫符，口中誦唸咒語，然後大聲疾呼：「我今天要驅趕蚊蠅，讓牠們遠離中土，永世不得飛歸。」張天師說罷，將紙扇在空中連扇兩下。頓時，人們感到涼風颯颯，渾身清爽，而涼亭中的蚊子，也消失得無影無蹤。人們親眼看見張天師施法，大聲喝采。

　　人們重新落座，對張天師手中的寶扇感到驚奇，詢問它的來歷。張天師言道：「這把寶扇，乃是太上老君親賜，世代相傳供奉。寶扇具有大神通，別說蚊子，就是妖魔鬼怪，一扇扇千里，二扇去無蹤。我今天連扇兩扇，蚊子遠離中土，飛往外邦去了。要不是我掐訣唸咒，蚊子也必然絕種了。」

　　幾天過後，張母突然對張天師言道：「我兒，這幾天我突然想起，中土若是沒有蚊子，也不好。既然世上有蚊子，那也是上天的造化。牠們身為自然界的一員，必定有其生存的道理。我們不能因為受到一點傷害而將牠驅趕到萬里之外，天地萬物的好和不好，都是相對的。夏日夜間清涼無蚊，那些白天勞作

的農民，勢必在露天野地貪睡，很容易被露水寒涼侵蝕筋骨，生養病痛。假如有蚊子叮咬幾下，侵擾他們睡不著，可以迫使他們回到屋中蚊帳裡，這樣他們的身體，就不會遭受寒涼之苦了。」

張天師領略了母親的善心，連夜設壇建醮請聖收回道法，蚊子又從千萬里之外，飛歸中土。

現在，龍虎山的人們一看到蚊子，就會想起張天師母親心懷萬民的良善之心來。

一般人看來，道教是一個講究「無為」的宗教，因而人們將道教的這種「無為」，附會成「消極無為」，這是對道教的誤解。

其實，道教是一個講究積極的宗教。道教講求對道教教徒個人品德的要求，同時還承載了「濟世利人、達濟天下」的大義。無論「險灘龍女的微

道教祈福法會

言大義」，還是「丘處機的一言止殺」；無論「因言獲罪的東周太子」，還是「心懷萬民的藥王孫思邈」，我們都可以從中看到道教對社會、對普羅廣眾的積極意義。

在這個故事中，張天師的母親，從一個小小的蚊蟲上面，能聯想到貧苦人家的身體健康，同樣表現出了心繫天下的高尚品德。

夏元鼎，宋朝道士。字宗禹，號雲峰散人，又號西城真人。永嘉（今浙江省永嘉縣）人。嘗入仕為官，奔走燕齊間，年五十，方棄官學道。

嶗山道士馮鐵丸

「卜」是道教道術之一，用各種超塵世的方法來獲得塵世間事物的信息或預卜凶吉禍福的一種道家技能。「占」意為觀察，「所謂「卜」，它包括占卜、選吉、測局三種，其目的在於預測及處理事情。

相傳，古代嶗山的道教修練場所，分為上清宮、中清宮和下清宮。修練的道士從下清宮開始，根據修行的深淺一次累積上升，一直到上清宮。能進入上清宮修練的人，已達到了神仙境界了。

明朝時期，有一個以保鏢為業的武士，名叫馮鐵丸。馮鐵丸武藝超群，走遍大江南北，從來沒有遇到過對手。因其手中經常把玩兩個鐵丸，故有此名。

馮鐵丸在七十歲的時候，修道之心陡起。他離開鏢局，告別了家人，獨身來到嶗山出家修道，被安置在下清宮。三年過去了，馮鐵丸每天被指派做一些灑掃服役的工作，漸漸心生不滿。

這一天，他向道友詢問中清宮和上清宮的事，道友們說，修道到了中成，才有資格到中清宮；中清宮有了成就才能到上清宮。我們在這裡修練了幾十年，還沒有一個有資格到中清宮的。

嶗山石刻

馮鐵丸自恃修練有功，不滿足在下清宮耗費下去。他意欲到中清宮修練，詢問道友們到中清宮如何走。道長們紛紛勸說：「到中清宮的路，艱難陡峭，野獸、毒蛇出沒，會有性命之憂呀！」馮鐵丸憑藉武功在身，不理會道友們的勸說，隻身向中清宮去

了。

第二天一早，馮鐵丸手拿兩個鐵丸，告別了下清宮的道友們，踏上了前往
中清宮的路。一路上，馮鐵丸穿密林，越深澗，攀峭壁，歷盡千辛萬苦。途中
他擊退了無數毒蛇猛獸，一路飢餐渴飲，以山泉、野果為生。數天後，他來到
了一座石廟前面。石廟規模很小，外觀簡陋，只有三間正屋，沒有神像。大門
半開半閉，只有一條小門縫。隔著門縫馮鐵丸看到裡面一個道士端坐精修，敲
門許久沒有應答。好長時間過去了，道士睜開雙目說道：「你是誰，來此做什
麼？」

馮鐵丸問道：「請問道長，這是什麼地方？」道士說這是中清宮。馮鐵丸
說明來意，懇請道士讓他進去修練。

道士言道：「你既不能進來，我又怎麼能出去。」馮鐵丸苦苦哀求，長跪
不起。一天一夜過去了，他見道長沒有收留他的意思，決定直接去上清宮。

上清宮的路更加艱險，中途一隻猛虎飛撲而來，馮鐵丸擊出一個鐵丸，被
猛虎用口接住，搖頭擺尾離開了；又前行，一隻斑斕巨蟒橫掃過來，馮鐵丸用
僅有的一個鐵丸擊打，巨蟒也用口將鐵丸接住，蜿蜒而去。

馮鐵丸爬上了崂山山頂，在一個清澈的大水池旁邊，看到了一個綠衣人手
持釣竿垂釣。馮鐵丸認為此人乃是異人，跪拜在地，靜等綠衣人回顧。良久綠
衣人沒有回音，馮鐵丸咳嗽了一聲，想引起綠衣人關注。綠衣人雙目發出藍盈
盈的光，回視馮鐵丸，突然拿起釣竿擊打馮鐵丸頭部，馮鐵丸感覺飄飄悠悠，
從山上落了下去。落到了地面，睜開眼睛一看，自己竟然站在下清宮門前。他
害怕道友們恥笑，離開崂山，獨自遊歷去了。

十年過去了，八十歲的馮鐵丸來到了杭州。十年之中一無所獲，他決定重
返崂山。歸程中遇到一位少女，自稱山東即墨人，來杭州探親，路上旅資被
盜，只好一路乞討，步行回家。馮鐵丸心想即墨離崂山不遠，便和女子同行，
一路倍加照顧、關心。

　　這一天來到即墨境內，女子懇請馮鐵丸到家裡小住幾日。馮鐵丸想，自己雲遊天下，漂泊無定，到女子家裡小住幾日，休憩靜養些日子也好，於是跟隨女子來到家中。

　　女子家中只有一個老母，女子向老母介紹了一路上的情況，老母對馮鐵丸說道：「你年事已高，給你清掃一間淨室，就在這裡修練吧！」

　　從此，馮鐵丸就在女子家中居住下來。一年過去了，母親令女子身穿鮮艷的服裝，塗脂抹粉，來到馮鐵丸的屋子，讓馮鐵丸欣賞她的姿容。馮鐵丸雙手合十：「枯井之波，沾泥之絮，波瀾不生，輕狂何懼！」女子回稟了母親，母親生氣地說道：「他這樣呆板，沒有一點道家智慧的靈活，白白耗費了一年光陰。」於是將馮鐵丸驅趕了出去。

　　馮鐵丸離開女子家後，不住思量：那女子真是奇怪。半路被盜，到了家中為何不稟明母親？對自己招待周到殷勤，為什麼反而突然將自己趕走了呢？我已經八十多歲高齡，少女又何必濃妝艷抹來試探我呢？難道我錯過了名師不成！

　　馮鐵丸越想越覺得蹊蹺，他再次來到即墨女子家中。見馮鐵丸又回來了，母女二人相視一笑，將馮鐵丸安排在淨室繼續修練。又是一年過去了，這一天女孩兒又身穿艷裝，對馮鐵丸說：「你看我穿戴得怎樣？」

　　馮鐵丸這次沒有貿然回應，思忖片刻頓悟，說道：「我這個白頭翁面前，突然出現了一個美麗的女子，猶如暮冬的景色，突然變幻出了絢麗的春光呀！這是一片多麼喜人的生機世界呀！」

　　母親聽了女兒的稟報後，微微一笑，將馮鐵丸請到上屋說道：「你誠心向道，意志堅定值得嘉許，但功底淺薄，急躁冒進。須知道家修練，最忌諱輕浮急躁，目空一切，看不起同道中人。我在嶗山兩次點化你，奈何你不肯覺悟。你今天修道有了進步，要借鏡以前的失敗教訓呀！」說完，將兩個鐵丸交給他。馮鐵丸才知道母女二人乃是高人，跪拜在地虛心請教。老母言道：「修練最忌諱以下三點，第一，越級而進。今後要循序漸進，不可浮躁；第二，沒有

名師指導需靠自己，不可奢求捷徑；第二，道門中臥虎藏龍，越是有道之人，越是謙遜平凡，切不可以貌取人。」

馮鐵丸聽聞一番話，茅塞頓開，說道：「弟子年近九十了，現在才知道修道的真諦，會不會太晚了呢？」

老母說道：「修道者追求的就是長生不老。還有什麼年齡的限制嗎？」

從此，馮鐵丸重歸下清宮，虛心修練。兩年後的一天，他和眾道友一一作別，在淨室內坐化。

數天過去了，從山下歸來的道友詢問馮鐵丸去哪裡雲遊了。道觀的道士稱告知馮鐵丸已經去世後，他們說道：「我們剛剛在山下遇見他，他說自己要雲遊四海。問他到哪裡去，他笑而不答。」

山上道友們打開裝有馮鐵丸屍體的木龕中，卻發現屍體已經不見了。原來，馮鐵丸已經羽化成仙了。

從此，嶗山的名聲更加響亮，好多人慕名而來修道。嶗山在道教內的影響，也與日俱增了。

馮鐵丸應該是虛構的道教人物。這則故事深入淺出地告訴道教教徒，道術修行不能急於求成，要戒驕戒躁、循序漸進，還要有謙虛、平和的心態。

嶗山是山東半島的主要山脈，是中國海岸線的第一高峰，最高處海拔為1133公尺，素有「海上第一名山」之美譽。嶗山也是道教名山，道教著名人物丘長春、張三豐都曾經在嶗山修道。嶗山曾經有很多道教建築，有「九宮八觀七十庵」之說，鼎盛時期全山有上千名道士在此修練。可惜大多道觀都被損壞。現存的太清宮，規模宏大，歷史悠久，是嶗山最早的道教廟宇。

蕭抱珍（？—公元1166年），金朝道士，太一道創始者。又名元升，衛州（今河南汲縣）人。原從真人處受秘籙，演化為「太一三元法籙」用來渡世濟人，信奉者甚眾。遂在衛州建庵立教，稱為「太一教」。

國家圖書館出版品預行編目 (CIP) 資料

大道無邊：道教流傳最傳神的故事 / 彭友智著 . -- 第
一版 . -- 臺北市：樂果文化出版：紅螞蟻圖書發行，
　2015.12
　　面；　公分 . --（樂信仰；5）
　ISBN 978-986-92479-3-1（平裝）

234.51　　　　　　　　　　　　104025007

樂信仰 5

大道無邊：道教流傳最傳神的故事

作　　　　　者 ／ 彭友智
總　編　　輯 ／ 何南輝
責　任　編　輯 ／ 韓顯赫
行　銷　企　劃 ／ 黃文秀
封　面　設　計 ／ 鄭年亨
內　頁　設　計 ／ 申朗創意

出　　　　　版 ／ 樂果文化事業有限公司
讀者服務專線 ／ （02）2795-3656
劃　撥　帳　號 ／ 50118837 號　樂果文化事業有限公司
印　刷　廠 ／ 卡樂彩色製版印刷有限公司
總　經　銷 ／ 紅螞蟻圖書有限公司
地　　　　　址 ／ 台北市內湖區舊宗路二段 121 巷 19 號（紅螞蟻資訊大樓）
　　　　　　　　電話：（02）2795-3656
　　　　　　　　傳真：（02）2795-4100

2015 年 12 月第一版　定價／ 300 元　ISBN 978-986-92479-3-1